外 国 哲 学

第 二 十 一 辑

商務印書館
创于1897 The Commercial Press
2012 年 · 北京

主办：中华人民共和国教育部人文社科基地北京大学外国哲学研究所
协办：中华全国外国哲学史学会
中国现代外国哲学学会

卷首语

《外国哲学》于1984年由商务印书馆创办，至1998年共出版十四辑，开创了改革开放后中国研究外国哲学的新学风、新传统，在学术界具有广泛的影响。经与商务印书馆商议，从第十五辑开始，北京大学外国哲学研究所负责承担《外国哲学》的组稿、编辑工作。

为了进一步提高《外国哲学》稿件的学术水准，我们采取了国际学术刊物通行的"双盲"审稿制度。除了继续发表对外国哲学历史和经典的诠释性论文外，本刊将特别注重发表史论结合、批判性评论、中外哲学比较等方面的佳作。我们衷心希望全国同仁鼎力襄助，不吝赐稿，把《外国哲学》办成群贤毕至、百家争鸣的学术园地。

《外国哲学》编辑部

2002年4月

目　录

实践哲学专辑

试论功能论证在亚里士多德伦理学中的地位和作用

田 洁

摘要：亚里士多德的功能论证在《尼各马可伦理学》中的地位和作用是一个备受争议并受到广泛关注的问题。从术语含义与翻译应用，到论证的错误与合法性；从与幸福和德性的关系到人在生物分类学上所处的特殊地位，近几十年的讨论文献几乎涉及了所有的相关主题。本文试图寻求另一种视角来解释功能论证的地位和作用。要论证其作用，当然首先需要论证功能论证本身的合法性，我借助亚里士多德《形而上学》中的形质论、《论灵魂》中关于灵魂等级划分的思想来论证这一点。通过关于形式、灵魂（或者说灵魂中的部分）作为人的本质的讨论，功能相对于生命体的本质地位将会得到奠定，相应地，人的功能的具体内涵将会得到确认。在这里我主要讨论理性与其它能力之间的活动的关系问题。因为亚里士多德说人的功能是依据理性的活动，但同时那些低于理性的感觉营养活动也在同时发生作用。进一步的，我会继续讨论关于功能论证是描述性的还是规范性的论证。因为这对于解释功能与德性的关系是重要的。最后，我会讨论功能与德性的关系问题。并在这些讨论中提出自己的解释模式。

引论

亚里士多德在伦理学中认为人的幸福在于他的功

能[1]。他认为，只要弄清楚人的功能是什么，就能知道人的幸福究竟是什么(1097b22ff)。虽然功能一词除了在《伦理学》[2]，也散见于亚里士多德其它作品，诸如《论灵魂》，《论动物的产生》等等。在这些著作中强调功能的目的主要是用来区分生命体的不同种属，而在《伦理学》中不仅沿袭了这种生物分类思想，而且还把功能与幸福紧密联系起来，这是《伦理学》所独有的。

要弄清什么是功能论证，首先要弄清楚，亚里士多德所谓的功能到底指的是什么。对功能的讨论最早可以追溯到柏拉图的《理想国》。在该书352d—354b，他给功能下了这样的定义：功能就是该事物特有的或者是它能做的最好的活动。并且一般学者认为[3]，亚里士多德继承和发展了柏拉图的看法。首先，功能应当是一种活动，是对我们拥有的某种特有的能力的实现，亚里士多德认为，仅仅拥有某种能力而不实现它，并不能把它称之为功能，功能是把这种能力实现出来，并且这种实现活动是该事物或者说该类事物所特有的能力的实现，凭借它可以把不同种类的事物区别开来。事物丧失了它的功能就等于丧失它的本质，事物就不再能成其为事物了。[4] 从与它物区分开来和维持自身存在的角度看，事物的功能似乎也可以等同于它的本质。事物依靠它的本质和其它事物区分开来，失去了本质就失去了存在。然而，在对于功能是活动的具体内容的解释上，亚里士多德和柏拉图可能存在差别。[5] 而且，这种差别直接关系到了功能在亚里士多德所要讨

---

① 对于希腊词 ergon 的翻译，此处与 Ross，Hardie 和 Irwin 等人一致，与英文 function 对应，中文译者，如苗力田，廖申白等先生均译为功能，我在此追随他们的译法，但也有学者认为 function 这个翻译带有过强的工具性色彩，见 Clark，1972，对此 Hardie 在他的著作中还有回应，1980，p. 363。

② 功能论证在《尼各马可伦理学》和《优台谟伦理学》都能找到相应篇章，虽然论述方式有所不同，但不存在本质差别，参见 *EE*. 1219*a*9—39。我在这主要集中《尼各马可伦理学》的讨论，故下文中出现《伦理学》之处都是指《尼各马可伦理学》。

③ Hardie，1980，pp. 23—25，362—363，Natali，2001，p. 147，Korsgaard，2008，pp. 129.

④ Nagel，1972，pp. 8—12，in Rorty.

⑤ 描述功能的词，柏拉图用的是 poie 一词，亚里士多德则用 praxeis 和 eneigeia。后两个词都有很强的目的意味，是朝向或实现某个目的的活动。这两个人关于功能的具体异同我在后文还会有讨论。

论的伦理生活中的地位和作用。

人的幸福是亚里士多德讨论伦理问题的核心，然而他又把这个核心置于人的功能这块基石之上。也就是说，亚里士多德把人的幸福等同于人的特有能力的实现活动。而他又把人的这种特有能力定义为理性，所以人的幸福就在于实现好这种理性活动。所以在人这里我们可以看到，功能不仅关乎到其生存或存在，而且还关乎到生存的好，或者说幸福。所以对人的功能的研究就显得很有必要了。

于是，亚里士多德《尼各马可伦理学》中的功能论证的核心就是论证人的功能的存在以及它的作用。亚里士多德把人的功能定义为灵魂依据理性的活动，人的理性活动与非理性活动在这个框架下又是什么关系呢？人的理性活动是否真的能为幸福奠基呢？

近几十年，亚里士多德的功能论证在《尼各马可伦理学》中的地位和作用受到了广泛关注但同时也备受争议。从术语含义与翻译应用，到论证的错误与合法性；从与幸福和德性的关系，到人在生物分类学上所处的特殊地位，近几十年的讨论文献几乎涉及了所有的相关主题。在术语的讨论上，Stephen Clark 选择了“特征的活动”，Nagel 认为是“使我们成为我们所是的活动”，Deborah Achtenberg 用“规定性的(定义性的)能力或活动”①，在论证的正确性与合理性上，P. Glassen 和 Kathleen Wilkes 认为功能论证是有错误的，亚里士多德混淆了好的人与对人的“好”或“善”②。Bernard Williams 和 Nozick 都质疑了为什么人的功能只能是营养、知觉和理性生活中的一种？为什么只有理性活动才是人特有的？③ Richard Kraut 质疑把沉思作为人的特有功能的准确性，因为神也分享这个活动。④ Achtenberg 和 Korsgaard 认为功能论证不仅是合理的，而且为亚里士多德伦理学提供了形而上学的心理学基础，具体地说，就是为最高的善和德性奠定了基础。⑤

---

① Clark, 1971, p. 75, chap. 2. 1; Nagel 1972; Achtenberg, 1989.

② Glassen, 1957; Wilkes, 1978.

③ Williams, p. 64; Nozick, p. 516.

④ Richard Kraut, 1979.

⑤ Achtenberg, 1989; Korsgaard, 2008.

Alfonso Gomez-Lobo 则认为功能论证并不能算是一个规范性论证，不可能作为形而上学的心理学基础，也不可能成为伦理学的出发点。①还有更为极端的观点认为功能论证是根本没有必要的和无用的，J. L. Austin 说："引进功能和灵魂的讨论这种不直接的方式是没有必要的亚里士多德式的形而上学。"②Mark Kuczewski 和 Ronald Polansky 得出了近似的观点：我们没有发现亚里士多德诉诸功能对阐明德性有任何裨益。③ 在生物等级上，有些人认为亚里士多德引入功能论证是为了鼓励我们强调人的本质高于那些与动植物共有的东西。Hardie 说："亚里士多德从这样一个假设开始，对人来说实践他特有的能力才是最好的。"④Nussbaum 声称："亚里士多德向他深思熟虑的听众推荐了一种生活，就要实践我们人类所有的能力，这样才是真正的人的生活，而不是那些植物和牛也能过的生活。"⑤在这诸多立场中，哪一种才最有说服力呢？

如果功能论证对于《尼各马可伦理学》真的是没有必要的或者是错误的，那么可能如 Irwin 所说："其中有些特定的问题的研究可能还是很有趣的，但是就没有一致的或合理的理论了。"⑥而那些认可功能论证的地位和作用的研究，大都是通过功能论证着眼于人作为理性存在所具有的特有的理性功能，进而论证对人而言最高的善是好地实现灵魂理性部分的活动，人的幸福就是好地实现理性活动的代名词。⑦ 如果像 Hardie，Nussbaum 所描述的那样是为了突现人比其它生物的高贵之处，似乎又落入了人类中心

① Alfonso Gomez-Lobo，1989.

② Austin，1967，p. 282.

③ Mark Kuczewski & Ronald Polansky，1986，p. 3.

④ Hardie，1980，p. 24.

⑤ Nussbaum，1978，p. 106.

⑥ Terence Irwin，pp. 36.

⑦ 讨论亚里士多的幸福概念的学者大都没有绕过功能论证这一步，他们的目的就是要通过人的理性功能来说明人的幸福的具体含义，意图进一步解决亚里士多德关于幸福究竟是德性活动还是思辨活动这对概念之间可能存在的张力。从 Hardie，Nagel，Akrill 等人论幸福的文章中，都能看到这一点。

主义的批评，理性动物凭什么就比非理性生物更加高贵？与植物、动物共享的活动就一定不好吗？

本文试图寻求另一种视角来解释功能论证的地位和作用。要论证其作用，当然首先需要论证功能论证本身的合法性，我借助亚里士多德《形而上学》中的形质论、《论灵魂》中关于灵魂等级划分的思想来论证这一点。通过关于形式、灵魂（或者说灵魂中的部分）作为人的本质的讨论，功能相对于生命体的本质地位将会得到奠定，相应地，人的功能的具体内涵将会得到确认。在这里我主要讨论理性与其它能力之间的活动的关系问题。一方面，关于人的功能的定义，不再只局限在人的理性层面，人的功能是人的理性与感觉、营养等能力的共同作用下的活动。当然我承认理性在这个共同体中的统治地位，并且我还要论证人的理性活动对从属感觉、营养活动有渗透影响，使人的这些与动植物共享的活动获得了与动植物的功能的不同的意义；另一方面，我还要强调这些部分对理性部分的反馈作用，并且这种反馈也是在受理性影响后的反馈。[①] 进一步地，我会继续讨论关于功能论证是描述性的还是规范性的论证。因为这对后面讨论功能与德性的关系是非常重要的。最后，我会讨论功能与德性的关系问题。并在这些讨论中提出自己的解释模式。

一、功能论证的批评与问题

要证明功能论证的合法性，首先要证明功能的存在。如果像 Austin 等人那样评价功能和灵魂的讨论只是形而上学的多余假设，那就无从谈起合法性了。那么亚里士多德本身有没有给出明确的说明呢？

在《尼各马可伦理学》第一卷第七章的后半部分亚里士多德把讨论从什

---

① 关于理性与情感的反馈作用的论述见 Nagel 1972 和 Wilkes 1978，但是他们没有看到这种反馈是在有理性影响下的反馈，并且他们最终确立起来的论点还是认为人的功能应该是理性功能。

么是最高的善转向功能论证：

不过，说最高善就是幸福似乎是老生常谈。我们还需要更清楚地说明它是什么。如果我们先弄清楚人的功能，这一点或许就会明了。对一个吹笛手、一个木匠或任何一个匠师，总而言之，对任何一个有某种功能或实践的东西来说，它的善或者好就在于那种功能。人也同样，如果人有某种功能的话。那么，我们能否认为木匠、鞋匠有某种功能或实践，人却没有，并且生来就没有一种功能？或者，我们是否更应该认为，正如眼、手、足和身体的各个部分都有一种功能一样，人也同样有一种不同于这些特殊功能的功能？那么这种功能究竟是什么？生命的功能活动似乎为植物所共有，而我们要探究的是人特有的功能。所以我们必须把生命的营养和生长功能放在一边。接下来的一个生命活动是感知。但这似乎为马、牛和一般动物所有。剩下的是那个有理性①的部分的实践的生命。这个部分有理性有两重意义：一是在它服从理性意义上的，另一则是拥有理性并思想。② 实践的生命又有两种意义，但我们把它理解为一种实现活动，因为这更大程度上体现了生命这词的意义。如果人的活动是灵魂遵循理性或者是不能没有理性的实现活动；一个什么人的活动同一个好的什么人的活动在种类上是相同的，例如一个竖琴手和一个好的竖琴手，所有其它例子也同样。合乎完善性（或者德性）③的卓越被加到功能上面。一个竖琴手的功能是演奏竖琴，一个好的竖琴手的功能是

① 此处廖申白采用了希腊词 logos 的音译，而我采用了对应于英文 reason(Irwin)或 rational principal(Ross)的理性一词，猜想廖先生是为了不破坏该词的丰富内涵，而用理性翻译则不失片面，而且易于其它希腊词，如 nous 等词的中译混淆。但此处为了与我的解释模式保持一致，故带有感情色彩的应用了理性来翻译，在后文中对该词还有详细讨论。

② 依据所参考的 Ross 和 Irwin 的英文本和汉译本此句有括号，Grant 认为此为后人所加。

③ 此处希腊文 arete，英译一般为 excellence 或 virtue，苗力田和廖申白都译为德性。由于对该希腊词译法争议很大，故加了个括号，在此处我更倾向完善性的译法，因为德性这词的道德意味更浓，而在此处还只是谈及一般物，不涉及道德层面。

好的演奏竖琴；如果是这样，并且我们说人的功能是某种生活，是灵魂的一种合乎理性的实现活动与实践，一个好人的功能就是出色的完善这种活动；如果一种功能在依据它特有的德性的方式完成时就是完成的良好的，那么人的善就是灵魂的合德性活动，如果有不只一种德性，就合乎那种最好的、最完善的(1097b22—1098b18)。①

这是《尼各马可伦理学》中唯一一段讨论功能论证的地方。论证看似冗长，但论证的合法性和效力如何呢？首先让我们把亚里士多德这个论证重新简要概括一下。

(1)如果某物有某种功能，它的好或者善就在于它的功能(1097b25—28)。

(2)就像木匠和鞋匠有他们各自特有的功能，身体的各个部分都有其功能一样，所以人也有它特有的功能(1097b29—33)。

(3)所以，人的善就在于人的功能(依据 1 和 2)。

(4)人的功能必须包含一种特有的能力的实现，这种能力是植物和动物所没有的。这种能力就是理性 (1098a1—8)。

(5)如果某物有一个功能，它的善就是：(a)实现这个功能，而不仅仅是具有实现这个功能的能力；(b)而且把这个功能实现得好或者完善 (1098a6—15)。

(6)人的善就是灵魂有理性的部分的完善的活动，也就是灵魂依据德性的活动，如果有很多德性的话，就依据最好的、最完整的那个德性(1098a16—20)。

关于(1)我们可以追问，为什么某物的善就在于它的功能呢？② 亚里士多德的这个断言似乎包含了功能之于某物的特殊重要性。但其特殊之处究

---

① 引文依据 Bywater 希腊文批判本译出，同时参考 Ross, Irwin 的英译本，廖申白的中译本。

② 有些学者认为应当把某物的善理解为功能实现得好，而不仅仅在于功能，廖申白的中译本就直接译成前者，但这并不符合希腊文原文 en toi ergoi dokei tagathon einai kai to eu。to eu 是冠词加副词构成一个名词作用，并用 kai 和前面 tagathon 并列，并不是来修饰 en toi ergoi 这个介词短语。

竟在哪里呢？我们还可以更进一步追问，功能是否存在或者我们如何才能知道功能的存在呢？(2)似乎在对此问题给出回答。在(2)中，他通过和木匠、鞋匠这些有着具体职业的人和眼、手、足等身体的部位做类比，认为人也相应的应该有功能。这个类比论证的有效性也是很值得质疑的，起码我们可以说它是一个比较弱的类比论证，因为要使这个类比具有效力，起码要符合两个前提：其一，从特殊到一般的过渡。我们从某项特定职业者具有功能这一事实出发，就能断定作为一般的人也是有着功能的。这里似乎蕴含了这样一个三段论：没有一般的存在就没有特殊的存在，现在有特殊的存在，所以一般的也存在。第二，从部分到整体的过渡。我们从身体部分的功能推出我们整个人也应当有功能的。部分的功能的存在依赖于整体功能的存在。所以有部分功能存在就能推出整体功能的存在。而无论是特殊对于一般的依赖，还是部分对于整体的依赖这都是需要很多说明的，而亚里士多德在这里却并没有展开。所以，(2)中提出的类比推理也是一个依赖过多未经展开的前提的推理，所以它的论证力度是非常弱的。Burnet 和 Kullmann 干脆认为这里并不是一个严格的逻辑论证，而只是一个修辞性的说明。① 此外，Hardie 更为激烈批评道，人具有功能这一说法并不是那么一目了然，相反这种类比会导致我们把人理解为只是一种工具。比如在一个城邦中人的功能只是打仗、生产、统治等等。② 难道(1)中所蕴含的功能的特殊地位就只是在于他的工具性吗？而人的善也只是在于他的工具性吗？(3)是根据(1)、(2)推出来的，在(1)、(2)这两个前提未经审查之前，(3)作为结论自然还不具有效力。关于(4)的批评同样很多。为什么人的功能就只能是营养生长活动、感知运动活动和理性活动三者中的一种呢？为什么理性活动就一定比其它两种活动高贵呢？人作为一个身体和灵魂自然有机体，除了理智之外还有情感、欲望等别的东西，为什么单独把理性活动作为人的功能

---

① Burnet, 1900, p. 34; Kullmann 1974, p. 232，类似的结论还有 Alfonso Gomez-Lobo，1989.

② Hardie, 1980, pp. 23—25, 362—363.

呢？(5)告诉我们某物的善就在于把这个功能实现出来，并且要实现得好，而不仅仅是拥有这种能力。这里比(1)中说的某物的善就在于它的功能的说法似乎更进了一步，该如何解释这两处不同的说法呢？我们是否也能提出类似对于(1)的问题：为什么某物的善就是它的功能实现得好呢？由于功能实现得好是依据德性的，所以有了(6)，人的善也就是合德性的活动。关于(6)的争论大都集中在人的最高的善是何种德性活动的问题上，在没有搞清何种德性是最高德性之前，自然无法回答什么是最高的善。这是本文所不能顾及的。与功能论证本身相关，也是我在此要讨论的就是人的灵魂中有理性的部分与德性的关系。合理性的活动与德性活动是什么关系？

功能论证几乎每一句话都受到了挑战和质疑，而亚里士多德没有详细展开这些问题的讨论，所以要捍卫功能论证，并不是局限在这段论述、这一章节能够完成的。为了回答这些问题我们不得不在《尼各马可伦理学》的其它篇章，甚至是超出《伦理学》的其它著作，诸如《形而上学》、《论灵魂》中寻求可能的解答。但这样做的问题是，我们运用跨文本的解释时，所面临的方法论的合法性问题。就是说我们凭什么能断定亚里士多德在《形而上学》、《伦理学》、《论灵魂》及其它著作中运用的方法，所持的立场就是一致的呢？Irwin 的回答是，“这些文本间的联系是亚里士多德留给我们去具体发掘的，当我们发现这些联系的时候，就会发现亚里士多德的立场和一些他本该回答的难题的力量。”①我在此也并不是要发掘亚里士多德文本的体系性，而只是通过文本本身显示出来的一些直观联系，运用在各部著作中最无争议或很少争议的观点，寻求一种解释上的一致性的可能。

二、功能存在的证明

如果亚里士多德的功能论证是可捍卫的，那么首要解决的问题就是是否存在功能以及功能是什么的问题。从亚里士多德给的第一个类比来看，

---

① Irwin, pp. 37.

木匠和鞋匠的功能都是他们的特征性活动，是把他们与其它职业的人区别开来的标志。也就是在一定意义上的本质性活动。木匠由于其活动而成为木匠，鞋匠由于其活动而成为鞋匠，这两者的活动有着本质的区别。如果从特征性活动或者本质性活动这个角度看，其它任何存在物都有这种特征性活动吗？进而人是否也具有这种特征性的或者本质性的活动呢？

亚里士多德关于事物本质的最详尽的论述自然是在《形而上学》。[①] 七至九卷的核心任务是对实体的探求，亚里士多德认为任何物质实体都是由质料和形式构成，在质料、形式和复合体的候选者中，形式才是最为本质的，才是真正的第一实体。[②] 他最喜欢举的例子是植物和动物（*Meta*. 1034a3）。水火土气等元素也是实体（*Meta*. 1028b9ff，1042a7ff）。金、铜、铁被称作是其它实体的质料，但它们本身也是实体，因为它们自身也有形式与质料的区分。当实体失去了形式就不再是实体了。但是形式作为本质又怎么解释一般物质实体的功能呢？因为我们知道只有生命体才能有活动，一般自然物，如石头、铜铁是不会有活动的。形式对它们来说几乎就等同于它们的形状或者元素的构成比例，[③]例如他举的青铜雕像和铜球的例子和肉和骨头是三分火和两分土的比例（*Meta*. 1092b17ff），这些无生命的自然物，虽然不可能有更多的活动，但有一项“活动”对它们来说是最为本质的，那就是存在。物质实体也经历着生存与毁灭，而在这生灭过程中起决定作用的就是形式。事物的生成是由于一个形式加到质料上，事物的毁灭是由于失去了它的形式，形式是事物活动的动力因和目的因，直接决定了存在的状态

---

① 现当代哲学对本质主义的批判是激进而有力的。他们认为把一个属性奉为本质就会忽略其它属性的作用，对亚里士多德的本质主义的认同还会导致人类中心论、男权主义等等。对此的批评不无道理，但亚里士多德的本质论是否真得如此糟糕也是值得商榷的，但本文无法给出本质主义的一个全面的辩护，但单从人的功能来讲，我们是否也可以通过经验推理而归纳出人应该有一些类似本质性的功能，继而为本质主义做一个局部的捍卫呢？对此可参看 Nussbaum，“Human Function and Social Justice：In Defense of Aristotelian Essentialism”，*Political Theory*，vol. 20，No. 2，1992，pp. 202—246.

② *Meta*. VII. 3.

③ 亚里士多德经常把 mophia 与 eidos 等同起来使用，见 *Meta*. 1023b19ff，1029a2，1033b8ff.

(*Meta*. 1032a20ff,1041a9ff)。[1] 所以对于无生命的自然物来说,从形式作为本质或者说维持它是其所是来说,是存在某种意义上的功能的,尽管这种功能不能在严格意义上称之为活动。

在无生命的人造物和有生命的植物和动物中,无论用形状还是比例来解释形式都是有很大局限的。雕像和人形状有可能相同,但他们属于不同的实体。有生命体也不单单是按照不同比例混合的复合体。生命体的形式该用什么来界定呢?它是否表征它的本质性活动呢?是否也能决定它的生存与毁灭呢?亚里士多德认为质料虽然可以是物质实体的构成部分和原则,陶器可归结为粘土,铜球归结为青铜,卡利亚斯归结为血肉和骨头(*Meta*. 1035a1—34),形式也是随附在质料的安排中体现出来,但是形式决不就等同于质料的安排结构,同种类的个体可能有非常不同的结构,但根据亚里士多德的理论他们可以有同一个形式。[2] 例如,别墅和茅屋的质料安排结构不同但它们都体现了房屋的形式,男人和女人的结构不同,但也同属人这

① 有关四因说的详尽论述见 *Ph*. 2 198b8ff.

② 形式和种或者属的希腊词同为 eidos。但是 *Meta*. 中的形式是普遍还是一般的讨论是极其的复杂和令人绝望。亚里士多德说形式是第一实体,形式是普遍的、可定义的、有知识的,但他同时又说第一实体是"这一个",是个别物。如何解释调和这两者的矛盾是近五十年来亚里士多德研究界一个挠头的问题,具体可见 Albritton, R. G., 1957. "Forms of Particular Substances in Aristotle's Metaphysics". *Journal of Philosophy* 54:699—708. Charlton, W., 1972. "Aristotle and the Principle of Individuation". *Phronesis* 17(1972): 239—49. Code, A., 1978. "No Universal Is a Substance". *Paideia*: 65—74. Driscoll, J., 1981. "EIΔH in Aristotle's Earlier and Later Theories of Substance". O'Meara, ed.: 125—9. Frede, M., 1987. *Essays in Ancient Philosophy*. Minneapolis: University of Minnesota Press, 1987. Furth, M. , 1988. *Substance, Form and Psyche: An Aristotlelian Metaphysics*, Cambridge: Cambridge University Press. Halper, E. C., 1989, *One and Many in Aristotle's Metaphysics*. Columbus: University of Ohio Press. Lewis, F., 1984. "What Is Aristotle's Theory of Essence?" *Canadian Journal of Philosophy* supp. 10: 89—131. Lloyd, A. C., 1981. *Form and Universal in Aristotle*. Liverpool: F. Cairns. Loux, M. J., 1979. "Form, Species and Predications in *Metaphysics*Z, H, andΘ". *Mind*: 1—23. Sellars, W., 1957. "Substance and Form in Aristotle" *Journal of Philosophy* 54: 688—99 等。我在这里采用了普遍形式的立场,但并不意味着排除了特殊形式的可能性。

个形式。所以对于这些无法用形状、比例以及质料安排的结构区分开来的东西，必定有另外一个东西可以表征它的本质形式。

对于人造物，亚里士多德认为它的形式存在于工匠的灵魂中(1032b1—20,1034a24)。而关于生命体，根据《论灵魂》中的论述，他们的形式就是灵魂，而不是身体，身体则是质料部分。灵魂才是生命体的本质的部分(*DA*. 412a17—21)。[①] 所以接下来我们要发掘灵魂与功能之间的关系。这部分学说主要集中《论灵魂》第二卷中。为了说明灵魂是生命体的原则，亚里士多德举两个很有意思的例子。首先他举斧头为例，他认为斧头失去了使之成为斧头的东西，就不再是斧头了，而使斧头成之为斧头的东西就是砍的能力；然后他把这个原则应用到生命体的部分上面。他运用眼睛的比喻，如果眼睛是动物，那它的灵魂就是视力，眼睛失去了视力就失去了作为眼睛的本质，也就不再是眼睛(*DA*. 412b12—412b22)。很显然，斧子的砍和眼睛的看就是它们各自的特征性活动，也就是它们的功能。对应地，生命体的灵魂的活动就是它们的功能。《论灵魂》此处的说明是《伦理学》中讨论功能论证的第二个类比的一个很好的补充说明。《论灵魂》中直接从生命体的灵魂与身体的划分进入讨论，论证灵魂是生命体的本质和原则，没有灵魂就没有生命，身体也不再是严格意义上的身体。而灵魂的活动就是表征生命体的特征性活动，也就是《伦理学》中所要谈论的生命体的功能。

当然在此，我们生活在现代语境下仍然能从根本上质疑灵魂存在的可能性与可信性。如果灵魂根本就不存在，那灵魂活动就无从谈起；或者退一步讲，就算灵魂存在，但只是依附与质料性身体而存在，而并非是身体活动的原则，那么功能作为本质性活动在有生命体这还是有问题的。证明灵魂是身体的活动原则这无疑又是一个极端复杂的问题。我在这里做如下简单化处理，就是我们可以把灵魂不理解为实体性的存在，而是推动身体作为物质性存在活动的原则。身体作为质料自身是不会运动的，必须有另外的东西加在上面它才能运动，而我们把这使质料运动并在质料中的东西叫做“灵

---

① 亚里士多德在 *DA*. 中关于灵魂是形式的讨论也是不够充分的，他紧接着用现实性与潜能这对概念代替了形式与质料的讨论方式。

魂”。也正是这个将有生命体和无生命体区分开来。但具体如何理解灵魂，这是个开放的问题。

三、人的功能的解释

如果上面的解释是正确的，那么到此已经证明了亚里士多德意义上的功能作为本质性活动或特征性活动在一般自然物、人造物和有生命物中间是存在的。但亚里士多德最终关心的是人的功能，即人的灵魂的活动。在《伦理学》中，亚里士多德通过区分三种不同的灵魂生命认为人的灵魂生命应该与植物和动物的都是不同的。营养和生长是与植物共有的，不足以构成人的特征，接下来的生命活动是感知。这个与动物共有，也不足以表证人的特征。剩下的只有理性活动才是人的特征性活动。所以，人的功能就是灵魂依据理性部分的活动。这里亚里士多德似乎给我们划分了三种不同等级的功能，[①]这三种功能分别对应着生命体的三种不同形态：植物、动物以及人。这里为什么亚里士多德只列出了三种功能的选项？这三种功能又是如何得来的？它们之间的关系是怎么样的？我们该如何理解这里的有理性(logos)以及合理性的活动？这些问题似乎又要回到《论灵魂》才能找到解答。

在《论灵魂》中，亚里士多德在考察有灵魂物区别于无灵魂物而显示，生命是因为有灵魂物拥有内在的创生能力，他在此列出了比《伦理学》中更为详尽的能力选项，如思想、感知、位移和静止，营养、腐朽和生长等等(413a21ff)。[②] 植物之所以是有生命的，就是因为它们拥有营养生长的能力

---

① 虽然在《伦理学》中的措辞并没有明显的等级高低的含义，但是接下来《论灵魂》中的分析则显示出，其实亚里士多德对动植物的划分重视等级高下之分的。类似能证明这种等级制的论述也见于《论动物的产生》731a25ff。

② 亚里士多德列举的这些能力都是通过经验可观察到的，我们也同意如果生命体缺了这些能力，生命体就可能不再是原来意义上的生命体，至少是有欠缺的生命体了。但是经验观察的问题就还是休谟问题，我们如何能知道这些选项是周延的。所以在谈到特征性的能力时，我们也只能理解为至少有一种这样的能力，或许以后还会发现其它的能力，也能作为某物的特征性能力。

并且只拥有这种能力。所以自我营养的能力就成了植物的特征性能力。然后他接着考察感觉。拥有感觉的东西,亚里士多德认为,我们就能称之为动物而不仅仅是有生命体了,每个动物都是有感觉的。虽然感觉有很多样式,诸如触觉、视觉等,有些动物拥有全部,有些则拥有部分,但至少拥有一种,即触觉。触觉是所有动物普遍拥有的一种感觉形式。[①] 亚里士多德在这里也提到了位移也是动物的一种基本能力,但是感觉更为根本,没有位移而有感觉就能算是动物,没有感觉则不能算是动物了。所以,感觉作为动物的特征性能力就被确定下来。在详尽讨论完各种感觉形式之后,亚里士多德在人和更高等级的存在那里发现了另一种特征性的能力,那就是理智。理智是人的特征性能力,但这也同时属于神的特征性活动,神就是纯粹的理智,以理智自身为对象;不受感觉和身体的限制,是完全的现实性。[②] 人虽然也拥有这种神性理智,但他同时也有受制于可知对象,与人的感知、想象联系在一起的被动理智。这种混合的理智能力就被作为人的特征性能力而确定下来(*DA*. 429a13ff)。

但需要注意的是,在《论灵魂》中亚里士多德所谈论的理智能力用的相关的希腊词是 dianoia, dianoetikon 和 nous,在第三卷他尤为详尽地分析了人的灵魂中的这种能力。而在《伦理学》中,他谈论人的功能的时候,用的则是 kata logon。所以,logos 与 dianoetikon 和 nous 的关系需要首先得到澄清。Dianoetikon 是灵魂拥有理智能力 dianoia 的部分,亚里士多德在《论灵魂》中经常把这种能力与 nous 等同或者将其看作 nous 的一部分。这种理智活动还叫做 dianoesis 。Logos 通常有这几种含义,(1)语言,(2)论证、理由、定义等,(3)人的理性和语言能力。这几个义项其实都是有着内在联系的,从直观上看,与 dianoia 最接近的似乎是第三个义项。[③] 而亚里士多德直接提到 logos 与 dianoetikon 关系的有两个地方。第一处是《伦理学》中

---

① 亚里士多德把触觉与食物直接联系起来,它是与营养关系最密切的,是维持生存的第一要素。而视觉则是相对较远的一种能力。见 *DA*. 414b8—9。

② 有关亚里士多德关于神的论述见 *Meta*. xii. 7 和 *EN*. x. 6—8.

③ 这几个词的词义分析见 Höffe 的 Aristotle 辞典。

本文引用的关于功能论证的段落。在 *EN*. 1098a4—5，亚里士多德说："这个部分的有理性有两重意义：一是在它服从理性意义上的，另一则是拥有理性并思想（leipetai de praktike tis tou logov exontos：toutou de to men os epipeithes logoi，to d'os exon kai dianooumenon）。"亚里士多德把"拥有理性（os exon）"与"思想（dianooumenon）"用并列连词 kai 连接起来，从这里分析可以把 dianooumenon 看作是 logos 对应的能力。[①] 如果没有运用这种能力就不能算是真正的拥有了 logos。另一处提到这两者关系的地方是《大伦理学》的 1182a18—20 处。亚里士多德说道："因为所有的知识门类都是依据理性原则的，而理性原则是灵魂有理智部分的产物（ai gar epistemai pasai meta logou，logos de en toi dianoetikoi tes psyches egginetai mopioi）。"[②]此处认为理性原则（logos）是源自人的理智部分（dianoetikon）的。虽然这里 logos 的内涵有点模糊，但不能否认的是其中必然存在着理智能力。所以，从《尼各马可伦理学》中这两个词的等价关系到《大伦理学》提供的亲缘关系，我们可以确定，在《论灵魂》中讨论的人的特征性能力与《尼各马可伦理学》中讨论人的功能是一致的。人的特征性能力就是理智能力，人的功能就是依据理性的活动。生命体的能力或功能也就可以看作划分生物等级种属的标志。

通过上面的讨论我们虽然明确了功能就是依据理性的活动。但对于人的灵魂中理性与非理性的其它部分的关系还是不清楚的。所以对于人的功能的这种解释仍然会遭到很多批评。Nagel 和 Wilkes 归纳了以下几种可能的反驳。[③] 首先，就算我们同意功能可以定义不同种属的生命体，但我们

---

① Dianooumenon 是动词 dianoeomai 的现在中动分词，与 exon 语法上并列，os 指代 logos，是 exon 的宾语。廖先生翻译为"拥有和运用努斯"，这样的话，exon 的宾语就也变成 nous 了，而这里则是说 logos，nous 与 logos 关系虽然很密切，但内涵上毕竟有不同，这种译法是变换了概念的。

② 此段文字从 Loeb 丛书摘译。

③ Nagel，pp. 8—12；Wilkes，pp. 344—349，in A. O. Rorty. Wilkes 在论证上比 Nagel 有所展开，但主要问题基本类似，Wilkes 本人申明他的这部分论证基本借助于 Nagel 的论证。

不应该排除除了功能之外的其它能力的作用。除了功能之外我们还有其它的能力并通过很多其它的描述来区分不同的生命体，而把人的功能定义为合理性的活动，就排除了营养、位移、感官能力的作用。第二，《论灵魂》中的讨论也把人的灵魂当作一个包含理性与非理性能力的复合体。所以人的功能似乎也相应地应包含理性活动和例如消化、运动、感觉活动的非理性的功能，所以《伦理学》中关于人的功能的也应当是这样一个复合的功能。但这样的话，进一步的问题就是关于幸福的解释，那些营养、感官等动物性特征的活动所带来善，例如健康、身体的快乐，就也成了幸福的构成性要素了。显然，亚里士多德只是把这些作为一些外在的善，是构成幸福的必要条件，而不是构成要素。第三，把人的功能定义为理智活动似乎并不满足《伦理学》中所提到的人的功能的特有性(idion)这一条件。因为神的特征活动也是理智活动。

首先，让我们回顾一下 Nagel 和 Wilkes 对此的回应。为了捍卫人的功能是依据理性的活动的观点，他们又回到《论灵魂》中的讨论并勾勒出了所谓的反馈论证。他们认为无论是《论灵魂》，还是《伦理学》在考察人的功能时并没有把营养、感觉、位移等功能排除在外。根据《论灵魂》，[①]每一种较低等级的功能都被包含在较高等级的功能里面，并为较高等级的功能服务。具体来说，营养功能被作为特征性功能确定下来，这是植物拥有的唯一功能，是最低等级的功能，本身不包含任何其它功能；在动物那里，虽然感觉作为其特征性功能，但植物所特有的营养功能也能在动物那里找到，感觉功能不可能脱离营养功能而独立存在，但在动物那里营养功能就只是辅助性的，是服务于感觉功能的；而在人那里，营养、感觉、位移等动物性功能都能在那里找到，理性功能也不能离开其它这些动物性功能而独立存在，但这些功能都是服务于最高的理性功能的，所以理性功能才是人的特征性功能。同时，他们又非常有洞见地看到，较高等级的功能对较低等级功能有反馈作用。虽然亚里士多德本人没有说这点，但不容否认的是，我们的确观察到动物的

---

① *DA*. 414a29—415a12.

感觉功能能够反过来促进营养生长等功能，不同的动物拥有它们各种特长感觉，这就有助于它们更快、更优或者更经济地捕获食物。它们甚至通过感觉能甄别事物的优劣好坏，从而保证了它们营养和繁殖功能更好地实现；类似地，人的理性功能对于我们营养、感觉等功能的反作用就更为明显。我们几乎每一个摄取食物、感觉某物的活动都渗透着理性计算，甚至反思活动，从而使我们的营养、感觉活动更为合理。

但是 Nagel 自己又指出了这个解释的一些困难之处。首先在动物那里，这种解释似乎把较高功能与较低功能的界限模糊了，甚至是颠倒了。他举长颈鹿为例，营养功能是为了能够实现其感觉、运动等功能，但是它们的感觉和运动的目的不就是为了获取食物并繁衍后代吗？① Nagel 自己都认为这个案例并不是很清楚的。其次，在人那里，虽然实践理性与感觉等低级的功能活动是有相互作用的，但是除了关乎人事的实践理性之外还有接近神性的思辨理性，亚里士多德认为处在最高等级的能力是思辨理性。② 虽然较低等级的功能为思辨理性提供基本服务，但是思辨理性并不关心较低等级的动物性功能实现得如何，也不会有反馈作用。Nagel 认为虽然人的功能其实是诸多功能的集合体，并且处在不同等级的功能还有相互作用，但他还是坚持认为只有位于最高的功能才能算作特征性功能，把诸多功能的集合体看成是特征性功能或定义性的功能是荒谬的。人的思辨理性功能的至高无上性和独立性更说明了人的功能应当用最高等级的功能来定义，虽然这种理性能力是企图超越自身动物性局限的神性能力。

Nagel 等人显然是承认人有多种功能的，但他们强调的是特征性功能，亚里士多德在《伦理学》中所说的功能应当被理解为特征性功能，较低级的功能不能构成特征性功能，只有处在顶端的功能才能算作是特征性功能。③ Nagel 等人如此这般解释功能是与他们如何解释幸福概念息息相关的。如

---

① 在亚里士多德看来，营养和生殖属于同一种灵魂能力，见《论灵魂》419a19。

② 思辨活动或者理论理性的活动是最高等级的活动的相关论述见 *EN*. VI,X.

③ 类似的观点还有 Irwin，同上。

前所述，如果把营养等低级功能都包含在内的话，那健康、感官快乐都将相应地成为幸福的构成性要素。为了避免这个结论，他们对功能做出了如上解释。

但是如果我们把思辨理性能力定义为人的特征性功能，那它就不能符合亚里士多德所要求的功能的特有性(idion)，因为神也拥有这种能力，并且以此为唯一特征。如果把实践理性与思辨理性结合起来作为人的特征功能，就很容易满足特有性这个条件，因为神是不关心实践事务的。但如果是这样的话，基于上面的反馈论证，我们为什么不能把结论再往前推一步呢？由于实践理性与其它动物性功能具有相互紧密的作用，我们为什么不能把这些功能的整体看作是人的定义性功能呢？这似乎也符合亚里士多德本人的说法，他在《论灵魂》中说，我们不能脱离营养功能而谈论感觉功能，不能没有感觉而谈理智。没有实践理性指导，就不可能有良好的社会关系和环境，在一个衣食住行都困难、人际关系紧张的环境中思辨理性又何以可能呢？这里我们显然承认不同功能的等级秩序，也承认理性是最高等级的功能，但鉴于它们的相互作用，我们需要把它们的整体都定义为人的特有功能，而不单单是理性，更不单单是思辨理性。而这样的整体性的功能定义才能更好地作为区分不同种属的标志。这里我们还可以借用一下 Irwin 的火星人的例子。[①] Irwin 假设如果火星人也依据理性行事，但他们的生理、化学结构都不同于人类，那是不是也应该把火星人和人一起归为同一种属之下呢？Irwin 给的答案是肯定的，如果火星人能够像人一样依据理性活动，那么我们也应该把他称之为人，至少是把人的外延又扩大了，但根据我的模型，火星人单单依据理性行事还不能算是人，如果他依据的仅仅是思辨理性他可能算做神，如果他仅仅依据实践理性，或像人一样两者兼有，却唯独没有营养感觉等功能，或者有功能，但相互之间没有任何关系，也不能算作人。我们可以假想一下，一个不吃不喝，没有任何感觉，却有理性，或者他们之间没有任何关系的“人”是何以可能的，这也并不符合亚里士多德《论灵魂》中

---

① Irwin, pp. 49.

的说法。所以在我的解释模型下，必须把较低级的功能与较高级的功能同时作为界定不同种属物种的参考标准，当然这些低级功能与理性功能之间是必须要有上述的相互关系的。根据这种反馈与相互作用理应推出我这种对功能的整体性解释。这种解释不仅可以有效地回答上述的诘难，而且也符合《论灵魂》中的理论，同时与《伦理学》中的功能论证也并不矛盾。在《伦理学》中，亚里士多德虽然说人的功能是依据理性的活动，但他同时说，这是包括“遵守理性的部分，与真正拥有理性的部分”。我们虽然可以质疑所谓“遵守理性部分”究竟指的是什么，而对其他解释保持开放，但我们起码可以说与我目前的解释是不矛盾的。

但需要注意的是，在这个模型中并不是所有较高功能对较低功能都存在反馈作用的。Wilkes 以牧羊犬为例，他认为牧羊犬虽比普通的狗多了一种牧羊的能力，但是这种能力并不与营养、感觉等有任何反馈能力。对于牧羊犬而言，牧羊是本质性的能力，但对狗来说，牧羊只是诸多能力中的一种，虽然很高级，需要营养、感觉等的支持，但它并没有任何反馈作用。在人这个层面，或许在人的感觉、想象能力之外还有一些未被发现的能力与营养功能也是没有反馈作用的；在理性层面，人的思辨理性是最高级的能力，亚里士多德认为这是高于实践理性的，并且需要其它低级功能的支持，但它也没有反馈作用。

但是如此一来，在我的这个解释模型里，思辨理性似乎并不是作为人的特征性功能而被确定下来。人的思辨理性虽然是最高的能力，但它只受低级功能的支持而没有反馈，而实践理性则不仅需要低级功能的支持，而且会形成反馈，这种相互作用的功能整体被我作为界定人之为人的标准。当我们在界定一个种属时，不仅要看它的最高的功能，但同时也要看到与最高功能有着相互作用的低级功能，如果存在这种相互作用的话，这些相互作用的功能整体才是界定一个种属的标志。思辨能力是人身上企图超越自身希求神性的一种能力，但是这种能力同时也受到人的动物性因素的制约，所以人不可能拥有纯粹的思辨理性。人的思辨理性必然是与实践理性同时存在的，甚至一个人没有思辨理性而仅有实践理性，我们也能将之称之为人。而有思辨理性的人一定同时具有实践理性，没有实践理性的思辨理性对于人是不可能的。思辨理性虽然是一种神性的能力，但与实践理性同属理性。它们所关注的对象与事务的不同。把理性能力应用与人事、社会交往、德性的培养方面，便发展出了实践理性；把理性能力用于探究事务的第一原则，寻求关于原因的知识，则发展出了思辨理性。实践理性与思辨理性的关系，用一个不太严谨的类比，可以比作触觉与视觉的关系，触觉与食物直接相关，就犹如实践理性关心人事一样；而视觉离食物较远，而跟知识较近，①就像思辨理性追求关于第一原则的知识。触觉是作为动物感觉的一种最基本形式，只要有触觉就能称之为动物；相应地，实践理性是最基本的理性形式，只要有实践理性就能称之为人。

如果我们在这里讨论的功能只是区别不同生物等级的标志，我们只是还原到植物、动物、人这样的大类，而牧羊犬牧羊的能力和人的思辨理性能力则分别是区分不同的狗之间和不同的人之间的标准，是在一个大类中具体细分的标尺，比如牧羊的能力就把牧羊犬和其它犬区别开来，人的理智则是区别不同的人与人之间的个别形式。所以在这里谈论动物的功能是只会还原到它这个种属一般所具有的能力，而不是在此基础上再做细分的能力。在动物那我们说感觉，在人这我们说理性。

所以，首先，我们承认生命体是有着不同功能的复合体，这些不同的功能在动物那里还呈现出等级性。灵魂较高级的部分的功能，都是需要低级的功能支撑的，但同时都随附着较低级的形式，每个更高一级的灵魂功能的增加都改变了事物生存的意义，影响了较低级功能的实现并增加了新的活动。动物的知觉功能使其与植物的活动区别开来，并且使它的繁殖营养能力也与植物不同。人的生活是动物所没有的，因为动物靠本能筹划生活。同一属下面的两个成员基本上过着同类的生活(抛开年龄性别的生物性差别)。人与动物的不同在于人能理性思虑，选择我们相信是好的东西，并且

---

① 对于柏拉图和亚里士多德，知识的对象是形式(eidos)，这个词就是根据希腊文horao演变而来。

这种信念是有理由的。不同人的生活方式不会完全受到某种文化习俗的控制而固定不变。理性的能力改变了我们和动物共有的那些活动方式,诸如建造房屋、养育后代、获取食物等等都表现出了与动物的不同。我们还做动物根本不做的事,如消遣、从事哲学等等。所以理性的功能引入了全新的生活形式,但在我们运用理性的同时也体现着我们的低级功能的诉求。这种相互作用的功能整体被作为区分不同种属的标志而确定下来。需要注意的是,在这个模型中并不是所有功能都能参与进这种相互作用,但这样并不排除那些功能自身的价值。相互作用的功能整体只是在作为区分不同种属的特征性或定义性的标志而确定下来。

四、功能就是善

亚里士多德说某物的善就在于它的功能,如果一种功能在依据它特有的德性的方式实现时就是实现得良好的,那么人的善就是灵魂的合德性活动,如果有不只一种德性,就合乎那种最好的、最完善的(1098b16—18)。在这个解释模型中,对于有思辨理性的人,他的最高的善,就是依据思辨理性的活动;对于只有实践理性的人就是实践理性的活动。虽然在谈论实践理性时就意味着在谈论和它具有相互作用的功能整体,但这并不意味着低级功能带来的善与实践理性带来的善是同等重要的,也不意味着两者都能够是幸福的构成性要素。所以关于幸福的解释在这个模型下仍然是非常开放的。

虽然在本文不能详细展开关于人的"最高的善"或"幸福"的讨论,但是这里有一点是需要审查的,亚里士多德说:"对任何一个有某种功能或实践的东西来说,它的善或者好就在于那种功能"(1097b24—25)。后来又说人的善是合乎德性的行动,根据亚里士多德,功能实现得好才能叫做合乎德性的行动,所以,善应当被认为是功能实现得好(1098b16—18)。"善在于功能"与"善就是功能实现得好"这两者应该怎么理解?它们的关系又如何呢?

关于 1097b24—25 这段话,正如 Gomez-Lobo 指出的那样似乎可以有两种理解。第一种是，认为有功能的事物的善就在于实践它的功能，功能本身就是有价值的。这派观点的代表人物有 Stephen，Nagel，Hardie 等等。[①] 他们认为事物的功能是事物成其为该事物的本质，事物丧失了功能就丧失了本性，就丧失了存在的最根本依据。第二种理解是，某物的善是指功能实现得好而不是单单实现某物的功能。如竖琴弹得好才叫好的竖琴手，才算是拥有善，仅仅弹竖琴对于竖琴手不能算是拥有善。亚里士多德的功能论证只是一个描述性论证，并不具有规范性效力。功能可以实现得好，也可以实现得不好，只有在依据德性的实现时才叫做善。Gomez-Lobo 本人就持这种观点，并且他认为第一种理解是一种误解，是从人的本质这个事实直接过渡到价值的不合法的跳跃。

按照 Gomez-Lobo 的理解，1097b24—25 其实就应当清楚地表述为“某物的善就在于功能实现得好”。“善在于功能”是一个引起歧义的表述。而后面 1098b16—18 说“人的善是功能实现得好”其实是对 1097b24—25 的一个复述。但至于为什么功能实现得好就是对某物的善，他却没有多加解释，他认为对于亚里士多德这是很明确的，我们寻求对于某人的善需要首先确定他的好的特征性活动，然后在此基础上才能建立善与不善的判断。那我们可以继续追问，好的特征性活动就一定是对于功能的主体的善吗？其实这两者的等价关系是需要被说明的。Korsgaard 认为当然不是所有例子都能说明功能实现得好就能获得对他来说的“好”或“善”，[②]如马的德性在于奔跑、负重以及攻击敌人(1106a19)，但这匹马是否获得了对它自身而言的善，这的确是不明确的。这里只是出于人类的军事目的而言的好，但为什么马就不能赢得一个自由的远离危险的生活呢？还有柏拉图的修剪刀的例子，如果说一把好的修剪刀获得了对它自身而言的善显然是荒谬的。更为严肃的例子是阿德曼托斯质疑城邦守卫者是否幸福时，苏格拉底回答守卫者是为了整体的幸福，而不是部分的幸福，所以苏格拉底也承认守卫者实现

---

① Stephen，1972；Hardie，1980；Nagel，1974 in Rorty.

② Korsgaard，2008.

了他的功能,但不能获得对于自身的好。Glassen 认为亚里士多德这里提供了一个错误的论证。他只是在告诉我们应该实现好我们的特征性活动,特征性活动实现得好并不能等于给人本身带来善。Wilkes 追随了 Glassen 的观点,并发展出了更为详尽的论证。①他同样也认为,“在好的人”与“人的善”之间是存在鸿沟的。他使用的模型主要就是他的反馈论证。特征性功能与低级功能存在反馈作用的,则这个鸿沟是可以弥合的,不存在反馈的则是有鸿沟的。他首先分析在动物那里的情况,一般的狗的特征性活动是感觉、运动,这与营养的功能有相互作用,特征性活动的好就意味着整体的好,所以这鸿沟就弥合了。但对于牧羊犬,它的特征性活动是牧羊,与其它功能没有反馈作用,牧羊牧的好并不能给整体的功能带来好,相反有可能还会给它带来危险,就像上面战马的例子。所以也是有鸿沟的。相应地,在人那里如果把实践理性作为最高的特征性功能的话,由于其与低级功能的反馈与相互作用,鸿沟也是可以弥补的。但如果是思辨理性,由于没有对低级功能的反馈,所以鸿沟仍然存在。

在回应 Gomez-Lobo 的论证之前,我们似乎得先帮他解决这个被他忽略的有问题的前提。基于上面 Wilkes 的分析,对于一般的动物,它们的感觉功能实现得好和对它本身的善是一致的,但对于战马、修剪刀等被人赋予或者被人使用而对低级功能又没有反馈的功能又是怎么解释呢?

这里争论的焦点似乎可以归结为功能的目的与工具的争论。在上面的诘难中战马、牧羊犬等例子似乎都只是在工具的意义上被理解,只是为实现人的目的而行使功能,对它们自身却不一定能带来好处。在柏拉图那里,功能的确被解释成工具。柏拉图在《理想国》352d—354b 给出了关于功能的讨论:每一个事物都有一个功能,这个功能就是该事物特有的或者是做得最好的活动。他以马为例,但没有展开马能做得最好的事,而是讨论马对人的最好的功用。马或许还有其它很多特有的或者是比其它动物做得更好的活

---

① P. Glassen 的论证基本上是基于语言和文本本身的分析,而 Wilkes 详细分析了在动物和人那里,不同的功能作为特征性活动时的情况。

动，但只要这些对人是无用的，就不能成其为功能。功能对于柏拉图来说，就只是对人有用的，或者是被训练出来为实现人的目的的工具。在亚里士多德那里，事物的功能则不再局限在为实现人的目的的工具，而是被解释为目的。他说：视力是眼睛的目的(*De G. A.* 778a33 f.)，功能是目的，功能是现实性(1050a22)。① 每个东西的功能就是它的目的(*EE.* 1219a8)。亚里士多德把事物的功能等同为目的，事物实现了它的功能就实现了它的目的，事物的功能活动就完全是以自身为目的的，而并非为人或者其它东西去实现它的功能活动。

功能在目的论意义上的解释其实与前面在形式、本质和特征性活动的解释是一致的。我们很难想象一个东西的活动不是为了某个目的的，按照亚里士多德，事物如果偏离了它的自然目的而行动，那该事物一定坏掉而失去本性了，也就不能在原有的意义上称谓该事物了，顶多只能在名义上称谓那事物了。Korsgaard 用一个无目的打转的小东西企图说明功能不一定都能在目的论层面上谈论。设想一个小东西在打转，但我做它的本来目的并不是如此，转得不好也不足以娱乐，总之没有任何目的，但一个有机械知识的人就知道它如何这么转得，及它的功能是什么。但 Korsgaard 这个例子还只是在为实现人的目的的工具意义上来定义这个小东西的功能，而非在事物自身的目的论意义上。所以这是柏拉图意义上的例子，而不是一个符合亚里士多德意义的例子。就算 Korsgaard 这个例子是符合亚里士多德的规定的，他自身也意识到这个例子存在的问题。他认为把功能赋予无目的的事物的想法也有局限。如果事物做的并不是符合它的目的，我们就不清楚它是否真的坏了。根据亚里士多德，生物在正常实现它的功能的层面上的确是有确定目的的。按照亚里士多德在《论灵魂》中对功能的定义，以及 Nagel 等人和我在上文对功能定义的解释，作为事物的本质，缺乏或失去了这个本质性活动，事物就不再能够在原来的意义上被称谓了，或者只能有名义上的称谓。那么事物的这个目的就是在生存中保持它本有的形式，它自

① 此处为与前后一致，故翻译上与 ROT. 有所调整。

己行使功能的方式。有两种方式实现这个目的，第一，通过持续的营养再造活动在持续的质料的河流中维持它的形式；但由于单个生命体质料的可朽性，不可能在单一个体上持续不断实现这种形式的保存。于是需要第二种方式，即通过繁殖把形式从一个个体加到另一个个体上。这是关于生存的定义和对永恒的追求。如果生物的形式是这种基本方式的自我保存，就叫“生存”。植物的生活形式是自我保存、生殖和生长。这样一种生活规定了它的功能。它们自然地向那个从一开始就潜在地存在其中的目的运动。它们保存自身不用通过知觉某事是快乐的并去追求它。感觉和快乐不是植物适当的能力。它们只是通过营养就能实现自我保存，通过繁殖追求永恒存在。动物过的是感觉生活。与植物不同，它们被一些意向性的运动所规定。这类感觉和运动就是它们的功能。它们并不仅仅自然地朝向目的运动。它们还朝向它们感觉到的目的运动，朝向它们感觉到的快乐而行动，跟随非理性的激情与欲望而不是理性选择（*pol.* 11254b26），趋乐避苦是基于动物的感觉能力的倾向。所以，战马、牧羊犬是在它们普遍的知觉能力基础上，发挥它们的特长的能力来实现它们的生存。对于人造物（斧子、修剪刀等）同样也只有发挥它们的功能才能实现自我保存的目的。[①] 如果战马不在战场上实现它们的战马为之战马的活动，那么它就不能称为战马，而只能是普通的马，甚至会连马的存在都不能实现了。对于牧羊犬也是如此，它们的生活方式由它们的能力所决定，尤其是某事物所特有的那种能力。

思辨理性的能力是人身上超越动物性的能力，是一种超越自身企及永恒的能力。是最少受外物的限制，真正的以自身为目的的能力。[②] 尽管它没有与低级功能的反馈，但它在人身上与实践理性的共存，要实现好思辨的功能必须首先良好地实现实践理性的能力，所以，思辨理性实现得好就意味

---

① 其实用目的来解释人造物是相当牵强的，工具的解释似乎更接近这些被人赋予功能的人造物。这可能就是亚里士多德在 *EN.* 中不再用斧子做例子，而直接用不同职业者和生命体的部分来说明功能。个人倾向把功能局限在生命体范围内讨论。

② 有关思辨是最高的善的论述见 *EN.* X. 1177a19—b12。亚里士多德提出了总共六条标准来说明思辨是真正以自身为目的的最高的善。

着实践理性实现得好，也就意味着对人整体的善。不仅如此，由于这种神性的思辨能力，人还企图超越可朽的自我而达到神性的永恒。这不同于通过繁殖复制把生命体的形式从一个转到另一个上而实现的永恒，这是真正的灵魂不朽的永恒。①

至此，通过引入生命体功能就是其目的的讨论，我们似乎帮 Korsgaard 修补好了那个缺失的前提，即为什么某物的善就是它功能实现得好。但是在目的论的讨论中，我们说生命体的目的就是为了生存而实现形式的自我保存，如果是出于自我保存的目的，我们似乎可以断言，生命体自然会尽可能好地实现它们的功能，这样才有利于它们的保存，而不可能把它们的功能实现得不好，因为这是自求灭亡，不符合生命体发展规律。"自然不会做荒谬的或无目的的事"(*De Caelo* 291b14)，"存在对于好人是善的，而每个人都希求善的东西"(*EN*. IX 1166a19—20)。当然，我们必须承认可能由于外界环境或自身的某些因素的制约，功能实现的程度是有差别，但不能否认在相对较差的程度上实现了它的功能对它自身也是善的。例如，一个普通的竖琴手相对于一个好的竖琴手，他实现的功能就会相对较差，但不能否认这种功能对于普通竖琴手生存的重要性和价值。"事物必定是通过它们的善来保存自身"(*pol*. 2. 1216b9—10)。所以，功能论证似乎应当是个规范性论证，而不是一个中立的描述性论证，为了保持生存，不可能存在功能实现得不好的情况。

所以，我在这里试图推荐功能论证的规范性解读。我们把 1097b24—25"某物的善就在于功能"看成是亚里士多德提出的一个前提，②而将后面 1098b16—18 说"人的善是功能实现的好"看成是一个结论。功能就是善，功能实现得好自然也是善了。Gomez-Lobo 认为如果我们做这样解读，如果功能就是好，那么良好地实现功能，这是存在语义重复的，他以理性为例，如果依据理性活动本身就意味着善，那么良好的实践理性便存在语义重复。但这是一个片面的分析，我们可以设想一匹相对瘦弱的马，它无法像其它健

---

① 见 *DA*. III4—5，*Meta*. XII.

② 当然这个前提也依赖于我前面功能的目的论分析的更大的前提。

壮的马一样实现它的负重功能，但它却靠这个来维持它的生存，没有这个功能这匹马将会死去。我们不能不说这种相对较差的负重功能对于这匹马也是善的，当这匹马在负重过程中获得更多食物，逐渐变得健硕后，它就能比以前更好地实现它的负重功能，更好地维持它的生存形式，这相比以前的善就是更大的善。所以，仅从语义分析而不顾语言对应的实在的话，是缺乏说服力的。功能实现得好是在拥有原有功能的基础上的完善，但它本身就是一定程度上的善，功能的完善并不改变原有功能的性质。这就是亚里士多德说的“一个什么人的活动同一个好的什么人的活动在种类上是相同的，例如一个竖琴手和一个好的竖琴手，所有其它例子也同样”(109b12—13)。这其中自然也包括人的理性活动了。不过这种相同只是种类上的相同，并不代表其它更严格意义(例如程度)上的相同。①

当然，Gomez-Lobo 有关人的功能中的理性能力(logos)的讨论也是需要严肃对待的。他认为对于功能的中立性的忽视还进一步导致了对文中 logos 的表述不清(kata logon e me aneu logou, meta logon)，而英文(reason, rational)或其它语言(如汉语、理性)在翻译这个词时又很难不带有正面的价值色彩。Gomez-Lobo 指出在希腊 logos 可以是一个中性的词。并坚持认为在这里的用法也应该是个中立的描述性用法。

首先，他通过分析在这段话中三处关于 logos 的表述来反对 Irwin 的翻译。

(1)Psuches energeia kata logon e me aneu logou. 1098a7—8.

(2)Psuches enegeia kai praxeis meta logou. 1098a13—14.

(3)Psuches enegeia. 1098a16.

(3)似乎是(1)或者(2)的简略指称形式。但 Irwin 的翻译几乎是把(1)

---

① 在 Topics152b30—34，亚里士多德认为有多种意义上的相同，某一方面相同其它多方面可能就不同，种类上相同不一定在数目上相同。

和(2)这两者等同起来了,(2)译成灵魂表达理性的活动和行动,(1)译成灵魂表达理性(本身拥有理性)或需要理性(遵守理性),作者不认可这种翻译的理由主要依据对 kata logon ,me aneu logou 以及 meta logou 这三个词组的分析,具体分析不做展开,这里主要分析他认为 logos 是中立的依据。

首先,他认为 Grant 等人把 meta logou 解释成意识到要良好的实践理性,具有正面价值的话,就会导致上面所提到的语义重复的毛病,他猜想 Grant 把 meta logou 与 meta tou orthou logou 错误地等同起来了;其次,他又引用形而上学 1046a36—b1 中"有理性的能力"(dunammeis meta logou)和"无理性的能力"(alogoi dynameis)的区分,认为后者只产生一个结果,就像热的东西只能产生热;前者有能力产生两个相反的结果,医术产生健康也能带来疾病。他认为 meta1046b8—9,13—14 很好地解释了这点,"理性表明事物本身和它的缺乏","正是通过否定和消除才表明了它的对立面"。依据理性行动同样也可以行动得好,也可以行动得不好。最后,他指出亚里士多德愿意用更为精确的表述方式来表述理性具有正面价值的规范性使用。依据正确的理性(kata ton orthon logon)(en. 2. 2. 1103b32),技艺是正确理性的习惯(en. 6. 4. 1140a20—21),实践智慧是具有正确理性的实践习惯(en. 6. 5. 1140b20—21)。

Gomez-Lobo 同时也意识到这种中立的解释面临的最大困难是 me aneu logon(不是没有理性)。这个短语蕴含着理性的正面的规范性价值。为了说明这个,他猜想在以下几种情况下 me aneu logon 也能被解释成中立的描述,me aneu logon(不是没有理性)却不能 kata logon(不依据理性行动)。

首先,一个人在战场上为保全性命弃甲逃跑可以说是没依据理性行事,但不能否定这个决定中是有理性成分在里面的;其次,如果人设定了一个坏的目标,但他实现的过程却是通过严密的思虑的,这也不能称为没有理性;第三,由于痛苦或快乐而破坏或保存了一个判断也不能算作是完全消除了理性,只能说明他没有把握正确的实践命题因此做了一个错误的行动;第四，在理论科学中也同样，虽然可以不把没有把握命题的真值归咎于情感或快乐和痛苦的体验，而是进行了错误的计算，这也不能说没有理性参与其中，尽管是错误的理性。所以，在这几种情况下，me aneu logon 并不能说明它的规范性效用。

关于 meta logou 的第一个论据，我在上面已经有所反驳，理性对于主体是存在论上的善，是维持生存的根据，理性行使得好使这个善变得更加完善。而在第二个论据中的引文，我认为并不足以说明功能本身的中立性，事物本身的反面是缺乏，不是恰好表明了事物本身应该是正面价值的存在，而不能是中立的，因为中立的存在无所谓正反面的价值。我想没有人会认为医术本身会是坏的东西，它能带来恶是由于医术以外的一些东西加到了上面。譬如，当有人把医术当作工具去做坏事的时候，医术就被附加了某种别的东西而偏离了它原来的目的——健康。理性也同样，理性本身不可能行使得坏，而是由于理性之外的某些东西导致的，这在下面回应 Gomez-Lobo 关于 me aneu logon 的分析时还会看到。至于第三点理由，我认为更加薄弱，亚里士多德的确在很多地方加了"正确的"、"好的"这类修饰词，[①]但我们同样可以找到一些地方亚里士多德单用 logos 表达规范性的含义的。如 1107a1 亚里士多德提出了德性的定义：德性是一种关乎选择的状态，在于理性所决定的中道，实践理性决定了德性。如果这里的 logos 没有规范性功能，它又如何能规定德性呢？在第三卷讨论行为是有选择(proairesis)的时，他认为选择本身就是包含了 logos 的，德性行动和自制的行动才能称得上是有选择的，从这点看，也能看出 logos 的规范意义(1112a16—17)。在其它地方，诸如谈到勇敢、节制等品质，以及和欲望的关系的时候，都体现了 logos 的规范性意义。[②] 所以我们完全可以这样理解，当亚里士多德说正确的理性或好的理性时并不是指理性本身是中立的，而是指理性占主导地位，由自身决定自身，不受其它东西的影响的情况，而理性本身就应当

---

① *EN*. 1144b22ff；1147b1—2；1147b30 等。

② *EN*. 1115b12—13；1119a20；1119b10；1125bb35；1149a36；1168b35 等。

是规范性的。

关于 Gomez-Lobo 的 me aneu logon 分析，其实我们看到它所列举的四种情况，都不是理性自身的缘故而出现错误，而是由理性之外的某些东西导致的错误。这些理性之外的东西到底指什么呢？第一种情况战士在战场退却并不是理性告诉他这么做，而是由于恐惧或者其它什么非理性的情感所导致，虽然这里面仍然有理性思虑在其中，但理性被非理性的情感所压制了。理性本身只会告诫他行使自己的本质性功能以保存自身，而不是牺牲自己的本质而成为别的什么。这正好说明了理性对情感的规范性作用。但情感不受理性的规范错误便发生了。第二种情况关于设定一个坏的目标，亚里士多德会告诉你设定目标是因为我们欲求某物，欲望(orexis)才是一个行动的原因，而欲望总是关于某个对象的，所以欲望的对象就作为目标被确定下来了。[①] 目标设定得好是因为欲望和理性认知性要素达成一致，目标设定得不好就是因为其中缺乏了理性认知要素，缺了理性主体就不能知道目标的好坏与否，所以这恰好说明了理性认知要素在目标设定、行动实现过程中的规范性作用。第三种情况更是明确地向我们说明了痛苦和快乐这种情感对我们理性的影响，如果我们的理性不具有规范性作用，那么行动的主导因素就是这些痛苦和快乐或者夹杂着这种情感的情感，那么人的每一个行动似乎都只是为了趋乐避苦，这跟动物就没什么差别了。第四种他讨论了在理论科学中出现错误的情况。他认为虽有理性参与其中但推理有可能出错。但他又忘了在理性推导过程出现错误的原因是什么。推理出现错误其一是由于大前提不对；其二，是有推理过程违反了规则。首先前提错误我们已经在第二种情况中分析过了，这并非理性的责任。而推导规则的错误我们也不能把它归咎为理性，理性(logos)本身就有法则的意思，有法则的东西自身不可能去违反法则。[②] 如果我们严格遵守理性的话，就不会出现违反法则的情况。所以这也正说明了理性的规范性作用。

---

① 关于 orexis 作为行动的原因的分析见 Nussbaum，1986，Chap. 9。

② Grant 在讨论功能论证这一段时就建议把 logos 翻译成法则。Grant，1885。

理性对非理性的规范作用，又说明了高阶的功能对低阶功能的反馈作用，进一步证实了我上面对功能的定义。通过说明人的理性的规范性意义而证明了功能的规范性意义，但这种规范性只是保存其本质、维护其生存的最基本的规范。我们把功能实现得越好，就越有利于这种保存，所以，亚里士多德还要求我们不仅要实现我们的功能，还要良好地实现我们的功能。良好地实现功能，根据亚里士多德，就是合乎德性而行动，一种活动在以合乎它特有的德性完成时就是完成得良好的(109811—16)。从这里的表述看来，德性是功能良好实现的保障，相比功能，德性更为基本。如果是这样，那亚里士多德把幸福奠基在功能之上，又说幸福是灵魂合乎德性的活动，似乎是矛盾的说法。但如果我们追问，在德性缺失或者还未形成之前，我们是否就不能良好地实现我们的功能了呢？于是我们必须进展到亚里士多德的德性概念，简单地勾勒出它的德性本质，以澄清它与功能的关系。

五、功能与德性

亚里士多德把德性分为道德德性和理智德性两类。道德德性对应灵魂那个合理性的部分，而理智德性则对应有理性部分本身(1102b13—1103a10；1138b35—1139a4)。道德德性是一种确定的性格，一种具有理性选择的品质。正当的行为出于这样一种确定的品质。好的生活就是出于德性的活动，是德性的实现，而不仅仅是拥有德性。德性本身就是一种趋向行动的品质。虽然德性是趋向思虑和正当的行为的品质。但这并不意味着德性仅仅就是朝向行动，亚里士多德在第二卷对道德德性的讨论中揭示，德性作为品质的活动总是与这两种东西相关，实践(praxeis)与情感(pathos)。亚里士多德认为每种情感都是伴随着快乐或痛苦，所以德性也与快乐和痛苦相关(1104b14)。亚里士多德把恐惧、愤怒、欲望、快乐和痛苦都叫做pathos。这些都可看作主体所遭受的情感。体现在与德性相关的情感和行动中，存在过与不及，以及中道。实现了行为和情感上的中道，便实现了德性。而这个中道则是由理性所决定的(1107a1)。从这里看，一个德性行为就是一个关乎情感的合理性的行为，[①]是体现人的本质的行为，所以与功能活动是一致的。但是一个人在获得德性前我们不能说他就是没有理性的，更不能说他做的每一件事都是不符合理性的。那么在德性获得之前或者获得的过程中，他的行为与功能又是什么关系呢？

亚里士多德认为人的德性既非本性，也不能违反本性，而是在本性基础上通过一系列习惯化的过程而获得。人通过模仿有德性的人而变得有德性，通过从事德性活动而变得有德性。这乍看像是同语反复，但亚里士多德认为人模仿有德性的行为虽然表面上看也是有德性的，但不是出于行动主体本身，所以还不能断定主体是个有德性的人，直到这种模仿形成一种稳定的德性品质在主体之内，并且出于他的内在品质而行动，这才是真正的德性主体。在这个过程中，我们看到德性形成是一个习惯化的过程，虽然很难说习惯化过程是完全来自主体自身的理性思虑，而是通过模仿一个先知或者道德楷模的行为而获得，但这里我们不能排除主体自身运用理性的能力和过程，行动主体需要不断地对个别行动进行归纳总结，从而掌握特定的道德原则，这点是不容否认的。[②] 再退一步讲，他起码是遵守了他者的理性，这也可以算作是一个遵守理性的行动。从这里看德性获得过程中的活动，仍然是和我们的功能活动一致的，毋宁说就是功能活动，所以在德性形成之前，我们的这些功能活动可以看作是我们德性形成的基础，在德性形成以后，德性又是我们功能活动的源泉。当然我们这里还忽略了一种情况，就是所谓的自制者的情况，根据亚里士多德，自制者的行动不能算是德性行为，因为德性行为必须是理性和情感、欲望和谐一致而没有冲突的行为。在自制者那里，理性和欲望是有冲突的，虽然最终能够克服欲望坚持理性认识的善为目的，但由于这种冲突，就不能算是德性活动了，不过，它由于还是一个理性活动，并且也有理性与非理性部分的相互作用，仍然是符合我们的人的

---

① 前面我在讨论功能的时候，用的是理性与感觉等能力的相互作用，而在这里却变成了理性与情感，这里的过渡当然是需要更多地说明的，但这里无法展开这个说明，感觉与情感的对应关系，直接的文本证据见 *DA*.. 413b22—24。

② 这一点 Sorabji 有较为详细的分析和论述，pp. 214—217，1980，in Rorty.

功能定义的。所以,如此看来,功能活动比德性活动范围更广,但德性活动才是我们的功能的真正指向的目的,才是良好地实现了功能,只有实现的德性活动才是真正地实现了人的本质。另外,在这两种情况下理性的规范性作用更为明显。如果不是理性的规范,我又有什么理由可以从无德性到有德性,在欲望诱惑时还能保持自制。

理智德性与功能的关系似乎就并没有这么清楚,亚里士多德认为理智德性不同于道德德性,是通过教化而得。虽然亚里士多德没有像道德德性的获得那样详细展开理智德性是如何通过教化而得,而只是分析了理智德性的几种品质。但理智德性的获得肯定也是基于本性基础上不违反本性而习得的,而这种习得过程肯定也不会违反上面道德德性的模型,我们可以猜想,一些先知或哲人的教化对理智德性的获得重要性,所以他者的理性和本身所具备的天赋本性决定了这些活动一定也是和功能定义是一致的,而理智德性获得以后对功能活动的保障作用则更为明显,以实践智慧为例,亚里士多德会告诉我们实践智慧就是那个我们的行所要遵循的正确的理性(1144b28)。我们的道德德性的获得不仅仅是一个习惯化的过程,必须要有实践智慧的指导才能成为严格意义上的德性,才能使我们的行动符合中道(1144b15—17)。所以实践智慧才从根本上保障了我们的功能良好的实现。

以上的扼要分析,指明了功能活动对我们的德性形成的基础性作用,以及在德性形成以后,德性的功能的保障性和完善性作用。并且这里的分析也有力地反证了我上面将功能定义为相互作用的理性与非理性能力的整体是合理的,因为无论人的功能活动还是与德性相关的活动都很难排除这种相互关系。

结论

本文首先通过借助亚里士多德的质形学说和灵魂等级学说在本质主义的框架内说明了人的功能的存在,通过不同的灵魂等级之间的相互关系的说明,重新阐释了功能的定义。功能作为定义和区分不同种属的标志,需要综合考虑不同等级之间相互作用的能力,这样一个相互作用的整体才能充分地定义功能,当然这种定义只是局限在了区分植物、动物以及人这样的大类上,在这些大类上的进一步划分我这里并没有多作考虑。其次,我试图澄清功能的规范性意义,说明功能本身就是善。从规范性的含义中,我们仍然可以看到理性与非理性部分的相互作用。最后在功能与德性关系中,一方面说明了功能对德性形成的基础性作用,另一方面德性又是功能良好地实现的保障和指导。从这里可以看到,功能论证在《尼各马可伦理学》中有着非常基础性的地位,它是亚里士多德进而讨论德性的基础,是构成亚里士多德式幸福的一个重要组成部分。这或许就是为什么亚里士多德说,弄清了功能问题,幸福的问题也能够清楚了的原因吧。

参考文献

亚里士多德,《尼各马可伦理学》,廖申白译,2001,商务印书馆。

亚里士多德,《尼各马可伦理学》,苗力田译,1999,人民大学出版社。

Achtenberg, Deborah, 1989. "The Role of the Ergon Argument in Aristotle's Nicomachean Ethics " in *ESSAYS IN ANCIENT GREEK PHILOSOPHY IV*, John P. Anton & Anthony Preus ed. State University of New York Press.

Akrill, J. L., 1974. "Aristotle on Eudaimonia", in *essays on Aristotle's ethics*, A. O. Rorty ed., University of California Press.

Austin, J. L., 1967. "agathon and eudaimonia in the Ethics of Aristotle", in *Aristotle: A Collection of Critical Essays*, Moravcsik ed. New York: Anchor Books.

Barnes, Jonathan, ed., 1984. *The Complete Works of Aristotle* (ROT), Princeton: Princeton Universtiy Press.

Bonitz, H., 1870. *Index Aristotlicus*, Berlin: K. preussischen Akademie der Wissenschaften. Reprinted 1955 Graz: Akademische Druck-u. Verlagsanstalt.

Burnet, J., 1900. *The Ethics of Aristotle*, London.

Bywater, I., ed., 1894. *Aristotle: Ethica Nicomachea*, Oxford: Clarendon.

Clark, S. R. L., 1971. "The Use of 'man's Function' in Aristotle," *Ethics* 82. 269—283.

Clark, S. R. L., 1975. *Aristotle's Man: Speculations upon Aristotelian Anthropology*, Oxford: Clarenden.

Glassen, P., 1957. "A Fallacy in Aristotle's Argument about the Good", *Philosophical Quarterly* 66, 319—322.

Gomez-Lobo, Alfonso, 1989. "The ergon inference", *Phronsis* 34, 43—57.

Grant, A. 1885. *The Ethics of Aristotle*, illustrated with essays and notes, reprint New York: Arno. 1973.

Hardie, W. F. R., 1965. "The Final Good in Aristotle's Ethics", *Philosophy* 40, 277—295.

Hardie, W. F. R., 1968, 1980. *Aristotle's Ethical Theory*, Oxford: Oxford University Press.

Irwin, T. H. 1980. "The Metaphysical and Psychological Basis of Aristotle's Ethics", in Rorty 1980.

Irwin, T. H., tr., 1985. Aristotle: *Nicomachean Ethics*. Indianapolis: Hackett.

Kosrsgaard, C. "Aristotle's Function Argument", in Korsgaard, *The Constitution of Agency: Essays in Practical Reason and Moral Psychology*, Oxford University Press, 2008, pp. 129—150.

Kraut, Richard. 1979. "The Peculiar Function of Human Being", *Canadian Journal of Philosophy* 9, 467—478.

Kullmann, W., 1974. *Wissenschaft und Methode*, Berlin and New York.

Nagel, Thomas, 1972. "Aristotle on eudaimonia", in Rorty 1980, 7—14.

Natali, C. *The wisdom of Aristotle*, translated by Gerald Parks Albany: State University of New York Press, 2001.

Nozick Robert, 1981. *Philosophical Explanations*, Cambridge, Mass: Harvard University Press.

Nussbaum, Martha, 1978. *Aristotle's De Motu Animalium*. Princeton: Princeton University Press.

——, 1986. *The Fragility of Goodness: Luck and ethics in Greek tragedy and philosophy*, Cambridge University Press.

Wilkes, K. V., 1978. "The Good Man and The Good for Man in Aristotle's Ethics", in Rorty 1980, 341—357.

Williams Bernard, 1972. *Morality: An Introduction to Ethics*, New York: Harper & Row.

（作者系德国柏林洪堡大学哲学系博士研究生）

为温和完美主义辩护①

陈 祖 为

摘要：本文以罗尔斯的《政治自由主义》作为出发点，讨论“价值”在政治上的恰当位置。罗尔斯认为，在涉及宪法基本要素或社会公正的公共讨论中，政治决策者和市民不应诉诸任何具争议性的美好人生构想(conceptions of the good life)或有关美好人生的价值，因为透过基本制度去追求这类构想或价值，会使一个政治社会变得宗派化(sectarian)。他进一步指出，宗派主义(sectarianism)必须被公共理由(public reasons)取代。所谓公共理由，是指一些独立而不必涵蕴任何真理宣称的政治价值。我认为罗尔斯的观点有一个主要的漏洞：他似乎没有注意到，关于人生的意义、价值和目标的判断是多样的；在公共讨论中，政治决策者和市民其实可以在不依靠任何整全性理论(comprehensive doctrines)之下，诉诸多元、具体而零散(piecemeal)的美好人生构想。这种介乎宗派主义和诉诸公共理由的中间立场，我称之为温和完美主义(moderate perfectionism)。本文将会衡量国家中立主义以及极端完美主义对温和完美主义的批评，从而确立温和完美主义，并为它的融贯性辩护。

一、政治自由主义和对宗派主义的恐惧

在《政治自由主义》开始部分，罗尔斯写道：“政治自由主义(广义而言，自由主义)源于宗教改革运动及其后果，以及在16和17世纪关于宗教容忍的长久争议”(Rawls 1993: xxiv)。近代民

① 本文原文为英文写成，中译由孟繁麟及罗智聪提供，再经作者稍作修改。作者特此向孟繁麟及罗智聪衷心致谢。

主社会中合理多元的事实，结合了宗教派系之间的冲突，从而产生出一个在古代世界中无从知晓的政治哲学问题。依照罗尔斯的说法，这个问题就是："当自由而平等的市民因抱持不同价值观而引起冲突时，社会合作所依据的公平原则是什么？假如在此处所需的政治构想是可能的话，它的结构和内容又是什么？"（1993：xxv）

为什么这个问题在古代世界是无从知晓的呢？罗尔斯认为，古代世界的宗教演变至近代，已经跟它原来的模样截然不同。他指出，古希腊时代的宗教"是一种公共社会实践、民间节庆和公共庆典的公民性的宗教"（1993：xxi）。它所强调的是伦理和公民礼仪，而非建基于任何圣典，也不强调救赎、教义的正确或圣洁。显而易见，古希腊时代的宗教与近世的宗教（如天主教）可谓迥然大异。近世有许多宗教都宣称上帝至高无上，并在专制的宗教机构支持下，奉行救世主义甚至扩张主义。罗尔斯强调，当两个或以上的敌对宗教共存于一个社会之中，"一个政治公正的问题"（1993：xxv）便会出现；在这样的社会中，公正而稳定的社会合作在自由和平等的市民之间如何可能？这是他非常关注的问题。

罗尔斯认为，"政治自由主义以'各派宗教之间'无法和解的隐性冲突为始点"，这种冲突在古代世界中并不存在（1993：xxvi）。他又指出，抱持古代观点的人，往往会在不依赖任何教条的情形下，寻求对人类幸福更深入的理解，并推而广之。于此，我们或会以为，罗尔斯的政治自由主义纯粹针对以救世主义为己任的教旨，但其实他的"攻击对象"更为广泛，所提出的方案也颇为激进：他所建立的一套政治哲学构想，不但排斥宗教改革运动时期孕育出来的宗教观，还摒弃了上述的古代观点。根据这个构想，政治决策者和市民在涉及宪法基本要素或社会公正的公共讨论中必须诉诸公共理由，而不能诉诸任何宗教的或非宗教的道德价值。

让我们从政治哲学史的角度考察"公共理性"这个概念。罗尔斯的"公共理性"其实意味着三个理论上的跃进：首先，他从十七世纪救世宗教的教旨跃回古希腊哲学，认为两者皆不属于公共理性的范畴；第二，他进一步把近代非宗教的道德及政治哲学理论（如密尔和康德的自由主义)一并归类为整全性理论,并以此为由,把它们摒除在公共理性的范围以外;最后 —— 也是本文至为关注的一点 —— 罗尔斯更把一切完美主义的价值排除在公共理性之外。总括而言,被拒诸公共理性门外的,不单是柏拉图、亚里士多德、奥古斯丁、阿奎那、密尔和康德等人的哲学,还有大量"非政治的"、关于美好人生和道德的观点,诸如"人生的根本价值"(1993: 188)、"德性"(194页)、"人类的卓越"(179页)、"构成'完美'的价值"(179至180页)、"个人的自主"(1999c: 586)、"道德上的应得"(同上页)等等。罗尔斯强调,有关人类生活的意义、价值和目的的观点,都一概不能"普遍地被市民肯定;因此,倘若我们透过基本制度去推广上述任何一种观点,政治社会便会变得宗派化"(1993: 180)。

罗尔斯认为宗派主义这个传染病已从宗教的领域蔓延至所有关于价值的观点,从而危及"政治身体"(*Body Politique*;霍布斯用语)的健康。因此,一切关于价值的观点必须被公共理由 —— 那些独立而不包含任何真理宣称的政治价值 —— 取而代之。我相信罗尔斯对宗派主义的诊断出错,加上开出的药方剂量过重,以致益菌、坏菌无一幸免。本文将于第二节详述他的诊断和药方,并在第三和第四节中对它们提出质疑。我将会指出,罗尔斯在相关论证上的主要漏洞,在于他没有注意到对于"人类生活的意义、价值和目的",我们可以有不同种类的判断。即使我们要在政治上避免宗派主义,也毋须走向极端,以为公共理由是市民在公共讨论中唯一可以依靠的理由。事实上,国家可在不援引任何整全性理论的情况下,诉诸和提倡多元、具体而零散的价值构想。这种介乎宗派主义和公共理性的中间立场,可称之为"温和完美主义"。我将衡量"宗派主义-公共理性"两极的观点,进而为温和完美主义作出辩护。①

二、宗派性理论及态度

史卡勒(Judith Shklar)曾指出,近代自由主义源自人们对残暴的恐

---

① 拙文的目的不在证立完美主义,而旨在阐述一个可以应对国家中立主义者(如罗尔斯)所提出的挑战的完美主义。谢尔(George Sher 1997)和渥尔(Steven Wall 1999)曾为完美主义辩护,但有别于拙文的地方是,他们没有区分温和完美主义和极端完美主义。

惧(Shklar 1982);罗尔斯则相信,近代自由主义源于人们对宗派主义的恐惧。虽然如此,这两位学者不约而同地认为,宗教纠纷是残暴和宗派主义的源头。在罗尔斯看来,“宗教冲突”和“宗派仇恨”形影相随(1999c: 589);深受宗派仇恨困扰的社会势必分化,市民亦会因而充满怨恨和痛苦(610页)。他又断言,国家对“宗派性理论”(sectarian doctrines)的追求必然会招致那些恶果。何谓“宗派性理论”呢?何谓“宗派性态度”(sectarian attitudes)?

于罗尔斯而言,宗派性理论所指的不仅仅是宗教教旨,它还包括所有整全性理论 —— 无论是宗教的还是世俗的整全性理论。罗尔斯认为,一个整全性理论具有以下特性(1993: 59):第一,在某程度上,它一致而融贯地涵盖了主要的宗教观点、哲学观点和道德观点。我们不妨将这个特性称为**整全性**(comprehensiveness)。第二,一个整全性理论致力组织人生价值,其组织形式如下:“每个整全性理论都跟别的整全性理论不尽相同;举例言之,每个整全性理论都会为某些价值赋予特殊的优先性或重要性。”让我们把这项特点称为**独特性**。第三,一般而言,一个整全性理论属于(或取自)一套思想传统或论旨。我们可以称这个特点为**隶属性**(embeddedness)。根据以上的界定,传统的自由主义应当被视为一个整全性理论;罗尔斯因此把传统的自由主义视为宗派性理论。就此而言,他认为传统的自由主义跟古代和中世纪时期的宗教并无分别。罗尔斯清楚地写道:

> 作为整全的道德理念,自主及个体性是无法为一个关于公正的政治构想提供基础的。我们在康德和密尔的著作中,可以找到某些整全的理念。虽然这些理念在自由主义的思想中非常重要,但以它们作为宪法政体的基础,则难免失诸偏颇。在这个意义上,[传统的]自由主义也不过是一种宗派性理论而已(1999b: 409;强调标记为原文本有)。

罗尔斯认为,其它不被市民普遍认可的整全性理论,也应当被视为宗派性理论。他又断言,宗派性理论的政治追求,必然会“使政治社会变得宗派化”:政府要把市民理性的喜好或需求的满足极大化(如效益主义所说的),或要促进人类的卓越,或要促进追求完美所需的价值(如完美主义所要求的),又或是要推广天主教、新教或其它宗教,其实也同样困难。刚刚提到的关于人生**意义、价值和目的的观点**——换言之,就是那些由整全性的宗教理论或哲学理论所阐明的观点——**无一被市民普遍认可**。因此之故,**通过基本制度去追求那些观点,会使政治社会变得宗派化**(1993: 179—180;强调为作者所加)。

根据以上的讨论,我们知道宗派性理论所提倡的,是一个拥护一套关于价值的真理的理论。那么,何谓"宗派性态度"呢?其实,它所指的是"在政治上拥护整套真理的热情"(1999c: 574)。详言之,具有宗派性态度的人,就是那些认为根本的政治问题必须取决于一些他们所相信的**整套真理**(包括他们的宗教的或世俗的整全性理论)所引申出的最佳理由的人。他们认为,根本的政治问题并不取决于那些自由而平等的市民有机会接受的理由……(579页;强调为作者所加)

罗尔斯指出,如果国家把任何人所拥护的整套真理强加于市民身上,不但会导致"分化和仇恨",而且也不尊重自由而平等的市民和民主的正当性:"在政治上坚持整套真理,会被政治自由主义视为与民主公民身份和正当法律的理念互不相容的举措"(579页)。避免宗派仇恨和尊重民主正当性的唯一方法,是采纳公共理性作为宪政讨论和社会公正问题讨论的唯一基础。

罗尔斯强调,公共理由并非世俗化的理由或价值,而是政治价值:"无论道德理论是否是人类理性和常识性的反省可以了解的东西,政治价值所指的都不是道德理论"(584页)。他进一步指出,自由政治的价值和原则跟宗教的原则和第一哲学并不属于同一个范畴;它们是一些可以被一系列政治构想说明的东西。这些政治构想建基于某些根本的理念——那些隐含在自由宪法政体的政治公共文化中的根本理念——而这些理念不必隶属于任何整全性理论。除此之外,由于公正可以由多种合理的政治构想所构成,因此公共理性也可以有不同的模式。所谓采纳公共理性,就是指我们在辩论根本的政治问题时,诉诸政治构想所包含的理念、原则、标准或价值(同上页)。

罗尔斯认为,公共理由包括在美国宪法序言中提到的政治价值:一个更完美的联邦、公正、国家的稳定、国防的建立、全民的福利,以及自由的保障。这些政治价值还包括平等的基本自由、平等机会,以及由关于公正的政治构想所说明的、有关收入分配和税务政策的一些理念(584 页)。然而,公共理由并不包括:密尔所理解的个人自主的价值、《圣经》中通过"善良的撒玛利亚人故事"所宣扬的价值,以及"道德上的应得"这个作为资源分配的原则。对罗尔斯来说,这些价值并非政治价值;虽然在公共理由充分地支持它们的情形下,它们在公共讨论中仍可以被恰当地援引。简而言之,罗尔斯强调:"根据公共理性,我们必须以适当的政治价值支持我们的观点"(586 页)。

罗尔斯主张,公共理性不但对于那些被"互相仇恨的宗教组织和世俗性团体分化"的民主国家是必需的,而且对于"欧洲民主政体和美国的政治社会"(610 页)也同样地重要。因为在欧美的社会中,宗派性理论之间的和谐可谓绝无仅有;"他们[市民]一旦认为采纳公共理性毫无意义而置之不理,便会很容易陷入痛苦和怨恨之中"(610 页)。宗派主义和宗派性理论总是围绕着"人类生活的意义、价值和目的"这些议题。为免宗派主义抬头,罗尔斯认为,我们必须在公共讨论中搁置一切关于那些议题的分歧,并采纳公共理由作为唯一的政治价值。就这样,罗尔斯彻底否定了完美主义,因为根据完美主义,国家应该促进有价值的经验、有价值的行为或其它构成美好人生的价值。既然一切美好人生构想(罗尔斯以为)都是人类争议的对象,它们必然是衍生宗派性冲突的丰沃土壤;为免冲突,国家必须拒绝完美主义。由此可见,对于罗尔斯而言,完美主义和宗派性冲突是如影随形的。

三、温和完美主义

我将会指出,罗尔斯针对宗派主义而阐发的理论,以及由此而对完美主义的否定,有一个主要的漏洞:他没有注意到对于"人类生活的意义、价值和目的"可以有不同种类的判断。其实,不单是罗尔斯,其他国家中立主义者也往往把各种有关美好人生的判断混为一谈，并笼统地称它们为“价值构想”(conceptions of the good)或“美好人生构想”(conceptions of the good life)。不少国家中立主义者认为，美好人生构想必然涉及关于人生的系统化论述；而且，这些构想解释了哪些才算是美好东西，并把它们按等级排序，指明实现它们的具体方法，甚至在它们和特定的思想传统之间建立联系。换言之，对于不少中立主义者来说，美好人生构想等同于罗尔斯所指称的“整全性理论”。然而，在一个自由而多元的社会中，主张整全性理论的完美主义者其实为数甚少，而认为国家要促进整全性理论的完美主义者则更如凤毛麟角。我将会把那些支持国家推广整全性理论的立场称为“极端完美主义”。相比之下，“温和完美主义”则主张一个较灵活而多元的美好人生构想，并允许国家推广某些有关美好人生的判断。

先考察“美好人生构想”这个概念。①一个美好人生构想所涉及的是什么呢？它蕴含了哪些判断？我认为，一个美好的人生可以包括以下三种要素：第一，**构成人格的美好东西**(agency goods)—— 构成美好人生的德性或性向，例如理性(尤指实践智慧)、勇气、公正、节制、正直和真诚；第二，**审慎性的美好东西**(prudential goods)—— 促进美好人生或幸福(well-being)的美好东西或价值，例如美学上的经验(如音乐)、人际关系(如友谊)、娱乐及嬉戏、知识、成就和个人自主；第三，**生活方式**(a way of life)—— 它包含了对于上述两种美好东西的价值评估、排序，以及实现那些美好东西的具体方法。②

基于以上的分析，一个美好人生构想可以包括：关于“构成人格的美好东西”、“审慎性的美好东西”和/或“生活方式”的判断。温和完美主义指出，在关于“构成人格的美

① 下文的观点取自拙作(2000)：10—20。

② “构成人格的美好东西”和“审慎性的美好东西”两者之间的区分，源于亚里士多德。亚氏原本采用的概念为“外在式的美好东西”(external good)，而非“审慎性的美好东西”。对亚氏而言，“外在式的美好东西”不属于人类德性此一范畴。这些美好东西乃指促进一个人的快乐或丰盛(flourishing)的美好东西。请参看 *Nicomachean Ethics* 1099b1—8。关于“审慎性的美好东西”的当代说法，请参看 Griffin 1986：67—68。

好东西"和"审慎性的美好东西"这两类判断上,我们可以达致相当程度的共识。这种共识可以是一个自由社会之内的共识,甚至是跨越文化和思想传统的共识。在上述三种判断中,最富争议性的,莫过于有关生活方式的判断。其实,在宗教和哲学中许多关于人生的观点,都属于这类判断,亦即罗尔斯所指的"整全性理论",因为整全性理论必然涉及对各种美好东西的排序,以致对各种生活方式的评估。必须指出的是:我们大概无法确立任何整全性理论,因为对各项美好东西作客观而整全的排序是相当困难的,何况每个人往往可以透过不同的方式体会"审慎性的美好东西"(例如美学上的经验)。

然而,即使我们无法对不同的价值和生活方式作出客观而整全的排序,这也不意味着我们无法合理地比较不同的生活方式。假设其它因素不变,我们可以合理地断言:一种有着多种美好东西的生活方式,总比一种严重缺乏美好东西的生活方式更具价值;我们可以说,前一种生活方式是丰盛的,而后一种则是贫乏的。让我用以下的例子说明这点:某甲是个诚恳而有爱心的人,富艺术天分,又能享受亲厚的人际关系;反观某乙,他不但是个无法跟别人建立亲厚关系的自利主义者,更染上毒瘾;为求满足毒瘾,他不惜牺牲许多美好东西。我认为,没有人会真诚地否认甲的生活方式要比乙的更具价值;即使是持不同宗教和哲学观点的人,都会一致认同这个判断。

由此可见,"一个美好人生构想"所指的不必是整全性理论,它可以指一些关于"构成人格的美好东西"或"审慎性的美好东西"的判断,又或是对不同生活方式所作的比较判断。因此,国家不必凭藉任何整全性理论去促进人民的美好生活,因为它可以诉诸整全性理论以外的、关于美好人生的判断。在这里,让我们区分两种完美主义:极端完美主义和温和完美主义。根据极端完美主义,国家应该以某个促进美好人生的整全性理论,作为制定政治原则的指引。温和完美主义则指出,国家应促进各种美好东西(包括艺术、家庭生活和基本的人类德性),并劝阻人们追求那些严重缺乏美好东西的生活方式;但国家只需诉诸某些关于美好人生的判断，而毋须对诸种生活方式作巨细无遗的比较判断。温和完美主义又认为，国家的决策者应该审时度势，考虑国家是否有必要采取怎样的方法去促进美好人生。

我们还可以简略比较两种完美主义的其它特点。①极端完美主义认为，对美好生活的追求必须由国家带领。但温和完美主义却没有这样的断言；它指出，国家应该对市场和公民社会之间的强弱加以比较，具体判断两者在促进美好生活方面应该担当什么角色。而在制定政策上，极端完美主义以整全性理论所界定的美好生活为必然的首要考虑。但温和完美主义却没有如此断言；它对美好人生以外的各种价值（包括社会和谐、民主和公共问责性）予以充分的肯定和考虑。根据温和完美主义，这些价值会在国家制定和实践政策时发挥引导和限制的作用。最后，就促进美好人生的措施而言，极端完美主义着重刑罚，而温和完美主义则重视个人自主，并主张采用教育和资助等非强制性的措施。下列图表总括了两种完美主义的主要特点：

	极端完美主义	温和完美主义
对于美好东西：	作整全的排序	作特定而零散的比较
推行单位：	以国家为中心	多重中心
限制：	甚少	比较多
措施：	强制性	非强制性

四、既非公共理由亦非整全性理论

根据以上对两种完美主义的区分，下文将会论证：即使整全性理论必须被排除在公共讨论之外，温和完美主义也不会被否定；因此，罗尔斯不必因为害怕宗派主义而对温和完美主义怀有相同的恐惧。

罗尔斯指出，由于整全性理论是合理分歧（reasonable disagreement）的对象，而且国家推广这些理论很容易会导致市民之间的分化和仇恨，因此，整全性理论无法作为社会基本结构的根本原则。他进而指出，国家在制定政策时所诉诸的理由，必须限于那些政治领域（the domain of the political）中的价值。罗尔斯写道：

① 有关温和完美主义的其它特点较详细的析述，请参看拙文(2000)：14—17。

由于所有宗教的、哲学的或道德的理论都无法获理性的市民一致接受，因此，一个良序的（well-ordered）民主社会所确认的关于公正的构想，必须是一个局限于我所称的“政治领域”及其价值之内的构想（1993：38；强调为作者所加）。

可是，引文中的推论并不成立，因为它忽视了以下这一点：在整全性理论和政治领域中的价值（即公共理由）之间，其实还有一些零散而特定的、有关美好人生的判断。即使整全性理论必须被排除在公共讨论之外，国家也毋须避免诉诸我所提及的关于美好人生的判断。换言之，纵使国家在制定政策时不应援引整全性理论，也并不意味着国家只能诉诸公共理由，从而否定完美主义，因为温和完美主义根本不必依赖整全性理论。如前文所述，温和完美主义所诉诸的价值为“构成人格的美好东西”（如理性［尤指实践智慧］、勇气、公正、节制能力、正直和真诚）和“审慎性的美好东西”（如美学上的经验［如音乐］、人际关系［如友谊］、娱乐及嬉戏、知识、成就和个人自主）。这些美好东西通常被视为具有自足价值，而众多有价值的生活方式也包含了这些美好东西。必须指出的是：有别于整全性理论，温和完美主义并非建基于对美好东西的整全性排序；而且，**在确认那些美好东西的价值时，我们根本不必接受任何整全性理论。**事实上，在现代社会中，绝大多数拥护不同宗教和思想传统的人都会肯定那些美好东西的价值。我们因而可以说，相对于整全性理论的“独特性”和“隶属性”，温和完美主义具有“普世性”（ecumenical）和“零散性”（piecemeal）两种特点。

值得指出的是，温和完美主义的普世性和零散性的特质，恰恰符合葛特曼（Amy Gutmann）、汤普森（Dennis Thompson）等学者所提倡的“尽可能减低道德分歧”（the economy of moral disagreement）的精神，以及桑思坦（Cass Sunstein）所支持的“未经彻底理论化的共识”（incompletely theorized agreements）。葛特曼和汤普森（1996：85）指出，“市民为政策提供道德理由时，应设法寻求那些难以被反对者拒绝的理据。［他们应该］在勾画自己的道德立场，以及从自己的立场引申出政策上的意涵时，避免不必要的冲突”。桑思坦(1999：131)亦有类近的观点:“未经彻底理论化的共识可让人们展示高度的互相尊重、公民性或交互性。”这类共识所指向的是“某种具体的结果,它们能够被大家所接纳的一些狭窄而低序的原则加以解释的”。他进一步说,未经彻底理论化的共识跟“康德主义和效益主义”这些“高序的理论”截然不同(Sunstein 1999：129)。

温和完美主义所依赖的,是前文讨论过的三种关于美好人生的判断,所以它在很大程度上减少了市民之间的道德分歧。这正合乎葛特曼和汤普森所提倡的“尽可能减低道德分歧”的理念,因为,在一般情况下,人们毋须预先采接纳一种整全性理论也能接纳这三类判断。因此我们可以说,温和完美主义所依赖的,正是桑思坦所支持的“未经彻底理论化的共识”。显而易见,温和完美主义并不体现罗尔斯所拒斥的“在政治上拥护整套真理的热情”。

值得一提的是,“尽可能减低道德分歧”或“未经彻底理论化的共识”并不旨在要求国家放弃追求一切价值,甚或避免一切价值判断,因此,这两个理念并不涵蕴国家中立主义。温和完美主义在国家中立主义和极端完美主义之间,它既不排斥一切完美主义的价值,也不诉诸罗尔斯所恐惧的整全性理论。

五、辩护中间立场

由于温和完美主义是介乎国家中立主义和极端完美主义的中间立场,因此它有可能遭到两者的夹击。中立主义者或会指出,温和完美主义诉诸具有争议性的价值,故此它无法回避宗派性的争议;极端完美主义者或会批评,温和完美主义对中立主义作出过多让步,因为它排除了一切整全性理论。我将讨论以上对温和完美主义的可能批评。

中立主义者也许会认为,即使温和完美主义所诉诸的价值毋须预设任何整全性理论,也不代表人们对这些价值毫无争议;假如国家的政策建基于富争议性的价值,它们便难免具有宗派性的特质。要响应这个批评,让我先对两种分歧作一区分。第一种分歧是关于**个例**(tokens)的分歧:我们同意某类东西是美好的,但对它的个例存有分歧。第二种分歧是关于**类别**(types)的分歧：我们在“某类东西是否美好的”这类问题上存有分歧。

先讨论有关个例的分歧。这类分歧并不罕见；温和完美主义所诉诸的美好东西（作为不同类别的美好东西）其实有多种可能的个例。举例来说，人们普遍认为音乐（作为一类美好东西）是有价值的，但却在“哪种音乐才具有价值”这个问题上存有分歧。我认为这种分歧只是“类别之内的争议”（internal disputes within a family），而非宗派性争议，因为这类分歧通常不会涉及整全性理论之间的正面冲突。①有趣的是，罗尔斯看待公共理由的态度跟笔者对温和完美主义的看法，其实颇为相近。他认为人们对公共理由可以有相异的诠释；因此，即使他们仅仅诉诸公共理由，仍可能达致迥异的结论。他又指出，这类分歧属于合理分歧，难以避免，政治自由主义采取大多数决的投票机制去处理这些分歧：

> 如果所有获其它合理的市民支持的政府人员，能诚恳地依从公共理性投票，那么投票的结果……应被视作正当的（legitimate）结果。但这并不意味着该结果是真确的（true）或正确的（correct）；需要指出的是，透过大多数决原则约束市民的法律，乃是合理而正当的法律（1999c：606；强调为原文本有）。

其实，温和完美主义所诉诸的价值和罗尔斯的公共理由相近：它们同样获市民广泛接受；由它们的诠释所引致的分歧，按理不应被视为宗派性的冲突，而是市民之间的合理分歧。

那么，第二类分歧——即我们在“某类东西是否是美好的东西”这类问题上的分歧——又该如何处置呢？我认为，纵使人们对于某类东西（例如婚姻）是否美好无法达致共识，这类分歧也不必使温和完美主义成为一个宗派性的理论。首先，温和完美主义促进各样美好东西；它们只不过是众多类别的美好东西

① 这是一项允许例外情况的陈述：某些“类别之内的争议”可能无法避免整全性理论之间的冲突。在该情况下，温和完美主义认为国家应避免支持分歧中的任何一方。

中其中一个可能的项目而已，因此它们并不享有任何特殊或根本的地位。何况对某类事物（如婚姻）的价值判断，往往不必与任何思想的传统或教旨扯上关系，因此，即使人们对于该类事物的价值存有分歧，也不必使完美主义变成宗派性理论。值得一提的是，不少有关美好东西的类别上的“分歧”，也不一定是真正的分歧。举例而言，部分人之所以反对“婚姻是美好东西”，是因为他们以为该判断意味着“独身没有价值”。那是错误的想法。无可否认，婚姻的价值或会被各种理由（如宗教理由）凌驾，但这并不表示婚姻没有价值。纵然人们对婚姻的价值存有真正的分歧（例如一方认为多边的爱情关系比婚姻好，另一方则认为婚姻比较好），他们仍然可以发掘彼此间较深层的共识，以讨论双方对于婚姻价值的歧见。他们可能发现，彼此都认为着重承诺和互爱的亲密关系具有价值，也同意强调自由选择和自愿的亲密关系富有价值，只是他们对于上述两种价值孰轻孰重的判断不同而已。即使他们最后无法达成共识，也至少明白到彼此的分歧乃基于共认的价值。这些共认的价值，恰巧与罗尔斯的公共理由相近：“［公共理由］是一些即使脱离了某些整全性理论仍然可以被理解和评估的理由”（1999a：619）。只有当婚姻所基于的价值在脱离整全性理论的情况下无法被了解，我们才有必要把“婚姻是否是美好的东西”这个议题在公共讨论中搁置。由此可见，在很大的程度上，温和完美主义鼓励市民之间的互相尊重和避免道德分歧。纵使它所依赖的价值只被广泛地采纳而非一致地被接受，它仍然可以像罗尔斯的公共理由那样，被视为合乎政治的正当性（political legitimacy）。

上文提及，根据温和完美主义，我们在公共讨论中不应诉诸那些必须通过整全性理论方能理解的价值。极端完美主义者会问：既然我们可以诉诸各式各样的价值，为什么我们不应诉诸任何整全性理论呢？在响应这个问题前，我想指出一点：合理分歧这个现象并不是个中的理由。温和完美主义所诉诸的价值（无论此处所指的是个例上的分歧还是类别上的分歧），其实和整全性理论一样，都是合理分歧的对象。既然笔者认为人们可以在公共讨论中诉诸温和完美主义所依赖的价值，我当然无法以“整全性理论是合理分歧的对象”这个事实为由，把整全性理论排除在公共讨论以外。

温和完美主义之所以不诉诸整全性理论，其实基于两个原因。第一，我们有理由怀疑任何整全性理论的真确性，因为这些理论涉及对多项价值的整全性排序，容易干犯事实判断上、推论上，以致价值衡量上的错误。诚如密尔所说，几乎没有一套理论是完全正确的。有见及此，温和完美主义并不强求市民接受任何整全性理论作为订定政治原则的圭臬。第二，纵使某些整全性理论是合理的，温和完美主义仍会断言：由于人们相信各种不同的整全性理论，基于公民涵养原则（the principle of civility），市民不应诉诸任何整全性理论。公民涵养所指的，是一种市民对其他市民的态度，也是市民意识到跟其他市民同属一个社群的一种相互联系（common bond）。具有公民涵养的市民，愿意通过寻找彼此的共识和共认的价值以减低分歧，从而超越个人或团体的利益。为了达致这个目的，公民涵养要求市民保持思想开放、在论证自己的观点时诉诸别人可以接受的理由、有意识地减少彼此间的道德分歧，以及在无法达致充分的共识时作出适当的让步。重视公民涵养的政治，跟建基于整全性理论的“意识形态政治”可谓截然不同。希尔斯（Edward Shils）指出，意识形态政治“纠缠于全盘性”（1997：26—28）。信奉这种政治的人认为，“只有他们才明白正确的生活秩序——所谓‘生活秩序’，不单指政治的生活秩序，更指人类的生活秩序，而且相信‘健全的政治基于一套历久不衰的、对宇宙中所有事情了如指掌的理论’。意识形态政治就是‘敌-友’、‘我们-他们’和‘作为主语的谁-作为谓语的谁’的政治。对意识形态政治的拥护者而言，那些拒绝支持他们的政客就站在跟他们敌对的位置。”显而易见，意识形态政治一旦实现，社会中的公民涵养必然深受损害。

以极端完美主义为基础的政治就是意识形态政治。如果我们认为公民涵养是一种重要的德性，我们便需否定极端完美主义。在自由民主的社会中（在公共讨论的场合外)宣扬整全性理论,不但受法律保障,而且难得到公民社会的支持。这令社会上出现了变幻莫测、多彩多姿的思想。但正因如此,市民之间的思想交流和他们对自身利益的追求便容易引起纠纷。为了尽量确保自由而平等的市民之间的和谐,市民实有必要自我克制,以免任何人在政治中把自己的世界观和价值体系强加给别人。公民涵养正正展现了上述那种自我克制的德性。

必须强调的是,公民涵养并不要求市民在政治上放弃一切他们相信的价值。希尔斯指出,“公民涵养跟我们依赖某个阶层、某个宗教或某种专业的情感不会互相排斥。它只会基于尊重共认价值这个考虑,对那些情感作适当的调节。”因此,我们也可以说:公民涵养跟我们对各种价值和道德原则的信赖不必互相排斥,它只要求我们在判断事情时实事求是、出于对其他市民的尊重而尽量减少分歧、有意识地寻求共识,并在政治上诉诸特定的而非整全性的价值判断。

由此可见,温和完美主义所强调的公民涵养,乃是一种企图对价值冲突作合理处置的态度。跟罗尔斯不同,它并没有要求市民把公共理由以外的价值排除在政治之外。罗尔斯的方案,其实是强求市民把共识放置在一切非政治的价值之上。极端完美主义诉诸整套关于价值的真理,罗尔斯的政治主义则放弃一切有关价值的真理。它们不谋而合地“纠缠于全盘性”。①

六、结论

让我以数点对宗派主义的评论作结。罗尔斯在使用“宗派性”一词时显得颇为随意,也许并不是偶然

① 本文以及拙作(2000)所提出的温和完美主义,跟柯斯高(George Klosko)所辩护的“论证上的中立性”有相似的地方。和笔者一样,他把整全性理论排除在公共讨论之外,但不反对国家诉诸道德或价值上的判断。柯斯高也意识到他与我的立场接近,但指出我在拙文(2000)并未考虑国家中立主义的核心概念:排除富争议性的理由。见 Klosko 2003:167—189。本章已经解释,我们不应以整全性理论富争议性为由排除它们,因为道德和价值上的判断同样具有争议性。国家不应诉诸任何整全性理论的原因是,这些理论大有可疑之处,而且诉诸这些理论必然会损害社会中的公民涵养。

的事：无疑该词在今天的美国社会和政治讨论中甚为常见，但极少人曾对它作出适当的厘清。贝尔(Richard Baer)指出，美国的最高法院曾把“宗派性”(sectarian)与“宗教的”(religious)视为同义词。他写道：

> 高等法院经常提及宗派性的“对抗”、“理论”、“教条”、“控制”、“指引”和“教诲”……它提到“宗派性的学校”、“宗派性的教育”和“宗派性的阶层”，也提到国家中有“很多属于不同宗派的人”。在提到“宗派性的需要”时，它会连同“人民的宗教性特质”这个词组一起使用(1990:449—450)。

罗尔斯在有意或无意间跟随了这种在美国流行的说法，把与宗教有密切关联的东西视为具有宗派性。①但在日常语言中，“宗派性”一词往往是带有贬义的。它经常跟其它贬义词如“思想狭隘”、“顽固”和“独断”扯上关系。有人或会因而反对把“宗派性”和“宗教性”视为同义词，以免表示对宗教的偏见。我不打算在此衡量这种做法是否合理；我想强调的是，对罗尔斯来说，“宗派性”一词涵盖了宗教以外的世俗思维和有关价值的论证。因此我们必须提出这样的疑问：究竟是否所有世俗思维和有关价值的论证都跟宗教的一样呢？是否每个思考价值问题的人，也具有思想狭隘、顽固和独断这些(带贬义性的)宗派性特质呢？根据我们的经验和常识，答案是否定的。许多有关价值的论证是富有争议性的，但它们不必具有宗派性的特质。由此看来，罗尔斯不应把“具争议性”和“宗派性”相提并论。

罗尔斯更把宗派性的观点和公共理由作一对照。他指出，仅当市民在公共讨论中诉诸公共理由而非宗派性的观点时，他们方可履行公民涵养这个义务；在体现公民涵养时，公共理由是不可或缺的，而宗派性的观点则可以导致社会的分化和市民的仇恨(1999c：576—577)。上文已经指出，这种对公民涵养的

① 举例来说，他把“宗教冲突”和“宗派仇恨”两个词汇一并使用(参看1999c：589)；“宗教的理由”则和“宗派性的论旨”一并使用(参看587)。

看法,不合理地把政治共识置于一切非政治的价值之上。我们应当明白,关于根本的政治议题的共识往往是无法达致的,所以我们应该把公民涵养理解为愿意寻求共识、预备在必要时妥协的态度。温和完美主义提倡多元的、零散性的推广美好生活的方法,也强调市民应该尽量减低他们在道德上的分歧,正好体现了罗尔斯所重视的公民涵养。①

对宗派主义的恐惧,使罗尔斯轻视了价值判断在公共讨论中的重要性。讽刺的是,这种轻视是因为他夸大了有关价值的分歧在政治上构成的冲击;而这种夸大,究其原因,是他没有明白到国家可以诉诸那些与各个思想传统和生活方式兼容的价值判断。我所辩护的温和完美主义,正是基于这类价值判断。在这类价值判断上,人们是可以有广泛的共识的。理查德·克劳特(Richard Kraut)就指出:"从哲学史的发展看,人类对于何谓至善确实有深入的分歧,例如斯多噶学派不认同伊壁鸠鲁学派,而基督徒则不认同犹太教。虽然如此,我们不应该无视我们在比较具体的目标上可以达致的共识,也不应该否认我们可以通过理性获得更多的共识"(1999:331)。克劳特甚至提出,支持自由民主制度的最佳论证,必须诉诸完美主义的价值。

最后,值得一提的是,即使我们在"何谓美好东西"这类问题上存有不少分歧,我们还是可以诉诸符合公民涵养的解决方法的。部分法学理论家就曾经解释,各种欧洲的法律体系都能够通过合乎公民涵养的手段,在互相排斥的推论(例如那些关于堕胎和婚姻这类极具争议性的政治议题的推论)之间取得平衡。而这种合乎公民涵养的手段,却不必基于任何价值中立或纯粹以权利为基础的思想体系(Glendon 1989)。另一些法学理论家则指出,西方民主社会中的冲突,主要源于阶级纠纷、利害关系和种族歧视,而不是有关价值问题的整全性理论之

---

① 在拙作(2000)中,我阐述了温和完美主义的其它特点。例如,温和完美主义把社会和谐与政治稳定视为重要的价值。由于采纳温和完美主义的国家在促进美好生活时必须考虑上述两种价值,因此这个国家在相当大的程度上符合公民涵养的道德要求。

间的冲突(Green 2001)。由此可见,宗派主义引起的问题,很可能没有罗尔斯所认为的那么严重。为求驱逐宗派主义而在政治上排斥一切完美主义的价值,罗尔斯此举是颇为不智的。

参 考 文 献

Baer, Jr., Richard A. 1990. "The Supreme Court's Discriminatory Use of the Term Sectarian." *The Journal of Law and Politics* 6 (3): 449—468.

Chan, Joseph. 2000. "Legitimacy, Unanimity, and Perfectionism." *Philosophy and Public Affairs* 29 (1): 5—43.

Glendon, Mary Ann. *1989. Abortion and Divorce in Western Law*. Cambridge, MA: Harvard University Press.

Green, Leslie. 2001. "Pluralism, Social Conflict, and Tolerance." In *Pluralism and Law*, edited by A. Soeteman, pp. 85—105. Dordrecht: Kluwer Academic Publishers.

Griffin, James. 1986. *Well-being*. Oxford: Clarendon Press.

Gutmann, Amy, and Dennis Thompson. 1996. *Democracy and Disagreement*. Cambridge, MA.: Harvard University Press.

Klosko, George. 2003. "Reasonable Rejection and Neutrality of Justification." In *Perfectionism and Neutrality: Essays in Liberal Theory*, edited by Steven Wall and George Klosko, pp. 167—189. Lanham, MD: Rowman & Littlefield.

Kraut, Richard. 1999. "Politics, Neutrality, and the Good." In *Human Flourishing*, edited by Ellen Paul, et al., pp. 315—332. Cambridge: Cambridge University Press, 1999.

Rawls, John. 1993. *Political Liberalism*. New York: Columbia University Press.

——. 1999a. "Commonweal Interview with John Rawls." In *John Rawls: Collected Papers*, edited by Samual Freeman, pp. 616—622. Cambridge, MA: Harvard University Press.

——. 1999b. "Justice as Fairness: Political not Metaphysical." In *John Rawls: Collected Papers*, edited by Samuel Freeman, pp. 388—414. Cambridge, MA: Harvard University Press.

——. 1999c. "The Idea of Public Reason Revisited." In *John Rawls: Collected Papers*, edited by Samuel Freeman, pp. 573—615. Cambridge, MA: Harvard University Press.

Sher, George. 1997. *Beyond Neutrality: Perfectionism and Politics*. Cambridge: Cambridge University Press.

Shils, Edward. 1997. *The Virtue of Civility*. Indianapolis: Liberty Fund.

Shklar, Judith. 1982. *Ordinary Vices*. Cambridge, MA: Belknap Press.

Sunstein, Cass. 1991. "Agreement without Theory." In *Deliberative Politics*, edited by Stephen Macedo, pp. 123—150. New York, Oxford University Press.

Wall, Steven. 1999. *Liberalism, Perfectionism, and Restraint*. Cambridge: Cambridge University Press.

（作者系香港大学政治及行政学系教授）

公共理性理念的抱负*

谭 安 奎

近几十年来,西方的政治哲学尤其是自由主义理论基本上在两个维度上展开,一是对实质性正义原则的伦理探索,二是对获取公共原则、达成政治共识的程序与方法的理论建构。罗尔斯的《正义论》无疑是前一个方面的集大成者,后一方面则以哈贝马斯和罗尔斯(尤其是后期的罗尔斯)为代表人物。哈贝马斯的商谈伦理与慎议民主①,其首要意义显然在于上述方法层面,而罗尔斯从《正义论》向《政治自由主义》的转向从根本上讲则是理论方法的转向。无论是从这些代表人物的作品,还是从它们所引起的后续讨论来看,就方法而言,"公共理性"可谓是当代西方政治哲学的一个中心概念。

上述两个方面究竟何者更为重要,西方学术界内尚存在争议。有人认

* 本文系国家社科基金青年项目"转型社会中的公共理性:公民间的伦理-政治关系与和谐社会的道德动力研究"(批准号:08CZX035)的部分研究成果。

① 慎议民主(deliberative democracy)在汉语语境中有多种译法,比如"协商民主"、"审议民主"等。究竟哪一种译法最为妥帖,取决于我们对 deliberation 这个词的理解。这个词最早在亚里士多德的实践哲学中得到了广泛探讨,它指的是形成意志和作出选择之前的、基于不确定性的审慎思考过程,因此最准确的译法是"慎思"。显然,deliberative democracy 意在将这一慎思过程应用于公共政治层面,它至少增添了两个新的要素,一是主体的多元性,二是慎思过程的主体间性。在笔者看来,最能把其原始含义与这两个新要素结合起来的译法,应当是"慎议"。

为前者才是政治哲学的根本所在，也有人认为后者才具有独特价值。① 在笔者看来，虽然实质性正义原则直接体现了对于政治社会的伦理关怀，但在多元主义的现代社会中，以何种方法才可以推导出人们在正义原则上的共识，这个问题却无疑更具前提性的意义。因此，我们有显见的理由从公共理性的角度来审视当代西方的自由主义理论。

然而，当代西方对公共理性的讨论，表面看来虽然很热烈，但理论家们不但没有形成一套共同接受的实质性原则，甚至缺少基本的概念共识。一个令人多少有些惊讶和气馁的事实是，"公共理性"一词本身就是一个使用率高但清晰度低的概念。例如，就像一位学者所批评的那样，罗尔斯对"公共理性"一词的使用是"混乱而随意的"。② 考虑到罗尔斯其实处于公共理性之讨论的中心，这个问题自然就变得严重起来。

在笔者看来，要在纷繁复杂的外部批评与内部争论中廓清公共理性本身的含义，我们必须首先弄清楚公共理性的讨论所针对的对象是什么，或者说它试图取代的是什么，以及它真正想要解决的问题是什么。我们不妨将此称为"公共理性理念的抱负"。确定这一分析进路的理由主要有两个方面：一是公共理性这个相对新颖的理念及其所代表的构造正义原则的方法本身受到了质疑，这种质疑无疑是一种外部批评，因此，通过揭示其所针对或欲取代的对象，我们可以首先确立公共理性理念本身的正当性；二是在公

---

① 比如，有人对偏离实质性正义原则的正义理论提出指责说，"最近一些表面上关于正义的理论探讨已经日渐偏离于这一主题，转变成了一种关于普遍的政治道德，或者说是关于多元文化社会中的公共理性的玄思"(Jeremy Waldron, "Justice", in *Political Science: The State of the Discipline*, ed. by Ira Katznelson, Helen V. Milner, New York: W. W. Norton & Company, Inc., 2002, p. 266.)。但也有人指出，个人异见与共享的公共原则之间的关系、社会合作如何通过政治得以实现，以及在一个深度多元化的世界上如何可能存在公共原则的问题，这是当代政治哲学中"最独特的议题"(Gerald F. Gaus, *Contemporary Theories of Liberalism: Public Reason as a Post-Enlightenment Project*, London: SAGE Publications Ltd., 2003, p. 20.)。

② John Finnis, "Abortion, Natural Law, and Public Reason", in *Natural Law and Public Reason*, ed. by Robert P. George, Christopher Wolf, Washington: Georgetown University Press, 2000, p. 77.

共理性理论的内部，理论家们对其做了相当不同的理解，而这些不同的理解首先是根源于他们对运用公共理性所要解决的问题存在不同的看法，从而完全在不同的层面上运用公共理性的概念。只有厘定了公共理性的恰当主题，我们才能真正把对公共理性的讨论收缩到特定的领域，从而确定一种健全的公共理性理念所应当具备的条件和要素。

一

在政治哲学层面上，公共理性理念的提出，关键之处在于"公共的"这一限定，它意味着仍然强调理性的力量，同时又对理性作出了新的规定。就此而论，基于公共理性的自由主义显然是试图在启蒙自由主义的基础上进行调整和推进。因此，如果着眼于自由主义的传统，我们必须把它与启蒙自由主义的理想联系起来。

启蒙的信念在于，通过理性的运用，人们可以在人类生活的诸多方面达成共识和一致，而且这种共识和一致乃是收敛于真理的结果。这种信念虽然直接肇端于近代科学的成就，但却不仅局限于自然科学领域，而是扩展到社会、政治与道德领域。可以说，"十八世纪有一个广泛的共识：牛顿在物理学领域中已经达致的成就肯定也可以适用于伦理与政治领域"。①

就伦理而言，这种被期待的一致性包括两个方面：一是人际关系的基本伦理要求，亦即关于一个人在日常道德生活中应当如何行动的规范；二是关于生活方式与个人完善的理想，亦即一个人应当追求的真正有价值的生活，以及个人人格的提升。就第一个方面而言，康德是一个最杰出的代表。在他那里，普遍的道德律令正是理性的自我立法的结果。当然，并非所有启蒙自由主义者都强调第二个方面的理想的一致性，密尔是一个完善论自由主义的典型代表。需要指出的是，这种完善论仍然是停留在自由主义的范围

---

① Isaiah Berlin, *The Roots of Romanticism*, Princeton: Princeton University Press, 1997, p. 23.

之内的，而不必回归到传统的美德伦理学。这是因为，完善论的启蒙自由主义所推崇的完善的目标乃是个人的自主性，而自主性意味着个人的自由选择的能力，意味着对他人意见乃至社会舆论、公共习俗的超脱，这就使得完善论与个人自由结合在一起了。二者之间的关系可以从密尔的如下判断中体现出来："即使习俗既是好习俗而又适合于他，但如果他是仅仅因系习俗而遵从习俗，那并不会对他有所教育，也不会使他的作为人类专有秉赋的任何属性有所发展。人类的官能如觉知力、判断力、辨别感、智力活动，甚至道德取舍等等，只有在进行选择中才会得到运用。"①作为义务论伦理学典范的康德或许也无法完全无涉于完善论的问题。由于他对于人类的完善持有一种目的论的立场，认为"人类一直在逐步改善并将继续按照这种方式发展"，②而一切具有合法性的政治只不过是在为人类道德上的完善作准备，从而，我们似乎就有理由让国家为人的道德完善承担某些责任。正是在这个意义上，有学者指出，"康德关于人类完善的目的论学说对于中立国家的限制施加了无法抗拒的压力"。③

在政治领域，一致性的期待也体现在两个方面：一是政治合法性或正义的社会安排可以面向每一个人的理性得到说明；二是社会政策的制定可以像自然科学领域一样得到纯粹技术化的处理。就第一个方面而论，启蒙自由主义者的信念可以这样来表达："正如其科学领域中的经验主义同伴一样，自由主义者坚持，社会和政治生活中可理解的辩护必须在原则上提供给每一个人，因为社会要被个体心灵而非传统或共同体感来理解。它的合法性和社会义务的基础必须对每一个个体予以说明，因为一旦神秘的盖头已然揭开，每一个人都想要一个答案。如果存在某一个不能对其提供辩护的

---

① 密尔：《论自由》，程崇华译，北京：商务印书馆，1959年版，第62页。

② Kant, "A Renewed Attempt to Answer the Question: 'Is the Human Race Continually Improving?'" in Kant, *Political Writings*, ed. by H. S. Reiss, 北京：中国政法大学出版社，2003(影印本)，p. 185.

③ William A. Galston, "What Is Living and What Is Dead in Kant's Practical Philosophy?" in *Kant and Political Philosophy: The Contemporary Legacy*, ed. by Ronald Beiner and William James Booth, New Haven: Yale University Press, 1993, p. 220.

个体,那么就他而言,社会秩序最好由其它安排所代替,因为现状没有对他的忠诚提出任何要求。”[①]这种信念是启蒙自由主义的个人主义的表现之一。从第二个方面来看,科学领域中理性的成就再一次鼓舞人们,使得他们相信社会政策问题就是社会技术问题,其处理方式与其它技术问题的处理方式并无二致,二者都是可以通过理性的反思来解决的。[②] 由于理性的运用,这些领域的价值争议似乎是完全可以消除的。

显然,这种理想的一致性其实是以某种基于理性的确定性为预设的,它以科学领域的确定性为原型。但科学领域中的新发现,尤其是不确定性原理表明,理性并不导致共识和确定的真理,而是把人们引向充满分歧和不确定的世界。既然启蒙自由主义的一致性理想肇端于自然科学,那么当代哲学以科学领域的新成就为凭据来批判它,便有动摇其根基之虞。[③] 在伦理和政治领域中,基于理性的一致性理想则似乎更成问题。因为很多时候,在伦理、价值领域,以良好的信念进行推理的人们不但没有达成共识,反而分歧越来越多。简言之,“在具有至高重要性的问题上,理性不太可能把我们拉到一起,而是倾向于把我们驱散开来”。[④] 这就是所谓的“理性分歧(rational disagreement)”。**理性分歧也是一种多元主义的状况,但这种多元主义是个人充分运用理性之后的结果,而不是有待通过个人充分运用理性去加以克服的事态。**用罗尔斯的话来讲,这种情况源于“判断的负担”,亦即主体价值观念的差异、经验的多样性、证据与概念的复杂性等因素。结果,“我

---

① Jeremy Waldron, “Theoretical Foundations of Liberalism”, in his *Liberal Rights*, Cambridge: Cambridge University Press, 1993, p. 44. 着重号为原文所有。

② Ludwig von Mises, *Liberalism in the Classical Tradition*, San Francisco: Cobden Press, 1985, p. 7.

③ 常常有些学者基于文化人类学的发现来攻击启蒙理想,因为这一学科告诉我们,世界上存在许多完全不同的文化类型与生活方式。但这一批评无疑是脆弱的,因为说不同的文化类型与生活方式都应当接受理性反思的考察,这并不是一个不合理的要求。除非我们能够把这个论证推进一下,即基于一种激进的价值多元论的哲学立场,认为这些不同的文化类型与生活方式都是有价值的,而且是不可通约的。

④ Charles Larmore, *The Morals of Modernity*, Cambridge: Cambridge University Press, 1996, p. 12.

们最重要的判断的作出受制于我们的条件，这些条件使得正直而又充分合乎情理的人们即便经过自由讨论，要运用他们的理性能力以达到同样的结论也变得极其不可能”。[①] 这种分歧不仅是指向个人的物质利益，而且显然也指向人们更广泛的价值判断，甚至体现在人们对道德原则与政治正义的判断上。

从政治哲学的角度看，这种状况的严峻性在于，启蒙自由主义以普遍道德寻求社会整合和一致，这个思路似乎仍然显得有些简单化了，因为社会所面临的不是一般的利益冲突，也不仅是理性能力的欠缺，而正是基于理性之运用的“道德冲突”。[②] 启蒙自由主义或许没有考虑到社会冲突的这种深度。这意味着，在理性分歧的情况下，如何寻求真正“公共的”道德与“公共的”正义，这个问题的解决需要超越启蒙自由主义的思维。

然而，康德不是特别强调理性的“公共”运用吗？康德强调，实现启蒙所需要的全部条件就是自由，而且是所有自由中最无害的自由，即公共地运用自己理性的自由：“人的理性的公共运用必须总是自由的，而且仅凭这一点就能够带来人类的启蒙。”[③]我们难免要问，为什么理性的公共运用不能够

---

① John Rawls, “The Domain of the Political and Overlapping Consensus”, in his *Collected Papers*, ed. by Samuel Freeman, Cambridge Mass: Harvard University Press, 1999, p. 478.

② Thomas Nagel 以此概括这种深度的社会冲突，参见 Thomas Nagel, “Moral Conflict and Political Legitimacy”, *Philosophy and Public Affairs*, Vol. 16, No. 3 (Summer, 1987), p. 215.

③ Kant, “An Answer to the Question: ‘What is Enlightenment?’ ” in Kant, *Political Writings*, ed. by H. S. Reiss, 北京：中国政法大学出版社，2003(影印本)，p. 55。需要说明的是，此文中译本(载康德：《历史理性批判文集》，何兆武译，北京：商务印书馆，1990年版，第22—31页)将“公共”译为“公开”。在笔者看来，这是不准确的。从康德的区分来看，理性的私下运用并非是指秘密的运用，因此它并不在公开性方面与公共运用构成对立。此外，公开性只是公共性的一个含义，其它如公平、相互性等也包含在公共性的含义之中。而且根据权威专家的研究，对于康德来讲，可公共化性(publicizability)比公共性(publicity)要更为根本，因为最重要的是不要预设权威，在此前提下，即使沟通是在小圈子范围内进行的，甚至是一种内在的推理过程，这也无损于理性的公共运用(Onora O'Neill, “The Public Use of Reason”, *Political Theory*, Vol. 14, No. 4 (Nov., 1986), p. 530)。显然，康德的这些思想是不可能用“公开”一词来概括的。

保证我们获取真正“公共的”道德和“公共的”正义呢？主要的原因可能在于，康德区分理性的公共运用与私下运用，其基本的标准只是根据听众、对象来划分的。据此，理性的公共运用特别是指学者面对全部听众对自己理性的运用，而占据公职的人在自己的职位上对自己理性的运用则只能是理性的私下运用。二者之所以有这种区别，又在于前者是没有预设任何权威的，而后者则是在权威存在的前提下进行的，它因而不是自由的。进而，我们可以说，理性的公、私运用的区别，从根本上讲不是因为二者在推理的本质与形态上有什么差异，而仅仅在于理性的运用者与听众之间是否存在权威与非权威的关系。换言之，学者与公职的占据者在运用自己理性的时候，他们的推理可能没有本质上的区别，但这并不妨碍康德仍然把他们分为理性的两种不同运用。

看来，即便是理性的公共运用，也不过是一个人运用自己的理性而已。这就把我们带回到了“理性分歧”的问题了：每一个人充分运用自己的理性，仍然达不到共识，也就是找不到共享的东西。诚然，康德强调可普遍化的原则，它要求一个人要只按照他认为也能成为普遍法则的准则去行动。毫无疑问，这种可普遍化原则超越了自我中心的诉求。但问题在于，即便是理性的公共运用，也仍然是一个人自己私下考虑每一个人所能够意愿的东西。它既无合理的程序，也没有进一步的实质规范保证一个人基于这种考虑所作的判断是每一个人真正能够意愿的。也就是说，理性的这种运用难以建立起真正的共识。著名伦理学家威廉姆斯(Bernard Williams)强调，实践慎思在任何情况下都是第一人称的，而且第一人称不能引申出或自然地代之以任何人，它仅仅能够达到“如果我是你的话”这样的观点。[①] 这应当说是一种批判性的洞见。虽然我们可以说，这种观点代表着一种与康德不一样的实践理性观念，因为康德式的实践理性确实预设了实践推理过程中有一种对普遍理由的诉求。但威廉姆斯式的批评所针对的，乃是这样的普遍理

---

① Bernard Williams, *Ethics and the Limits of Philosophy*, Cambridge Mass: Harvard University Press, 1985, p. 61.

由无法通过每一个人对自己理性的运用去获得。

显然,从根本上讲,康德式的理性的公共运用之所以在寻求共识上难以成功,原因在于它采用的是个体间相互分离的观点。正因为如此,它虽然强调可普遍化,却难以回避一个它有意克服的后果:每一个人的理由并不构成所有人的理由。结果,理性的公共运用由于在推理过程方面并不具有足够的公共性,从而也不能真正实现行动理由上的公共性。

这里的教训在于,要真正实现公共性与共识,重要的不是从对象(听众)的角度来区分理性的不同运用,而是要从主体与过程的角度来重新定位理性。这表现在两个方面:一是从分离的主体性转向主体间性,对理性的形态本身实现某种具有公共性的转换;二是在理性的运用过程也就是推理方式上,从一个人独自为每一个人设想转向容纳所有人的视角的相互性思维。哈贝马斯对可普遍化的理解大体上包含着这两个方面的要求。他认为,可普遍化意味着

> 有效的法则必须**配得到**所有相关者的承认。因此,一个人在考虑到如果所有人都遵循一条有争议的法则,从而会产生的后果与副效应之后,再检验他是否能够意愿采用该法则,或者每一个处于相同情境中的其他人是否能够意愿采用这一法则,这是不够的。在这两种情况下,判断的过程都是相对于某个人,而不是相对于所有相关者的有利地位和视角而言的。真正的不偏不倚只属于这样一种立场:一个人能够从中把那些因其明显体现了一种对所有受影响者来说具有共同性的利益,从而可以指望获得普遍同意的那些法则的一般化。正是这些法则才配获得主体间的承认。从而,判断的不偏不倚在如下原则中得到体现:它约束所有受影响者在平衡利益的过程中采用所有其他人的视角。①

---

① Jürgen Habermas, *Moral Consciousness and Communicative Action*, translated by Christian Lenhardt and Shierry Weber Nicholsen, Cambridge Mass: The MIT Press, 1990, p. 65. 黑体为原文所有。

哈贝马斯将此称为“普遍的角色互换”。他的商谈伦理与慎议民主的一个要旨，就是批评康德式的本质主义的先验理性，转而强调程序理性。本文在此所关心的是，由于对理性的主体间性的定位，以及对理性运用过程的相互性的强调，它最终实现了对理性形态的转换。据此，我们可以从**理性的公共运用**转向**公共理性**。虽然当代西方学术界似乎对这种转向未加明确的强调，但它实则非同小可，因为它意味着我们对理性的理解发生了改变，这是由“公共的”一词的限定来表征的。康德没有发展出“公共理性”的概念，这绝非偶然。虽然哈贝马斯似乎也更愿意使用“理性的公共运用”这一表达，但从上文的分析来看，他对可普遍化的界定，其实已经在形式上实现了这种转向（之所以强调形式的一面，是因为对于以罗尔斯为中心的公共理性论者所持有的公共理性理念，他并不完全赞同）。

至此，我们仅仅从理性的运用与共识之间关系的角度揭示了启蒙自由主义的弱点，这种分析纯粹是理论上的。事实上，康德式的理性的公共运用还有两个明显的弱点，它们有更直接的实践含义。

第一，启蒙理性直接攻击宗教，尤其是基督教，认为它与启蒙理想本身是背道而驰的。例如，康德明确指出，“我把宗教事务置于启蒙亦即人类摆脱他自己招致的不成熟状态的中心。这首先是因为，在艺术和科学方面，我们的统治者对于为其臣民扮演监护者的角色毫无兴趣。其次是因为，宗教上的不成熟是所有不成熟状态中最为有害且最不名誉的一种”。[①] 这就把宗教与自由主义置于某种对立的位置上了，它无疑为现代社会中人们之间达成道德与政治上的一致构成了严重的障碍。

第二，康德式的理性的公共运用具有明显的认识论取向，它强调自由，但显然仅仅是指思想自由和言论自由，或者说是智识上的自由。对于范围更为广泛的公民自由，他相对并不重视。这就可以解释，为什么康德在政治上具有相当保守的倾向。他虽然在道德上建构起了一个自由王国和目的王国，但

---

① Kant, “An Answer to the Question: ‘What is Enlightenment?’ ” in Kant, *Political Writings*, p. 59.

在政治上却一直强调对专制的容忍。这甚至是一种非自由主义的妥协。

这两项弱点同样向我们提出了上文中已经提出的问题：如何转换理性的形态，以使它能够更好地处理与宗教的关系（从而更易于实现共识），并且能够包容自由主义本来强调的更多的自由项？

二

通过上文的分析，我已经得出结论，即为了在多元社会中寻求共识，我们需要的首先不是理性的公共运用，而是某种公共理性。接下来的问题是，既然思想史和当代学术界对公共理性存在着种种不同的理解，公共理性的理念呈现出多幅不同的面孔，我们究竟应当接受一种什么样的公共理性？我们将会发现，对于这一问题的回答，既取决于我们对公共理性中的公共性的理解，也取决于思想家们使用公共理性的理念所欲解决的问题，也就是本文标题所说的公共理性理念的抱负问题。

如前所述，康德本人并没有发展出公共理性的概念。但在他之前，霍布斯第一个已经明确地使用了这个概念。他在谈到宗教奇迹的真与假时，提出了他自己的公共理性概念：

> 因为据我所知，现在从没有一个人看见过应符咒或应一人的呼求与祈祷而完成的任何奇异事物，会使得具有中等理智的人认为是超自然的事。现在的问题已经不是我们亲眼看到做成了的事情是不是奇迹，我们听到的或在书上看到的奇迹究竟是确有其事、还是凭口或凭笔编出来的，用一句明白的话来说，现在的问题在于这种记载究竟是真实的还是谎言。关于这一点，我们不能每一个人都运用自己的理性或良知去判断，而要运用公众的理性，也就是要运用上帝的最高代理人的理性去判断。①

---

① 霍布斯：《利维坦》，黎思复、黎廷弼译，北京：商务印书馆，1985年版，第354—355页。

这里所说的“公众的理性”，从字面上讲，就是我们所讲的“公共理性”。因为霍布斯的英文表述是，“the private reason”必须服从“the publique”，后者显然是“the public reason”的简称。①

我们知道，霍布斯的政治哲学本质上是一种关于政治义务的哲学，亦即对我们服从国家及其法律之义务的一种证明。其基本的逻辑与结论已广为人知：在没有共同权力的自然状态下，每一个人对所有的东西都有非排他性的权利，而人与人在智力与体力上大体平等，相互之间处于极度的疑惧之中，从而陷入“所有人对所有人的战争状态”。在这里，没有法律，也无所谓道德公义。然而，每个人的最高目的就是保全自己的生命，这个目的在自然状态中无法实现。因此，手段-目的意义上的工具理性就告诉人们，唯有所有人都把权利交付给一个不受约束的主权者，他因其至高无上的力量让人们恐惧和服从，从而可以结束自然状态、维护人们的生命。这就是主权者或者上文所说的“上帝的最高代理人”的由来。据此，人们在行动上必须服从主权者，这是毫无疑问的。

但行动上的服从似乎还不是霍布斯的全部关注所在。就我们所引述的那一段话而言，在霍布斯的意义上，公共理性也要求我们最终把认知判断的权利交给主权者。也就是说，关于认知上的真与假，如果存在分歧的话，最终也应当听命于主权者的判断，它意味着公共理性的权威。当然，霍布斯并没有告诉我们，在面对认知分歧的情况下，较之以个人的理性与良知，主权者的理性究竟有什么认知能力上的优势。事实上，这不是他需要关心的问题。

更有甚者，公共理性不仅体现在关于事实判断的认知方面，人们在伦理判断上也必须以主权者的判断（这类判断可以体现为主权者的命令，亦即法律）为准。因为自然状态中本来是没有法律和公道可言的，而走出自然状态之后，除了涉及生命之外，一切都要听命于主权者。当然，霍布斯也强调自

① 关于其英文表述，参见 Thomas Hobbes, *Leviathan*, ed. by C. B. Macpherson, Baltimore: Penguin Books, 1968, pp. 477—478.

然法,但有两个因素使得其自然法的伦理内涵被削弱了。一是自然法在他那里主要是基于手段-目的意义上的工具理性所作的规定,其基本要求是要人们以恰当的方式寻求和平、保全生命,因而没有什么道德色彩。其二,霍布斯指出,法律的本质不在其文字而在其意义,因此所有的法律都需要解释。自然法虽然易于了解,但由于人们容易因为自爱或其它情感而受到蒙蔽,"所以自然法现在便成了最晦涩的法,因之也就最需要精明能干的解释者"。[①] 这种解释者便是主权者规定来听审相关纠纷的法官,他们的解释基于主权的权威,因而是公共理性的体现。但霍布斯并没有告诉我们,"公众的理性"在解释上是不是更为合理或真确。相反,他明确地指出,主权者或法官在公正问题上都不可能不犯错误。但我们在伦理判断上仍然要遵从公共理性,看来这仅仅是因为私人理性的运用会导致混乱。从这个意义上讲,霍布斯式的公共理性虽然涉及到伦理,但它所提出的要求本身却没有伦理上的理由和根据。

简言之,霍布斯式的公共理性确实垄断了事实判断的真确性与伦理判断的正当性,但这种垄断不是建立在认知、评价能力的优势之上的,而是建立在主权的强力之上的。说到底,它是以强力的方式解决人们的认知与伦理分歧,从而实现和平的一种思路。他的政治契约论把个人的同意与绝对王权统一在一起了,而政治契约一般都被认为是为了限制君主的权力的。显然,无论是从认知上,还是从伦理上,我们对这种公共理性及其权威性都难以接受。

但既然霍布斯的政治哲学被认为几乎具有几何学式的严密性,为了深入地探究其公共理性理念的不足并解释其成因,我们就必须深入到其推理过程之中。为此,我将考察对霍布斯理论推理的两种典型解释,一种是法学的,一种是伦理学的,并论证后一种解释才能更准确地把握霍布斯的政治哲学,尤其是能够更好地揭示其公共理性理念的缺陷。

法学解释的代表人物是著名思想史家斯金纳。他通过详细的文本分

---

① 霍布斯:《利维坦》,第214页。

析，并结合霍布斯本人理论表述的变化，认为霍布斯的政治契约论乃是以罗马法中的归属行为理论与代理观念为起点，并结合他自己时代中的一些常见观念来展开的。霍布斯认为，主权者是国家的代理人，但霍布斯式的国家又是一个“人造的人”，或者说是一个虚拟的人，因此它是无法给其代理人授权的。霍布斯甚至明确地认为，国家如果没有主权者，它就只不过是一句空话，它必须通过其代理人即主权者才获得行动的能力。这是霍布斯所提出的一个悖论。在斯金纳看来，霍布斯对这个悖论的解决，乃是通过一套归属行为与代理理论来完成的，根据这些理论，国家对其代理人——即主权者——的授权行为是由分散的个人实施的，从而这种授权、代理就涉及到三方的关系。根据霍布斯的理解，人们本来是分散的，是“多”而不是“一”，要把他们统一起来，就得通过设立一个主权者，把他们形成一个集体的实体。由此看来，主权者虽然是国家的代理人，但正是通过主权者的建构这个中介，人们才真正形成一个集体的实体，国家才真正建立起来。

分散的个人之所以具有向作为虚拟人的国家的代理人授权的权利，是因为它具备两个条件。其一，既然众多的个人统一起来才形成国家，前者对后者就拥有一种支配关系，这是前者能够有效地授权另一个人去代表后者的基础；其二，授权需要具备一个前提，那就是授权者授权代理人去做的行为，乃是他自己有权利去做的行为，而分散的个人在自然状态中本来就具有非排他性的权利和无限制的自由，因此他们授权主权者以近乎无限制的行为权利，就算是其来有自。当然，代理意味着代理人的行为归属于被代理人，而且一经委托之后被代理人便不能干涉代理人的行为。从而，分散的个人授权主权者去做他们在自然状态中本来有权利去做的事情时，也就是同意对它不作任何约束和干涉了，它所从事的行为，都归属于国家这个集合体本身。这就是主权者拥有绝对主权并要求个人服从的原因所在。①

---

① 对霍布斯政治契约论的上述解释，参见昆廷·斯金纳：“托马斯·霍布斯与作为纯粹虚拟人的国家”，袁柏顺译，载马德普主编：《中西政治文化论丛》第一辑，天津：天津人民出版社，2001 年版，第 252—299 页。霍布斯本人在许多著作中讨论过授权与代理问题，最核心的内容可参见霍布斯：《利维坦》，第 122—127 页。

斯金纳的上述分析虽然相当详尽，且据有充分的文本依据，但似乎仍然留下了一个相当致命的漏洞。我们知道，残害他人生命，这是分散的个人在自然状态中有权利去做的行为，因为他们在自然状态中的非排他性权利也包括对他人身体的权利。但在建立政治契约的时候，他们既未直接授权主权者去实施这种行为，也没能把实施这种行为的权利保留在自己手上。这种权利仿佛是被政治契约蒸发掉了，这该如何解释？斯金纳基于归属行为理论所作的讨论，显然不能解释这个问题。归属行为理论在解答为何主权者的权力具有绝对性的时候，既忽略了这种"被蒸发掉的"权利，也没有看到主权权力所受到的起码的（也可以说是唯一的）限制，亦即不得侵害个人的生命。固然，个人在签订契约的时候，各自对自己的生命权做了保留，但伤害他人生命的权利却很特殊——它既未托付出去，也未能得到保留。对于自己的生命权，归属行为理论仍然可以解释，因为它根本没有被授权给他人去处理，但对于后者，这种理论却是鞭长莫及了。

这表明，仅仅以法学上的归属行为理论去解释霍布斯，仍然是不够的，或者说，霍布斯的政治契约论最终不可能依靠这一理论来完成，其公共理性的权威亦不可能如此确立起来。既如此，我们就不能认同斯金纳的最终判断，即"归属行为理论居于《利维坦》的政治学的核心"。① 斯金纳看来是过分强调了归属行为理论的重要性。

事实上，侵害他人生命的权利这一问题在霍布斯的政治契约理论中相当具有典型意义，因为它隐含着这种理论中一个更深刻也更一般的思维：每个人应当如何对待他人，这个问题在契约建立的过程中并不在考虑之列。正是这种思维方式，把我们引向对霍布斯政治契约论的伦理学解释，我们将会看到，这种思维方式对于我们反思霍布斯的公共理性理念具有直接的启发意义。

霍布斯政治契约论的一个最为独特的特征恰恰在于，虽然在自然状态中，每一个人确实处于与他人的关系（主要是一种相互疑惧的关系）之中，但

---

① 对霍布斯政治契约论的上述解释，参见昆廷·斯金纳："托马斯·霍布斯与作为纯粹虚拟人的国家"，袁柏顺译，载马德普主编：《中西政治文化论丛》第一辑，天津：天津人民出版社，2001年版，第252—299页。霍布斯本人在许多著作中讨论过授权与代理问题，最核心的内容可参见霍布斯：《利维坦》，第282页。

在建立政治契约的时候，对于他人，每个人根本没有考虑，而且也不需要考虑。但基于这种思维的推理却不但推出了一个主权者，而且还达到了某种可欲的效果，包括不伤害每一个人的生命。在这种引向政治契约的推理中，既没有对于公正的关切，也没有对他人利益的关切，我们看到的只是一个个没有正义观念，也没有共同利益的分散的个人。在霍布斯那里，正义纯粹是主权者建立和法律制定之后才可能存在的东西，这就决定了个人在建立契约的过程中没有共同的正义标准作为前提。至于人们之间没有共同利益的基础，霍布斯为此提供了一种关于善与价值的哲学解释：

> 任何人的欲望的对象就他本人说来，他都称为善，而憎恶或嫌恶的对象则称为恶；轻视的对象则称为无价值和无足轻重。因为善、恶和可轻视状况等语词的用法从来就是和使用者相关的，任何事物都不可能单纯地、绝对地是这样。也不可能从对象本身的本质之中得出任何善恶的共同准则，这种准则，在没有国家的地方，只能从各人自己身上得出，有国家存在的地方，则是从代表国家的人身上得出的；也可能是从争议双方同意选定，并以其裁决作为有关事物的准则的仲裁人身上得出的。①

既缺乏共同的正义观念，也没有共同的利益基础，这就是立约者之间的伦理关系——准确地讲，是一种非伦理的关系、一种伦理无涉的关系。他们之间没有任何共同的伦理立场和共同的动机，霍布斯就是试图在这种背景下确立政治合法性与政治义务的。内格尔(Thomas Nagel)有一个著名的区分："对政治合法性的申辩有两种：发现对特定制度的理性支持的可能收敛，这些支持则来自不同个体分离的动机立场；寻求每个人都能占据的共同立场，它保证就什么是可接受的东西达成一致。"②毫无疑义，霍布斯的政治

① 霍布斯：《利维坦》，第 37 页。

② Thomas Nagel, "Moral Conflict and Political Legitimacy", p. 218。收敛指的是本来互不相交的两条线在一个单一的固定点相遇的那个位置，或者是使得两条线得以在某个固定点相遇的那种运动。

契约论乃是这种收敛模式的典型。

有人可能会质疑说，自然状态中每一个人不是都以生命的自我保存为立约动机吗？这是否意味着生命保存是一种共同的利益？此外，政治契约是因为每一个人都追求和平才建立起来的，难道和平不是所有人的共同目的吗？

自我保存的愿望和对横死的恐惧确实是霍布斯契约理论的基本出发点，然而，虽然人人都怀有这种愿望，但这种愿望只能说是没有例外的，却不是共享的——人人都想保存自己的生命，但这种共性只是名称上的，而不是实质性的，因为A的生命肯定不是B的生命。在自然状态中，一个人为了保存自己的生命，可以去伤害另一个人的生命，这就是最好的诠释。所以，自然状态中的人所持有的动机是一种分离的、纯粹个人性的动机，正是这一点才决定了霍布斯的合法性理论模式是收敛模式。至于和平，霍布斯确实认为，正是由于对生的希望和对死的恐惧，理性才促使每一个人去寻找走向和平的条件。但是，对和平的追求完全是自我保存这一愿望的结果，它本身不包含任何对其他人利益的考虑。正如有学者所指出的，在霍布斯的意义上，对和平的追求表明我们看重的对象是同一个东西，"但对我们每一个人而言，它被看重的方式却是不同的。或者说，我们每个人仅仅从我们自身考虑而看重它。那一价值以及与之关联的理由是收敛性的，但它们不是共同的。"①

相对于法学的解释，上述伦理学的解释才能真正体现霍布斯政治契约论的严密性。主权者的权威，同时也就是公共理性的权威正是以一种收敛模式确立起来的。前文已经指出，这种公共理性的权威不仅涉及到行为上的服从，而且扩展到认知与伦理层面，但却没有任何认知与伦理上的合理基础。现在我们可以基于收敛论的伦理分析，解释为何这种公共理性理念存在这种缺陷。

收敛模式的精髓就在于，在这种思考方式中，每一个人的理由并非所有

---

① Gerald J. Postema, "Public Practical Reason: An Archeology", *Social Philosophy and Policy*, Vol. 12 (1995), p. 70.

人的理由——而这正是我们对康德的理性的公共运用提出的一个核心批评。但这个批评现在不能直接应用到霍布斯身上。为什么呢?因为在康德那里,从每一个人的理由出发找到所有人的理由,亦即共识,这是理性的公共运用所欲实现的目标,而我们认为这个目标无法实现。但在霍布斯这里,每一个人的理由并非所有人的理由,这是他明确设定的一个起点,他把共识与公共性放在别处。

霍布斯推出的是一个具有几近无限权力的主权者,在此基础上,主权者的认知判断与伦理判断都被当作公共理性并具有权威的地位。以上分析表明,这种公共理性既没有在推理主体上体现主体间性的视角,其形成也不是基于相互性推理过程的结果(应当记住,主体间性的视角与推理过程的相互性是我们在分析康德的理性的公共运用后提出的两项要求),它甚至也不是康德式的理性的公共运用的结果。那么,这种公共理性的公共性——如果确实具备丝毫公共性的话——究竟表现在哪里?看来,全部理由仅仅在于它出自公共权力。或许我们还可以慷慨地为霍布斯补充一点理由,即公共理性作用的对象是公众,是除主权者之外的所有人。但在这里,公众是被动的,他们不是公共理性的主体,而是必须接受一个主权者的认知与伦理判断。这个特点决定了,它的公共性甚至与康德都相去甚远,因为康德的理性的公共运用意义上的理性,恰恰是要摆脱政治权威的理性。

正是因为霍布斯从这个意义上理解公共理性,因此他不关心主权者的理性即公共理性的推理在认知与伦理上是否具有优势和合理性。霍布斯强调私人理性与公共理性的区分,但除了在主体与对象方面存在区别而外,霍布斯并未为公共理性的推理过程提出任何实质性的规范性要求,以令其与私人理性保持本质的差别。事实上,他认为他不必提出这样的要求,而他的收敛模式决定了他也不可能这样做。结果,公共理性的主体即主权者"依然完全是以其自己的自然理性来工作的"。[1] 从这个意义上讲,这种思路其实

---

① Michael Ridge, "Hobbesian Public Reason", *Ethics*, Vol. 108, No. 3 (Apr., 1998), p. 559。作者所谓的"自然理性",即是霍布斯所谓的私人理性。

是把某个人的私人性的推理等同于公共理性，也就是把主权者的私人理性当作公共理性了。鉴于霍布斯的收敛模式，具有绝对权力的主权者乃是分散的个人推理集合在一起的结果，这种所谓的公共理性因此也可以称为“集合理性(collective reason)”。[①] 公共理性即主权者的判断究竟与分散的个人当中哪些人的判断相一致，甚至是否存在局部的一致性，这纯属无关紧要的偶然性。而我们在下文中将会看到，当代的公共理性观念与此完全不同：它的主体是公众，而不仅仅是对象是公众；它是源于公众的，而不仅仅是施于公众的。

霍布斯式的公共理性不关注认知与伦理上的合理性，其收敛模式是最根本的、理论上的原因。隐含于这种理论原因背后的东西，则是这种理论的特殊关切，也就是其公共理性理念的抱负：它要解决的是在充满分歧的世界(自然状态、战争状态)中止息纷争、实现和平、建立秩序、达到稳定。因此，我们可以说，**霍布斯的公共理性理念完全是功能性的和工具性的**。一种在认知和伦理上可以接受的公共理性理念，必须跳出这样的框架。

对霍布斯的公共理性理念的上述讨论，显然已经超出了纯粹思想史的意义，因为这种批判性的分析从反面对我们探求更合理的公共理性理念提供了教益。而且，这种批判也有利于我们缩小当代公共理性讨论的范围。因为在当代西方的政治哲学界，仍然有人坚持并发展出了霍布斯式的公共理性理念。高希尔(David Gauthier)就是一个最典型的代表。他坚持认为，“公共理性获得其规范性力量的唯一源头，是祛魅之后仍然存在的每一个个体的理性(rationality)”。[②] 从而，从每一个个体分散的推理中得出共同的

---

① 关于“集合理性”的提法，参见 Gerald F. Gaus, *Contemporary Theories of Liberalism: Public Reason as a Post-Enlightenment Project*, p. 20.

② David Gauthier, “Public Reason”, in *Public Reason*, ed. by Fred D' Agostino, Gerald F. Gaus, Aldershot: Ashgate Publishing Company, 1998, p. 66. Gauthier 在另一部著作中系统地构建了自己的道德契约论，即从个体理性的角度出发，以协议的方式建立起道德原则。参见 David Gauthier, *Morals by Agreement*, Oxford: Oxford University Press, 1986.

结论，这被认为是公共理性由以形成的恰当方式。

当然，这种公共理性理念虽然是霍布斯式的，但与霍布斯本人的模式毕竟不同。它不是指绝对主权者的理性或意志，而是指共同的道德，因此它的抱负与霍布斯大异其趣。如果说这一点是这种公共理性理念的潜在优势的话，另外一点区别就使得它相比于霍布斯具有明显的劣势。这就是，这种公共理性的理念是以完善的市场竞争为模型的，为了经由个人之间的协议形成道德，高希尔认为，应当以一定的规范和条件保证谈判者的初始地位。从而，“权利为协议提供了起点，而不是协议的结果”、“市场与合作实践预设了个人权利”。[①] 财产权就被认为是这样一种初始性的权利。霍布斯的契约论也预设个人权利，但他之所以很严密，正在于他预设的是非排他性的权利，这样的权利本身并不构成道德上的规范。但高希尔所预设的恰恰是排他性的权利，而这必然是由道德或法律来规定的。既然如此，某些核心的道德要素已经进入到协议的前提之中了，在这个前提之上的、基于个人理性的协议，就不能说为道德做了本源性的说明了。这一事实表明，当代霍布斯式的、以寻求道德的本源为抱负的公共理性理念，反倒不如霍布斯本人以和平为抱负的公共理性理念那样具有理论上的融贯性。

我们现在可以把本文到此为止的分析作一个简单的总结。在启蒙自由主义尤其是康德那里，个体拥有理性，但要进行公共运用。康德的重心在理性的公共运用与私下运用的区分，但不存在公共理性与私人理性相区分的问题。而我们的论证表明，关键的问题不在理性的公共运用，而是要寻求公共理性。霍布斯第一个提出了公共理性的理念，相应地，他承认存在私人理性与公共理性的区分，虽然在政治社会中，前者理应臣服于后者。我们的论证表明，这种公共理性欠缺认知与伦理上的基础，而且在本质上与私人理性无异。我们从这些分析中可以得出结论：我们不但需要公共理性，而且，一种健全的公共理性理念必须真正是“公共的”理性。这个结论让我们进入到当代公共理性讨论中的两种不同方向之中，而且我们将会发现，这两种不同

---

① David Gauthier, *Morals by Agreement*, p. 222.

的方向仍然与公共理性理念的不同抱负关联在一起。

三

为了确定“公共的”理性，有两种可能的方向。最直接的一种是，认为真正的理性在本质上都是公共的，因此不存在非公共的、私人的理性。另一种方向是，认为存在公共的与非公共的理性形态，我们需要把公共理性甄别出来。① 事实上，除了上文中所批判过的高希尔的公共理性理念之外，当代西方学术界的公共理性讨论正是沿着这两个不同的方向展开的，而且总体来讲，它们都是在道德而非基于权力的和平的意义上设定公共理性理念的抱负的。

理性意味着在科学认知、道德实践甚至审美判断中能够给出人们可以共享的理由，②在这个意义上它不可能是纯粹私人性的。由于道德的基本主题在于我们彼此应当如何发生关系，因此它首先关注的是为行动寻找某种关系性的理由。从而道德思考就意味着，“唯一可能的理由是我们能够共享的理由”。③ 当代的一些公共理性论者基于一些重要的道德哲学资源，认

① 关于是否存在私人理性(private reason)，学术界有不同的判断。霍布斯显然是承认这种理性的，但当代学者的总体倾向是否认这种理性的存在。文中提到的第一种思考方向认为一切理性都是公共的，不存在非公共的理性，它自然也就否认了私人理性。以罗尔斯为典型的第二种思考方向虽然承认非公共理性，但他认为，“公共的与非公共的这一区分不是公共的与私人的之间的区分。我不理会后者：不存在私人理性这种东西”(John Rawls, *Political Liberalism*, 2nd, New York: Columbia University Press, 1996, p. 220, note 7)。当然，所有学者都不会否认手段-目的意义上的理性(rationality)完全可以是私人的。

② 哈贝马斯认为，自康德开始，理性的统一性被分化成这三个领域，他为它们各自赋予了不同的基础。参见 Jürgen Habermas, *Moral Consciousness and Communicative Action*, p. 2.

③ Christine M. Korsgaard, “The Reasons We can Share: An Attack on the Distinction between Agent-relative and Agent-neutral Values”, in *Social Philosophy and Policy*, Vol. 10, No. 1 (1993), p. 51。这种观点显然以批判功利主义等后果主义道德理论为前提，因为这些理论把道德的基本主题视为是造成何种善，而不是关于人与人如何相处的问题。

为在道德领域，实践理性本质上是公共理性。这就是上文提到的当代西方公共理性讨论中的第一种致思方向。显然，这种公共理性理念的基本抱负就在于解释或重申道德的公共性本质，而不是寻求霍布斯式的和平，也不是像高希尔那样从私人理性中寻找道德约束的本源。

这一思考方向对道德或实践理性之本质的理解，最典型的表达是由斯坎伦（T. M. Scanlon）提出的。他在用契约论解释道德错误的本质时指出："如果一个行为在特定情境下的施行会为任何规制行为的规则体系——它作为知情的、非强制的普遍同意的基础，没有人能够合乎情理地（reasonably）予以拒绝——所不允许，那么这个行为是错误的。"①这个表述虽然较为抽象，但非常明显的是，它把道德置于一个主体间的层面上来考虑，而且要求把"每一个人"的立场都考虑在内。进一步的问题在于，怎样才算是"合乎情理的"？对此，内格尔做了进一步的解释。他认为，健全的道德思维应当是"试图同时从每一个个体的观点（point of view）出发看待事物，并试图达到某种他们都能共享的动机，而不是像纯粹不偏不倚的仁慈态度那样，简单地以一种通过步出他们所有的人之外而达致的非个人立场取代个人的观点"。②

我们仍然会对此保留一些疑问：如果每一个个体的观点存在根本的分歧和冲突，我们如何能够找到共享的动机？霍布斯政治契约论中的推理虽然纯粹是从个体出发的，但由于每个人的推理具有本质上的同质性（都把自我保存作为至高目的，虽然各自的生命并不构成共享的目标），因此共识在逻辑上得到了保证。但我们这里所讨论的考虑每一个个体的观点，它与霍布斯的方式不同，因为它要求一种主体间的思维，而且根本不预设个体推理的同质性。用内格尔的话来讲就是，每一个个体的观点中又同时包含两种

---

① T. M. Scanlon, "Contractualism and Utilitarianism", in *Utilitarianism and Beyond*, ed. by Amartya Sen and Bernard Williams, Cambridge: Cambridge University Press, 1982, p. 110.

② Thomas Nagel, *Equality and Partiality*, New York: Oxford University Press, 1991, pp. 15—16.

立场(standpoint),即个人的与非个人的,前者允许个人对自己有更多的偏爱,后者则要求一个人对包括自己在内的每一个人予以不偏不倚地对待。因此,共享的动机必须是基于个体观点中这两种不同立场的调和而得以实现的。

在这个基础上,主体间的合情理性并不意味着对主体本身的放弃,它只是要求一个个体在考虑到自己偏好的同时,还要把不偏不倚的一面采纳进来。罗尔斯的如下论点可算是对这一点的准确表述:"合情理性(The Reasonable)预设了理性(the Rational),因为没有驱动群体成员的善观念的话,就无所谓社会合作或正当与正义观念,即便这种合作实现了超出善观念单独确定的价值。合情理性让理性服从自己,因为它的原则限制着——在康德式学说中是绝对地限制着——能被追求的最终目的。"①在内格尔看来,这意味着,道德在本质上要求一种形而上学的人性观念或自我观念,亦即每一个人都应当"把自己同时当作'我'和某个人"。② 换言之,每一个人应当把自己当作其他同样真实的人当中的一个人来看待。实践理性的这种要求表明,它试图以一种真正主体间性的、公共性的推理,找到共享的、公共的理由,因此它在本质上是公共理性。

对实践理性的这种理解是康德式的,但它毕竟不是康德的。其间的区别至少可以体现在如下两个方面。一是形而上学的预设不同。这种理解背后的形而上学预设是一种把自己同时当作"我"和某个人的自我观念,而在康德那里,道德推理背后的形而上学乃是自主性(自律)或者说(道德的)自由。③ 二是,它不是让一个人自己私下考虑每一个人所能够意愿的东西,而

---

① John Rawls, "Kantian Constructivism in Moral Theory", in his *Collected Papers*, p. 317.

② Thomas Nagel, *The Possibility of Altruism*, New Jersey: Princeton University Press, 1970, p. 19.

③ 罗尔斯曾经对康德的绝对命令作过程序化的解释,这种解释事实上与内格尔的康德式思路是契合的。参见 John Rawls, "Kantian Constructivism in Moral Theory", in his *Collected Papers*, pp. 303—358。当然,当罗尔斯转向"政治的"自由主义之后,他认为他本应当讨论的是政治哲学而非道德理论中的康德式建构主义。

是要求一个人在考虑到自己的同时，把自己隐匿在所有人之中，从而让“每一个人”的道德推理具有了“所有人”的意义。正因为如此，它虽然不强调实实在在地对话和商谈，却具有体现主体间性的意义，从而可以免于我们在上文中对康德的批评。如果说在康德那里，最终的结果仍然可能令人沮丧，即每一个人的理由并不是所有人的理由，那么，根据对实践理性的上述理解，它试图把思路倒转过来：“一条公共理由 R 在如下一种强有力的意义上是共享的，即它因其是一条面向所有人的理由，从而是一条面向每一个人的理由。”①

对公共理性的这种理解，意在避免像康德那样纯粹从个体出发对道德原则进行检验的弊端。为此，它在个体内部预设了一种二元论的立场，而全部的问题归结到一点，那就是对这种二元立场进行整合。它意味着，在我们的私人生活中，我们可以对自己有所偏爱，但在公共道德问题上，我们是不偏不倚的、平等主义的。这种思路试图面对道德上的复杂性，它不是简单地强调公共领域与私人领域的区分，而是试图回答这二者的划分与并存在道德上和心理上如何可能。它认识到，唯有二者的调和，道德与政治生活中的合理辩护才是可能的和有吸引力的。然而，这种形式的公共理性与其说是要解决问题，不如说是要提出问题、面对问题。因为对于“合情理性”这一规范性标准，人们对其真实含义仍然可能存在分歧，从而使得合乎情理的一致变得不可能。这个最严重的后果，可以用内格尔自己的话来概括：“对一种合乎情理的目标的抵制可能本身就是合乎情理的。”②这一结果体现了这种公共理性的内在缺陷。

这种缺陷尤其表现在政治正义领域。基于对实践理性的这种公共性理解，平等的尊重、平等的基本权利都是可以得到保障的。在内格尔看来，甚至一种普遍的最低生活保障也在西方得到了成功的实践，这表明它得到了道德上的辩护与心理上的接受。但对于它在社会正义领域内的进一步的实

① Gerald J. Postema, “Public Practical Reason: An Archeology”, p. 70.

② Thomas Nagel, *Equality and Partiality*, p. 172.

现,尤其是在推进社会经济的进一步平等方面的实现,内格尔坦言没有看到任何希望:“根本的问题在于,虽然我们大体上明白在政治与个人理想方面什么是有吸引力的,但我们却不能设计出能珠联璧合的政治道德与个体道德。这两者因其回应着不同的需要,所以拉向相反的方向,而这些冲突是如此直接,以至于很难通过社会制度与个体行为之间的分工来解决。因此,我们受动机逻辑的驱迫而要达到的对平等主义的公共价值与非平等主义的个人目标的结合,完全缺少一种完整的道德观的品性。”①

接下来,我们有必要考虑一下内格尔所直接摒弃的那种对道德本质的理解,即以不偏不倚的仁慈态度,通过步出所有人之外而达到的非个人立场。这样做之所以是必要的,一是因为它也从非个人立场看待道德推理的本质,二是因为,在当代西方的公共理性讨论中,仍然有人把这种思路当作实践理性之为公共理性的一个证明资源。② 因此,就对道德推理的本质的理解而言,这种思路与斯坎伦、内格尔的思路或许应当算作是家庭内部的争论。

这种立场的经典阐述者当属休谟。然而,根据休谟的道德哲学,其实践理性观念本来并不提供一种非个人的立场。休谟的道德理论是情感主义的理论,因为他所理解的理性主要是提供事实的认知,实践理性也基本上是手段-目的方面的推理。据此,我们对一个行为的理性观察,永远只能看到一些物理层面的东西,从中推不出善与恶的伦理判断。这就是事实与价值或者“是”与“应当”的分离。但事实上,道德生活中我们总是在对行为进行伦理判断,看来这样的伦理判断不可能是来自理性,而是来自我们内心的情感。但同情与仁爱之情总是与人际间的距离,或者说人际关系的亲疏远近直接相关的。如此一来,普遍道德(在休谟那里就是所谓的“正义”)就成了无根的东西了。另一方面,我们又确实承认并遵守一些普遍的道德规范。

---

① Thomas Nagel, *Equality and Partiality*, p. 117.

② 参见 Gerald J. Postema, “Public Practical Reason: An Archeology”, pp. 53—63。作者在此文中把休谟、康德、哈贝马斯的理论同等地作为道德生活之公共性的证明资源。

在休谟看来，这就构成了一个矛盾。

解决这个矛盾不是依靠理性来完成的，而是通过人类生活的实践和习俗来实现的。这就是休谟所说的"正义是人为美德"的含义。他说，"正义和非义的感觉不是由自然得来的，而是人为地(虽然是必然地)由教育和人类的协议发生的"。① 由于休谟坚决反对原始契约理论，他所讲的"协议"就不是契约论意义上的"协议"或"同意"。因为契约理论有一个道德前提，即忠实或者说是信守诺言。而在休谟看来，信守诺言作为一项普遍道德亦即正义的要求，它并不是一种自然的美德："据说，我们必须服从自己的君主是因为我们已经作出了这种允诺。然而，我们为什么一定要遵守自己的诺言呢?"②尤其是当信守诺言明显与自己的利益相违背的时候，休谟式的实践理性完全看不到信守诺言的坚实理由。休谟道德理论的功利主义内涵在这里发挥了作用，他认为，我们信守诺言其实是出于对人类社会共同的和明显的利益的考虑。在政治上，对长官的效忠也是如此，是出于社会安宁和秩序的考虑。③ 从而，信守诺言与效忠政治权威具有同样的基础，我们因此不能把后者，即对政府的服从建立在前者的基础之上。也正因为如此，他所理解的"协议"指的是人类生活实践中所形成的约定(习俗)，而不是社会契约论意义上的同意。当然，休谟的上述思想仍然留下一个严重的疑问：基于个人利益的实践理性诉求与功利主义的社会效用诉求之间究竟如何统一？这个疑问构成了休谟道德理论研究中的一个持久争论。

本文在此不必涉入这一争论。对本文的讨论而言，功利主义的社会效

---

① 休谟：《人性论》下册，关文运译，北京：商务印书馆，1980 年版，第 523 页。

② 休谟："论原始契约"，载《休谟政治论文选》，张若衡译，北京：商务印书馆，1993 年版，第 131 页。在此文中，休谟对原始契约理论做了多方面的批评，我在此只提到与本文语境中的讨论直接相关的一个方面，当然它也是休谟众多批评中最为哲学化的方面。

③ 休谟的功利主义认为，效用是人类道德中主要部分的基础所在，"公道或正义的规则完全依赖于人们所处的特定的状态和状况，它们的起源和实存归因于对它们的严格规范的遵守给公共所带来的那种效用"(休谟：《道德原则研究》，曾晓平译，北京：商务印书馆，2001 年版，第 39 页)。

用诉求其实并不构成一个大问题，因为在休谟那里，普遍的社会效用完全是对普遍正义规则的严格遵守所带来的结果，他自己也曾明言，在道德中，"表达一般原则的效用是微薄的，因为这些原则基本上无异于道德概念的重言式的扩展"。[①] 这与许多功利主义理论有着明显的不同，因为一般而论的功利主义的特征，正在于因为强调总体效用（功利）而拒斥义务论伦理学所强调的普遍规则。因此，休谟的目的论实际上消弭了功利主义的目的论伦理学与义务论伦理学之间的分界线："休谟因此以这样一个目的论者的面貌出现，他认为，当一个社会的成员在人为美德方面是义务论者的时候，社会善会得到最好地实现。"[②]也正是基于这一点，罗尔斯才说，休谟严格来讲不是一位功利主义者。所以对我们来讲，最重要的还是在于，休谟承认普遍的道德原则，承认道德在本质上具有公共性。

如果确如某些学者所说，休谟对道德的理解是公共理性的一个证明资源，那么，他是如何从一种并不具有公共性的实践理性观念过渡到公共的、普遍的道德判断的？这就再次把我们带回到他对正义之为人为美德的分析。除了人类在交往实践中逐渐明了，遵守某些规则对社会总体利益有益而外，人们之所以接受普遍的道德判断，还在于，为了进行合理有效的交流，我们必须接受一种普遍的、一般的观点："每个特殊的人对其他人都处于一种特殊的地位；我们各人如果只是根据各自的特殊观点来考察人们的性格和人格，那么我们便不可能在任何合理的基础上互相交谈。因此，为了防止那些不断的矛盾，并达到对于事物的一种较稳定的判断起见，我们就确立了某种稳固的、一般的观点，并且在我们的思想中永远把自己置于那个观点之下，不论我们现在的位置是如何。"在休谟看来，"经验很快就把改正我们情

---

① David Hume, "Of the Standard of Taste", 转引自 R. F. Atkinson, "Hume on the Standard of Morals", in *David Hume: Critical Assessments*, Vol. IV, ed. by Stanley Tweyman, New York: Routledge, 1995, p. 57.

② M. Baron, "Hume's Noble Lie: An Account of His Artificial Virtues", in *David Hume: Critical Assessments*, Vol. VI, ed. by Stanley Tweyman, New York: Routledge, 1995, p. 156.

绪的这个方法教给我们，或者至少是在情绪比较顽固和不变的时候，把改正我们语言的方法教给我们。”①正是通过包括交流沟通在内的人类实践所确立的习俗，在本来不具有公共性实践推理的人们当中，逐步确立起了一种一般的观点，也就是步出自己之外的、公正的旁观者的观点。这个观点显然也就是道德推理的本质要求所在，它体现了道德的公共之维。而且它同样体现了当代公共理性的特性：一条理由，因其是所有人的理由，所以是每一个人的理由。

虽然休谟对实践理性的哲学理解本来不具有公共性，但我们也可以说，他的理论意在解释一种公共的、具有普遍道德观点的道德理性（亦即公共理性）在实际生活中（而不是在哲学上）是如何从前道德的实践理性中逐步成长起来的。这两种理性之间，在他那里并没有一种严格的逻辑关联。这就形成了休谟式公共理性的第一个特征：它虽然确立了一种普遍的、一般的观点，并承认普遍的规则，但休谟强调的是普遍规则本身的公共性，而这些规则并不是每一个人理性推理的逻辑结果——事实上，在他那里，每一个人的理性推理本来只是指向自我利益，只关涉手段与目的问题。一种主体间性的推理方式在这里更是付之阙如的。公共规则的形成，既不是收敛性的，也不是主体间性的。秉承苏格兰启蒙传统的哈耶克对此所作的解释把这一点说得最为明白：

在大多数的时间中，我们文明社会中的成员都遵循一些并非有意构建的行为模式，从而在他们的行动中表现出了某种常规性；这里需要强调指出的是，这种行动的常规性并不是命令或强制的结果，甚至常常也不是有意识地遵循众所周知的规则的结果，而是牢固确立的习惯和传统所导致的结果。对这类惯例的普遍遵守，乃是我们生存于其间的世界得以有序的必要条件，也是我们在这个世界上得以生存的必要条件，尽管我们并不知道这些惯例的重要性，甚或对这些惯例的存在亦可

① 休谟：《人性论》下册，第 624 页。

能不具有很明确的意识。[①]

哈耶克认为这样的公共规则是人为的,但并非刻意设计的结果,这被认为是对休谟"人为美德"概念的最佳注解。这就是哈耶克的自生自发秩序的思想,这种规则与秩序的形成虽然与人的行为有关,但它却不是每一个人理性建构或有意追求某种目标的结果。从而,它既不必要也不可能在每一个个体那里,或者在主体间的推理中找到根源。

如果考虑到这种公共理性的抱负只是解释道德的本质,而不是它如何逻辑地从个体理性中成长起来,那么这种状况本身倒不足以构成一个缺陷。真正的问题在于,由于没有个体的理性推理,也没有主体间的推理建构,这种自生自发的秩序与公共规则在内容上必然是有限的。在上述引文中,哈耶克已经提出,遵守这样的规则"乃是我们生存于其间的世界得以有序的必要条件,也是我们在这个世界上得以生存的必要条件"。对于这些公共规则或者说正义的范围,休谟说得更为直接:"如果没有正义,社会必然立即解体,而每一个人必然会陷于野蛮和孤立的状态。"[②]这就表明,所谓正义,其实只不过是人类社会赖以维系的基本道德条件。

用休谟的话来讲,这样的正义意在用于补救人类心灵的某些性质和外界对象的情况结合起来所产生的不便。这就是他关于正义环境的著名论述,即人心的自私与有限的慷慨、外物的容易转移及相对匮乏。由于这种正义的环境乃是人类社会的一般处境,所以我们可以由此得出一种普遍主义的基本人类道德,这种道德的适用性不会受政治安排的差异性的影响。因此,休谟本人对正义的理解并不具备我们现在所赋予它的那种强烈的政治意义,它也很难成为我们在不同的(至少是某些不同的)政治制度之间进行区分的标杆。它是社会存在的基本条件,但不是特定政治安排的充分条件。

---

① 弗里德利希·冯·哈耶克:《自由秩序原理》(上册),邓正来译,北京:生活·读书·新知三联书店,1997年版,第71—72页。

② 休谟:《人性论》下册,第538页。

它不能回答,在人类结成社会的基础上,该如何建立起恰当形式的政府和政治安排。我们甚至可以说,人们建立特定政治共同体的公共政治行动,以及人们在这种行动中以何种相互关系作为起点,都是它不能解决的。而我们知道,这些问题恰恰事关社会正义与公共辩护,而它们正是最具公共性的问题。

正是由于休谟式的公共理性停留在维系社会之存在的层面,它对正义的规定也就是消极的,这是市民社会道德关系的一个普遍特征。亚当·斯密对正义的理解就是如此,它与休谟的正义概念高度一致:"在极大多数情况下,正义只是一种消极的美德,它仅仅阻止我们去伤害周围的邻人。一个仅仅不去侵犯邻居的人身、财产或名誉的人,确实只具有一丁点实际优点。然而,他却履行了特别称为正义的全部法规,并做到了地位同他相等的人们可能适当地强迫他去做,或者他们因为他不去做而可能给予惩罚的一切事情。我们经常可以通过静坐不动和无所事事的方法来遵守有关正义的全部法规。"①唯正义具有公共性,其它如仁慈、同情等自然美德是不具有公共性的,后者因为人性的有限慷慨,也缺乏被普遍化和公共化的动力基础。因此,市民社会在道德上并不对人们的行为以及人们之间的伦理关系提出更积极的要求。

结果,正义就是指向个人行为的,它只是对消极规则的遵守而已。哈耶克正是据此拒斥"社会"正义这一概念的。② 个体的理性不可能推出什么其它的正义规范,而休谟的思路又不认为人们可以通过一种主体间性的思考去创设进一步的正义原则,因此正义的范围就只能停留在市民社会的消极规范的层次上。说到底,这些规范乃是以体现在经济交往领域中的要求为范式的,它没有,也不可能进入一个严格意义上的公共政治领域。我们因此

---

① 亚当·斯密:《道德情操论》,蒋自强等译,北京:商务印书馆,1997年版,第100—101页。

② 哈耶克认为,"社会正义"这一术语是空洞的,无异于蛊惑人心的宣传语词或煽动符号。参见弗里德利希·冯·哈耶克:《法律、立法与自由》(第二、三卷),邓正来等译,北京:中国大百科全书出版社,2000年版,第164页。

可以看出，以上对休谟式公共理性的两点反思——它缺少主体间性的维度、它在内容上是有限的——在这里汇合在一起了，它们具有内在的关联性。

现在我们可以对这一部分作一个简单的总结。我们讨论了两种以解释道德的本质为抱负的公共理性思路。一种以斯坎伦、内格尔为代表，另一种属于休谟的传统。前者有主体间性的预设，但并不明确强调社会与政治的区分，而是试图获得全面的应用。后者缺少主体间性的维度，且只限定在市民社会的领域。结果是，虽然二者都能够满足市民社会对普遍道德的需要，但前一种思路在政治领域的应用中难以提供实质的普遍规范(因为人们对“合情理性”的标准存在分歧)，而后者则完全无力也无意涉足政治正义的领域。

看来，真正能够考验公共理性的道德力量的，显然是政治正义的领域了：如何真正面对这个领域，同时又能为之提供实质性的原则？从第二种思路的局限性来看，要做到这一点，就必须接受斯坎伦、内格尔理论中的公共性预设，这种公共性预设是道德思维超出经济领域、进入公共政治领域的必要条件。从第一种思路的局限性来看，我们必须考虑(当然不一定是未经反思的全盘接受)休谟传统中提出的动力限制(亦即，除了市民社会意义上的普遍正义之外，更进一步的普遍道德要求缺少动力基础)，尤其是要保证每个人都能够在公共政治领域对“合情理性”有一种必要的共同理解，并具有按照它的要求去推理和行动的愿望。

这就意味着一种以政治正义和公共辩护为抱负的公共理性理念，它最典型的理论代表是罗尔斯。这种公共理性理念无疑是当代种种公共理性理念中最有新意的一种，它代表第二种致思方向，既承认非公共理性的存在，同时对公共理性予以限定。限于篇幅，下文将只对其作简要的分析，除了探讨它由以建立的基础及其基本要素以外，我的主要目标是要指出，对公共理性的有意义的讨论为何应当以它为中心来展开。

四

以揭示道德的本质为抱负的公共理性理念，其两种思路的各自缺陷给我们留下了一个问题。这个问题是以政治正义为抱负的公共理性理念需要首先面对的：公共理性究竟是要同时解决市民社会的道德问题与政治领域的正义问题，还是应当分别予以独立地解决？我们已经看到，第一种思路是想同时解决，但在政治领域并不成功；第二种思路则明确限定在市民社会的道德问题上，它具有原则上的解释力，但在内容上却很有限。

我认为，以政治正义为抱负的公共理性理念应当基于社会与政治的区分，并在承认社会领域的公共理性的基础上独立地解决政治正义问题。理由主要有如下两个方面：

其一，一个相对独立的社会领域的存在本身就是公共理性得以生成的保证。社会领域的独立性在政治思想中被当作一种抗衡政治权力的力量，也被看作是一种保障私人权利的条件。事实上，承认这个领域，我们才可以有效地回答政治正义究竟要保障什么的问题，或者说正义的目的问题。当然，这一点不构成本文讨论的对象，本文看重的是它与公共理性本身的关系。这种关系其实自霍布斯第一次提出公共理性的理念时就隐含在其中了。霍布斯没有一个独立的社会概念，在他看来，个人本来是分散的，是多而不是一，众多的个人所处的状态不叫社会，而是一种战争状态。在这种情况下，人们既不可能进行主体间性的推理，从而形成基本的道德规范；也不可能有以经济交换为中心的人类实践促进这种道德的形成。结果，没有任何前政治的道德力量或经济力量能够把他们结成一个整体性的存在，或者避免战争状态，唯有主权者才能把他们结成一个整体，使他们实现从分散的个人到政治社会的直接过渡。结果我们看到，霍布斯的公共理性并不具有真正的公共性，它甚至不能形成一套具有伦理意义的公共规则。由于在个人与主权者之间没有独立的社会这个中介，最后只是导致了主权的绝对性。

对这个弱点的明确克服始于洛克，他认为，“谁想要明确地讨论政府的解体问题，谁就应该首先把社会的解体和政府的解体区别开来”。① 这种区

① 洛克：《政府论》(下篇)，叶启芳、瞿菊农译，北京：商务印书馆，1964 年版，第 128 页。

分在他的双重契约思想中有其根源：人们签订第一重契约，是为了进入人类社会，第二重契约才是选择政府。有了这种独立存在的社会的观念，休谟式的公共理性才有可能获得实质的正义规则，亦即人类社会赖以存在的道德条件，从而克服了霍布斯的公共理性理念在根本上的失败。当然，说社会具有独立性，并不等于说社会完全可以在没有政府的情况下真正自主地运转下去。这种独立性的真正含义应当是，社会具备或者可以独立地生成自己的规则。在实践中，这些规则当然也会遭到破坏，或者在执行上遇到困难，此时我们就可以看到政府的必要性了。显然，洛克从自然状态到政治社会的推理隐含着这一点。

其二，与一个独立的人类社会相关的基本道德规则是普适的（没有它们，社会就要解体），但这些规则及其背后的道德推理方式却要么在政治上无所作为（如斯坎伦、内格尔），要么无涉于政治（如休谟）。这就意味着，政治领域需要一种特别的道德思维方式、一种特别的公共理性。这种特殊性至少可以包含两点，一是它在规范性要求上往往超出人类社会层面的公共理性，它不只是指向个人行为的正义，而且首先是指向社会制度的正义；二是它在范围上却又往往小于人类社会，而最直接地适用于一个特定的政治共同体。

我们可以看到，罗尔斯的公共理性理念其实是以承认政府与社会的二元划分为基础的，而且，它还明确地把公共理性限定在一个独立的政治范围内。如果说以揭示道德的一般本质为抱负的公共理性理念把道德上的实践理性都理解成是公共理性的话，罗尔斯则似乎是用"社会理性"的概念来表征这个领域的理性。虽然他认为社会理性是非公共的理性，但他同时也强调，社会理性并不是私人性的。[①] 因此，在一个不太严格的意义上，我们完全可以说，他其实是承认社会领域的公共理性的。罗尔斯承认"社会背景文化"独立存在的合理性，可算是又一个证明。

当然，承认政治与社会的二元划分，并不意味着社会领域内的普遍规则

---

① John Rawls, *Political Liberalism*, p. 220, note 7.

不能被当作合乎公共理性的东西纳入政治正义尤其是宪政根本要素的范围。相反，在正义原则中明确纳入这些规则，恰恰是对这些规则的独立性的一种承认。在这个方面，哈贝马斯对罗尔斯的一个批评反而可以构成一个有利的证据。他认为在罗尔斯那里，"一种前政治的自由权项领域被划定出来，民主的自我立法对之鞭长莫及"。①

相反，倒是哈贝马斯对于公、私领域的明确划分并不在意，他认为公、私领域的划分是历时的和动态的，它应当取决于人民的意志。从本文所讨论的问题来看，他的这一立场与他并不看重社会的独立性有关。这表现在他对于洛克与霍布斯的一个判断上。我们已经指出，二人有一个根本的区别，那就是对社会的独立性的不同态度。而哈贝马斯则认为，

> 对于那些从权力论角度(尤指霍布斯——引者注)而不是从经济学角度(尤指洛克——引者注)来界定自然状态的作者来说，上述背景并不是那么重要的。但是，相对于把市民社会设想为在一切法律调节之前作为政治结合之源泉而起作用的这种观点来说，霍布斯对自然状态的构造至少是一种对等的观点，因为经济上竞争的社会，已经蕴含着缔结契约、并就此而言制定法律的主体了。②

这表明他至少把霍布斯与洛克的理论放在了同样的地位上。也正因为如此，他一向主张人权是人民意志的表达，它并不优先于民主。因此，我们似乎可以说，哈贝马斯的激进民主主张有一个潜在的前提或倾向，那就是让公共政治领域与社会领域的二元划分重归一元。他虽然为理性提供了一种

---

① Jürgen Habermas, "Reconciliation through the Public Use of Reason: Remarks on John Rawls's Political Liberalism", *The Journal of Philosophy*, Vol. 92, No. 3 (Mar., 1995), p. 129.

② 哈贝马斯：《在事实与规范之间：关于法律和民主法治国的商谈理论》，童世骏译，北京：生活·读书·新知三联书店，2003年版，第56页。这里所说的"上述背景"，是指在经济交换领域中人与人作为自由而平等者的对立关系。

程序性的解释，但他真正强调的其实是商谈、意志，而这正是罗尔斯所反对的，或者至少是不满足的。罗尔斯强调，“所有的推理方式——无论是个人的、联合体的或政治的——都必须承认某些共同的要素：判断的概念、推导的原则、证据规则，以及许多其它的东西，要不然的话，它们就不是推理方式，而可能是修辞或劝服的手段。我们关注的是理性(reason)，而不仅仅是商谈(discourse)。”①既然我们已经指出，一个独立的社会的存在是公共理性得以生成的前提，那么，至少就公共理性而言，罗尔斯的观点是一种更为可取的观点。

在事实上承认社会的独立性及其价值的基础上，转向《政治自由主义》之后的罗尔斯明确地把公共理性理念的抱负限定在政治的范围内(《正义论》中也有公共理性的理念，但它是由一种整全性的自由主义所给定的)。在这个意义上，“公共理性的理念在最深的层次上确定一些道德与政治价值，用以决定宪政民主政府与其公民之间的关系，以及公民们彼此之间的关系。简言之，它关切的是政治关系应当如何被理解”。② 此时，公共理性的公共性是由三个方面来体现的，而这三个方面都是政治的：主体方面，公共理性是自由而平等的公民们的理性，是公共的理性(reason of the public)；对象方面，公共理性适用的对象(罗尔斯称之为“主题”)是宪政根本要素和基本正义的问题，这些问题是公共的、政治的善；内容方面，公共理性通过一簇满足互惠性标准的合乎情理的政治正义观念在公共推理中表达出来。

简言之，公共理性涉及到民主社会的公民(而不是哲学上的、抽象的人)如何基于他们对政治关系的理解，运用政治的正义观念进行公共推理。因此，它是“面向宪政民主制度的关于公民资格的理想观念”。③ 当然，公共理性虽然是政治的，但绝非缺少道德规范的内涵。相反，公共理性作为民主的公民资格的理想，它的理想性正表现在其对特定公职占据者与普通公民提

---

① John Rawls, *Political Liberalism*, p. 220.

② John Rawls, "The Idea of Public Reason Revisited", *The University of Chicago Law Review*, Vol. 64, No. 3 (Summer, 1997), p. 766.

③ John Rawls, *Political Liberalism*, p. 213.

出了更高的道德要求：他们对涉及政治正义的问题所作的推理，包括投票，不应当纯粹按照对自己利益的设想来进行，而是要按照政治的正义观念，按照互惠性的标准来进行。这也就是对公民们提出了公民性(civility)责任的要求。它意味着，在宪政民主当中，公民与政府、公民与公民之间的政治关系因此也是一种特定的伦理关系。罗尔斯自认为对公共理性观念有两点创新："第一是作为一种民主理想的公民性责任的中心地位；第二是，公共理性的内容应由正义之政治观念的政治价值和指南所给定。"①显然，这两点创新恰恰表现在公共理性的要求既是伦理的，又是政治的。因此，让政治正义领域的问题获得独立的解决，并不意味着延续某种马基雅维里式的传统，把政治与道德完全分开。

以上是对以政治正义与公共辩护为抱负的公共理性理念的基本思路所作的交代。现在我们可以回到上一部分的最后所提出的问题，即这种公共理性理念必须接受以揭示道德的一般本质为抱负的公共理性理念的两点教训：强调主体间性、考虑动力限制。罗尔斯式的公共理性理念做到这两点了吗？我们不妨对此作一点简要分析。

先看主体间性。在斯坎伦、内格尔所代表的公共理性理念中，主体间性要求考虑每一个人的观点，从而达到每一个人都不能合乎情理地予以拒绝的标准。罗尔斯式的公共理性同样强调这一点，这体现其合法性理想的要求之中："社会合作，至少就其关系到宪法根本问题而言，应当尽可能按照对所有合乎理性而又合乎情理的公民来说是可理解和可接受的条款来进行。"②在这里，公共理性的主体明确限定在政治意义上的公民，而且是所有公民；同时，公共理性在强调合乎情理的标准时，也像斯坎伦、内格尔那样承认个人的理性与自我偏爱。当然，论及主体间性，我们不得不提到哈贝马斯

---

① John Rawls, *Political Liberalism*, pp. 253—254.

② John Rawls, "The Domain of the Political and Overlapping Consensus", p. 490。应当注意的是，从斯坎伦到罗尔斯，其中有一个转换，大体说来也就是从"不能合乎情理地拒绝"到"能够合乎情理地接受"。不过，对此文来讲，这中间的差异并不构成严峻的理论挑战。

对罗尔斯的批评。他认为,在反对功利主义与价值怀疑论的过程中,罗尔斯就康德的自主性原则提出了一种主体间性的版本:如果我们遵守能够为所有相关者基于其理性的公共运用都予以接受的那些法则,我们就是在自主地行动。但与此同时,基于原初状态的设计,尤其是其中的信息限制,他认为这种走向主体间性的努力最终是失败的,这导致原初状态中的推理仍然是独白式的。① 罗尔斯提出反批评,认为原初状态的设计并不意味着政治正义是哲学家的事情,或者是个人通过独白可以完成的事情,它是每一个公民随时都可以进入其中的一种设置。我们可以把罗尔斯的意思表达得更明白一些:公共理性的主体间性最重要的并不体现在实实在在的对话当中,而是体现在公民们的推理规范之中。这就是"合情理性"、"互惠性"的要求所表达的含义所在,而这些要求,以及一种具有主体间性的观点,正是通过原初状态的设计所塑造出来的。

再看动力限制问题。斯坎伦、内格尔式的公共理性最终无法保证每一个人就"合情理性"达成一致的理解,从而就无法形成共享的动机。休谟式的公共理性对动力问题提出了自然主义的解释,但局限在社会领域之中。这里留下的问题在于,对于超出社会层面的政治正义要求,人们是否有足够的道德动力去提出并遵守这样的原则?罗尔斯转向《政治自由主义》,并把其公共理性理念建立在民主社会的公共政治文化的基础之上,最深刻的原因恰恰就在这里。因为在这种政治文化的习染之下,公民们更有可能把自己当作自由而平等的公民中的一员来看待,并按照公共理性的要求去理解他们之间的政治关系:"熟知并参与那种政治文化是公民学习那种自我观念的一种方式,如果留于人们自己反思,他们极可能从不会形成,更不用说接受或想要去实现它。"②就其作为一种解决动机问题的方式而言,这一点得到了学术界的积极回应。有学者指出,根据罗尔斯式的公共理性理念,合情

---

① 关于哈贝马斯的这种批评,参见 Jürgen Habermas, "Reconciliation through the Public Use of Reason: Remarks on John Rawls's Political Liberalism", pp. 109—116.

② John Rawls, *Lectures on the History of Moral Philosophy*, ed. by Barbara Herman, Cambridge Mass: Harvard University Press, 2000, pp. 366—367.

理性要求公民愿意提出并遵守每一个公民都能够接受的公平合作原则,这个动机条件之所以能够满足,原因就在于,“在一个封闭的民主社会当中,合乎情理的公民只要有可能,确实会愿意寻求并遵守为着其根本生活安排的共享的原则和标准,这一点没什么好奇怪的。那或多或少正是作为一个民主社会的公民的含义所在”。①

关注动机问题,不仅是为了满足政治合法性的条件,而且也是为了寻求稳定性,而后者正是一般的道德哲学所不在意的。但罗尔斯认识到,“稳定性问题对政治哲学来讲具有根本的重要性”。② 政治哲学不应当是纯粹理想性的,它要考虑到人们的动力限制,从而为稳定持续的社会合作提供基础。因此,罗尔斯式的公共理性确实真正面对了政治领域道德要求的特殊性,从而为人们找到符合公共理性的动机提供了基础。但是,这种稳定性又明显不同于霍布斯式的和平与秩序,因为它不是由一个绝对权力来维护的,而是建立在显见的道德理由之上的。用罗尔斯的话来讲,它乃是“出于正当理由的稳定性”。③ 换言之,它是由对民主社会的政治道德理想的接受与忠诚所保障的。

到此为止,我们可以看到,罗尔斯式的公共理性理念充分吸取了其它公共理性理念的教训,从而在原则上具备了成功解决政治正义问题的前景,它应当成为我们讨论和完善公共理性理念的恰当起点。当然,本文对这种公共理性理念的分析仍然是一般性的,罗尔斯理论表述上的“混乱而随意”留下了许多有待进一步讨论的问题,比如:原初状态中的推理方式是否是公共理性的一种运用?除了伦理的因素外,认识论的因素在公共理性理念中究竟处于什么位置?强调公共理性是否对个人的同一性构成挑战?甚至,公

---

① Onora O'Neill, "Political Liberalism and Public Reason: A Critical Notice of John Rawls' Political Liberalism", *The Philosophical Review*, Vol. 106, No. 3 (Jul., 1997), pp. 421.

② John Rawls, *Political Liberalism*, "Introduction", xix,.

③ John Rawls, *Political Liberalism*, "Introduction to the Paperback Edition", xxxix, note 5.

共理性的理念对于处于民主转型阶段的国家有无意义？对这些问题的澄清无疑十分重要，但只能另文处理了。

最后，让我们回到本文的起点，看看罗尔斯式的公共理性理念与启蒙自由主义的关系。相对而言，它体现了三个方面的进展。一是，对于公共原则，它从个体理性的检验转向了公共理性的检验；二是，它试图缓解理性与宗教之间的紧张，因为"公共理性的根本点在于，它既不批评，也不攻击任何一种整全性的宗教或非宗教论说，除非它与公共理性的基本要素和民主政体不兼容"；①三是，它突破了启蒙自由主义（尤其是康德式的理性的公共运用）的认识论局限，从而可以为更加广泛的个人自由与权利提供辩护。然而，在相信理性的力量的意义上，它仍然是在沿着启蒙的道路继续往前走，而不是像格雷（John Gray）那样完全否定启蒙自由主义，认为它已经走到终点，也不像罗蒂所说的那样，民主社会现在已经完全不需要启蒙哲学这把它曾经借以攀登的梯子了。② 罗尔斯式的公共理性理念给我们提供的一个重要信息是，面对"理性分歧"和启蒙自由主义的局限性，我们在政治上未必就得接受后现代哲学的药方，也不必走向施米特式的政治决断论，或者像施特劳斯那样完全回归古典政治哲学。因为还有这样一种公共理性的理念值得我们期待，它或许能够为政治正义与政治共识提供良好的基础。

（作者系中山大学政治与公共事务管理学院
暨行政管理研究中心副教授）

---

① John Rawls, "The Idea of Public Reason Revisited", p. 766.

② 关于格雷和罗蒂的论断，可参见 John Gray, *Enlightenment's Wake: Politics and Culture at the Close of the Modern Age*, London: Routledge, 1995, p. 66，以及理查德·罗蒂：《偶然、反讽与团结》，徐文瑞译，北京：商务印书馆，第 275 页。

从国内正义到全球正义的扩展：阻力、融贯性与道德主张

刘　明

在当前关于全球正义的哲学讨论中，分配正义是其中最具有争议的一个议题。这里我们将会讨论其中的部分问题，如分配正义从国内层面到全球层面的扩展是否是可能的？如果可能，这种扩展所遇到的阻力或挑战是什么？其次，这种扩展是否具有融贯性，如果有，这种融贯性的辩护理由是什么，我们又该如何界定这种融贯性？带着对这些问题的思考，本文将主要分为以下几个部分：第一，通过考察托马斯·博格的主张，我们将首先对正义理论中的道德普遍主义给出一个基本的说明；第二，我们将通过考察戴维·米勒的情感语境主义的方式，来批判性地考察分配正义由国内向全球的扩展所遇到的第一种阻力；第三，我们将通过考察罗尔斯的建构论语境主义的相关主张，来说明这种扩展所遇到的第二种阻力（我们考察的这两种阻力都是在自由主义的语境中展开的，也就是说我们仅仅考察自由主义内部所存在的某些针对全球分配正义的批评）；第四，我们将通过进一步考察博格的相关主张，来说明这种扩展的融贯性问题。

一、正义理论中的道德普遍主义

当我们在正义理论中使用道德普遍主义这一术语时，我们实际上已经共享了世界主义的某些最为核心的主张，二者所共有的一个特点是，道德关注的终极对象是个体，且不仅仅是某一国家或族群中的个

人，而是全球范围内的每个人，而不管他的国籍、肤色、族群、性别为何。一般而言，正义理论中的道德普遍主义必须在下面两个方面实现平衡，一方面，道德普遍主义要求确保每个人类个体在某些最为基本的价值上处于一种平等的地位，因为如果任何人缺失这些基本的价值，他们就不能过一个最为基本的生活（我们将这种视角称之为“普遍平等主义”或“行动者中立”的视角）；另一方面，实践合理性要求相应道德主张的实施，必须考虑某些与人类现有的组织结构相关的（至少在现有历史条件下）根深蒂固的动机、情感，甚至历史与文化（我们将这种视角称之为“情感相对主义”或“行动者相对”的视角）。于是，全球范围内的经济正义必须在这两种张力之间寻求平衡。对这两个视角强调程度的不同，导致了世界主义与特殊主义的深刻分化，由于这种分化已经深深嵌入到当代全球正义问题的讨论之中，以至于我们很难忽视其中的任何一个视角，因此，本文将顺次考察他们的道德主张以及辩护理由。

在全球正义的问题上，博格可以说是其中最为有力的倡导者之一，他甚至认为，罗尔斯的差别原则应该一致地运用到全球。由于博格的主张是极其靠近“普遍平等主义”这一视角，我们将借助他的思想来考察一种较强版本的世界主义。[①] 称博格的世界主义是较强版本的，是在这样一种意义上讲的，即他主张分配正义在全球层面（至少在理论上）是完全融贯于国内层面的情形的，以至于我们应该像对待本国的弱势同胞那样同等地对待他国的弱势同胞。下面我们将通过考察博格所确定的一些规范原则来进一步了解他的世界主义主张。

博格认为，一项诸如社会正义这类的道德观念，意欲成为普遍主义的，必须满足三个基本的条件：(A)它使得所有人服从于同样的道德原则体系；(B)这些原则将最为

① 有些作者将博格与戴维·米勒放在一起，将他们称之为“普遍主义的民族主义”(universalistic nationalism)，见：Jon Mandle, *Globle Justice* (Cambridge: Polity Press, 2006), p. 36。但正如我们下文将会讨论的，这种做法可能会抹杀博格与米勒之间某些重要的分歧；另一方面，存在着某些世界主义者，他们对世界主义道德主张的诉求要更强于博格。例如，参见 Charles Jones, *Global Justice: Defending Cosmopolitanism* (New York: Oxford University Press, 1999)。

基本的道德益处(如诸种权利要求、自由、权力和豁免权)和负担(如义务和责任)分配给所有的人;以及(C)这些最为基本的道德益处和负担的是依照一般性的标准而划定的,以便不至于专断地将优势或劣势赋予特定的人或群体。① 下面我们简单地解释一下博格所列举的这三个条件的含义与目的。条件(A)极易理解,它所说的是,正义原则要想成为普遍主义的,它必须与所有其它次阶的道德规则兼容,也即,不管其它次阶的道德规则有多么的多样、复杂,信奉这些不同次阶规则的人或群体,都能够理解,并接受这一正义原则,进而,该正义原则能够约束所有的人;条件(B)所说的是,正义原则对利益和负担的分配必须是形式上平等和普遍的,例如,它不应该基于性别、肤色等道德上任意的因素而分配利益和负担;条件A和B似乎表明道德普遍主义要求一种普遍的平等对待,但在博格看来,这种理解普遍主义的方式是一种误导。条件(C)表明,道德普遍主义包含某些实质性的"差别对待",只要能够为"差别对待"提供合理的理由与辩护,这种"差别对待"就是被道德普遍主义所允许,甚至所要求的,例如,一项道德要求如果是针对极端贫困者的援助或正义义务的,那么,这项要求就是合理的,但是,如果一项道德要求旨在满足一名百万富翁的欲望与福利,那么,这项要求就是不合理的。

此外,对于道德普遍主义的地位问题,博格明确提到,"普遍主义并不是一个内容界定明晰的道德观念,而仅仅是一种思考路径——也就是说,依据普遍主义的概念图式,我们能够形成一系列实质性的道德立场。对于某一道德观念的可接受性,普遍主义至多能够提供一些必要的条件、而非充分的条件。这些条件用来满足道德上系统性的融贯要求:对个人及其行为、对社会规则以及事态的道德评估,必须基于那些被所有人同等坚持的基本原则而展开,并且,在这些基本原则中所包含的所有区别对待,都必须有一个合理的理由作为基础。"② 不难看出,在博格那里,道德普遍主义似乎类似于康德的"可普遍化原则",它

① Thomas Pogge, "Moral universalism and global economic justice", *Politics, Philosophy & Economics* (2002), 1(1), p. 30.

② 同上, pp. 31—32.

本身并不设定具体的道德内容，而是用来检测其它次阶的道德原则或道德规则的可接受性。具体地说，在博格那里，道德普遍主义是（至少有资格）检验其它道德观念是否具有可接受性的必要条件、而非充分条件，这会引出两个基本的推论：（M）称某一道德观念是可接受的，它必须以满足道德普遍主义的相关原则为前提，或者，至少与道德普遍主义的相关原则不相冲突；（N）一项道德观念即便满足了道德普遍主义的相关原则，它也并不必然是可被接受的。这两个推论实际上已经隐含了博格处理普遍主义与特殊主义的某些基本立场，推论（M）所说的是，特殊主义的道德观念意欲获得可接受性，必须满足道德普遍主义的相关原则，或者，至少不与道德普遍主义的相关原则相冲突，这隐含着一个进一步的推论（M′）：普遍主义的道德原则是特殊主义的道德观念成立的一个前提；推论（N）所说的是，对道德普遍主义相关原则的满足，并不确保特殊主义的道德观念的可接受性，这同样隐含着一个进一步的推论（N′）：特殊主义的道德观念意欲获得可接受性的检测，除了满足推论 M 外，还需要满足一些其它的道德（甚至是非道德的，如情感的）考虑，如植根于特殊主义本身的某些道德原则或植根于上面所提到的“相对主义”视角的道德原则。

从上面的分析中，可以看出，博格在试图倡导一种普遍主义的时候，明显也试图为特殊主义留有空间，但博格的思想仍然是以普遍主义立基的，因为他将特殊主义置于被普遍主义所评判的位置上，正如后面将会讨论的，这一点是他与米勒、罗尔斯所具有的一个关键差异。这里我们暂不讨论他们之间的这种差异，而是进一步考虑这样一个问题，即，普遍主义是依据哪些具体的原则来评判特殊主义的可接受性的？博格提到，世界主义包含四个基本的承诺，[①]简要地讲，(1)规范的个人主义：道德关怀的终极单位

① 可见，Thomas Pogge, “Cosmopolitanism”, in Philip Pettit and Thomas Pogge (eds.), *The Blackwell Companion to Political Philosophy* (Oxford: Blackwell, 2007), pp. 312—331。查尔斯·贝茨也提到了类似的主张，如他提到世界主义四个基本特征：不偏不倚、普遍性、个人主义和平等主义，见 Charles Beitz, “Cosmopolitan Liberalism and the States System”, in Brown (ed.), *Political Restructuring*, pp. 123—36。

是个人,而不是家庭、部落、种族或国家这类群体;(2)不偏不倚(Impartiality):必须用同样的方式来对待人类社会中的每一个个体,不管他是什么样的家庭、肤色、族群或国籍;(3)完全包容性(All-Inclusiveness):作为道德终极关怀的每一个人类个体,都必须被世界主义的道德标准考虑在内;(4)普遍适用性(Generality):世界主义的道德标准和规则对所有的个体行动者和集体行动者都是适用的,进而具有效力。

依据以上四个普遍主义的原则对分配正义的评判就必然是世界主义的,也即在博格那里,只要我们承认在一国内部存在分配正义(如罗尔斯的差别原则)这一问题,也就必然存在全球性的分配正义这样一个问题,因为正如推论(M)所暗示的,一国内部的分配原则如果不能够满足普遍主义的相关原则,它就是不能够被接受的。对于博格在这种扩展上所提到的具体理由以及可能的局限,我们将在后面讨论。这里我们所要说的是,对分配正义所做的这种全球范围内的扩展不可避免地会低估上面所提到的第二种视角,即情感相对主义的视角;因此,也不可避免地会招致很多的阻力。在随后的两部分中,我们将顺次考察其中的两种阻力;相较于世界主义者,这两种阻力都在不同层面上给予了第二种视角以更多的关注。

二、全球分配正义的第一种阻力:米勒的情感语境主义

当我们使用语境主义这一术语的时候,实际上在一般的层面上,我们可以将其等同于相对主义、特殊主义、民族主义、爱国主义这些术语,它们的一个共同特点是,它们都试图依据特定的传统、文化、共同体来理解道德原则,因此,与世界主义者不同,它们不是将特殊主义置于被普遍主义评判的位置上,而是恰恰相反。据说,戴维·米勒是这一阵营中最有力的倡导者之一,但是,由于米勒的道德主张和政治主张并不总是那么清晰、一致,以至于很难给他进行一个明确的定位,以致我们可以在某些意义上称他是“普遍主义者”,在另一些意义上称他是“特殊主义者”。鉴于此,我们似乎需要多方位地考察米勒的相关主张,以鉴

定出其主张与道德普遍主义的异同。

米勒是赞同普遍主义视角的，甚至是赞同普遍人权的，例如，他提到，“我们对我们的民族同胞所负的责任要不同于，以及在程度上要甚于，我们对一般意义上的人类个体所负有的责任。但这并不是说，我们对一般意义上的人类个体不负有责任”。① 进一步而言，米勒区分了“可比较的原则”（Comparative Principles）与“不可比较的原则”（Non-Comparative Principles），前者如针对财富和资源的不平等所做的限制和分配，后者如对基本人权的保护，米勒认为，前者只能在国家边界内部实现，而后者则有可能跨越国家边界。② 米勒甚至具体地提到了普遍主义与特殊主义的关系，如他指出，“对较小群体的承诺（commitments）的强化，似乎能够有助于我们强化对更大群体的承诺”，“如果我们是从那些已经被标注上特殊承诺的自我开始反思或拓展自己的……那么，我们就有可能从一种普遍主义的视角上来将这些承诺合理化”。③

米勒的这些论述似乎表明他俨然具备了世界主义者特质，但这种理解完全是对米勒的一种误解。与世界主义者不同的是，米勒的立场明显地是处于“情感相对主义”这一视角之中的。我们可以首先通过考察米勒的“爱国主义”来理清米勒的主张。简单地讲，爱国主义是这样一种情感，即对国家及其同国同胞的爱，这种爱国主义的忠诚能够要求人们（或使他们自愿）为了其同胞的利益而在某种程度上牺牲自己的利益；并且，爱国主义者相信，与非本国人民相比，给予本国人民以更多的关注是能够得到辩护的。④爱国主义并不必然与世界主义相冲突，但是，如果爱国主义否认基本人权在全球范围内一种强制性的执行，例如，如果反对一种旨在确保基

① David Miller, *On Nationality* (Oxford: Clarendon Press, 1995), p. 11.

② David Miller, “The limits of Cosmopolitan Justice”, in D. R. Mapel and T. Nardin (eds.), *International Society: Diverse Ethical Perspectives* (Princeton: Princeton University Press), p. 171.

③ 转自 Andrew Vincent, *Nationalism and Particularity* (Craft Print, 2002), p. 94.

④ Charles Jones, “Particularism, Morality and Global Justice”, In Ian Shapiro and Lea Brilmayer (eds.), *Global Justice* (New York University Press, 1999), p. 127.

本人权的全球分配正义，那么，爱国主义就是与世界主义相冲突的。

是什么使得爱国主义这种情感得以产生，进而能够成为一种决定义务归属以及义务强弱的一个关键理由呢？在米勒看来，是由一些既成事实决定的。例如，米勒在界定民族主义时提到，一个民族是这样一个共同体，(1)它因某些共享的信念和相互承诺而构建起来；(2)它有自己的历史；(3)期间的人们从事着有别于其它共同体的活动；(4)它有一片自己的疆土；(5)它具有自己特有的公共文化，进而能够同其它共同体区别开来。[①] 米勒认为这些事实是不可否认的，它们能够形成一些民族忠诚感和民族依附感，而正是这些因素能够形成一种情感上的稳定，进而为那些要求实质性个人牺牲的互惠谋划（如分配正义）提供支持，除此之外，米勒认为，这些事实与情感本身是具有内在价值的。

明显的是，米勒所强调的许多因素正是世界主义者认为在"道德上是任意的因素"，而米勒则认为，这些因素是具有内在价值的，它们在我们思考正义问题的时候具有积极的构成性作用。米勒的这种思路导致其与世界主义存在一个根本的差异，即，世界主义者会假定我们应该从不偏不倚的角度去思考某些普遍的义务问题，但米勒则会认为，产生义务的那些要素以及义务的强度并不是由不偏不倚来确定的（或者如米勒所说的，正义并不应该立基于平等主义之上），而是由我们所生活的语境以及相应的情感来决定的。由此，米勒实际上仅仅承认存在一些关系性的义务（associative duties），而不承认存在普遍性的全球义务。我们可以引用米勒所反复列举的一个例子[②]来说明米勒与世界主义者的差异：假定有一个小孩失踪了，这时，有几个行动者：该管辖区的警察、孩子的父母，以及与孩子处于同一村庄的村民。米勒认为，警察由于其职责所在，不论这个

① David Miller, *On Nationality*, p. 27.

② 见 David Miller, "Cosmopolitanism: A Critique," *Critical Review of International Social and Political Philosophy* 5 (2002), pp. 80—85。也可见 David Miller, "Against Global Egalitarianism", *The Journal of Ethics*, Vol. 9, No. 1/2, Current Debates in Global Justice (2005), p. 66。

丢失的孩子是谁，他都应该花费同等程度的时间和精力去寻找这个孩子；由于同孩子的特殊关系，孩子的父母则会由一个强烈的，甚至压倒一切的理由去寻找这个孩子；村庄的村民由于与孩子处于某种关系(与孩子的这种关系，要比孩子的父母弱，但要比其它共同体的成员强)当中，村民也会花某些精力去关注这个孩子的状况。米勒所说的是，我对某一失踪孩子所负的责任是与我与他的关系强度相关的；米勒甚至认为，给出这种解释，是与下面一点完全一致的：任何一个小孩的失踪，都是同样坏的事情，都是要给予同等程度的道德关切的事情。

米勒将寻找孩子这类的义务建立在情感之上并不是具有多大争议的，但是，如果用类似的方式来思考正义问题就是存在严重不足的。米勒似乎借用这个例子来影射当前正义讨论中的某些问题。具体地讲，米勒似乎会同意将上面的例子做一种类似的拓展，这种拓展能够帮助我们类似地思考正义的问题。这种拓展是：假定某一村庄中存在一个家庭，这个家庭极度贫困，以致其成员难以维持基本生活。这种情况下，同样存在几个相关的集体行动者：该家庭所处于的整个家族；该家庭所处于的村庄或城镇；该家庭所处于的民族或国家。米勒会认同这样一点，即由于这三个集体行动者对这个家庭的情感依附关系是逐渐递减的，因此，他们的责任也是逐渐递减的。甚至，进一步说，由于他国的人民或集体行动者与该家庭并没有爱国主义所依附的那些情感要素，他国的人民就不负有任何责任。

然而，需要指出的是，当米勒试图以这种方式来理解正义以及相应义务的时候，就存在一个根本的不足，即他没有理解，哪些问题和领域是正义所关切的、哪些并不属于正义的领域。在失踪孩子的例子中，孩子的父母以及村民对孩子的关注与责任并不属于正义的领域；与之相应地，在贫困家庭的例子中，家族以及村落对该家庭的关注与责任并不属于正义的领域。真正属于正义领域的问题是，在失踪孩子的例子中，如果警察(类似于国家，对其治下的民众扮演着“不偏不倚”的角色)没有履行寻找孩子的职责，或者，如果警察在寻找失踪孩子 A 的时候竭尽全力、而在寻找失踪孩子

B的时候懒散懈怠，那么，警察就不是在扮演一个正义角色，尽管这个问题属于正义的领域；在贫困家庭的例子中，国家的角色则类似于警察，属于正义的领域。因此，正义的问题并不是立基于"情感"这类特殊主义视角之上的，恰恰相反，正义领域与非正义领域（尤其是系统性的分配正义）的划分依赖于长期存在于自由主义传统中的下面一种划分，即"私人领域"与"公共领域"的划分，家庭、村落这类的情况更多地属于"私人领域"，进而不能成为正义的论题。在这种意义上，正义必然不是如米勒所宣传的那样是以特殊主义立基的，而是如世界主义者所认为的那样，是以"平等主义"立基的，它必然（至少在理论上）隐含一种"不偏不倚"的承诺。

米勒对爱国主义的强调，是与他对"民族自决"的理解密切相关的，或者更为明确地说，爱国主义与"民族自决"的思想构成了米勒反对全球平等主义的两个主要理由。米勒在不同的场合①运用民族自决、民族自主这类概念来为他的相对主义辩护，也即在米勒看来，全球范围内的平等主义会侵害民族自决权，而后者本身是具有内在价值的。但是，更多的情况是，米勒的民族自决这一概念所反对的是全球范围内的机会平等，如移居的自由、同等情况下获取某一工作机会的机会平等，等等；所以，我们这里似乎不能直接地用民族自决这些概念来考察米勒对全球分配正义的质疑。不过，我们却可以从民族自决所衍生的"民族责任"(national responsibility)中来考察米勒的相关主张。

米勒的确强调了"民族责任"这样一个概念。米勒区分了两种分析责任的视角，一方面，人类存在者如果没有底线的自由、机会、资源，那么，他们就是处于贫困和被威胁的状态之中，在这种情况下，我们可以认为人类存在者是脆弱的行动者；另一方面，人类存在者也是选择的

① 参见 David Miller, "Justice and Global Inequality," in Andrew Hurrell and Ngaire Woods (eds.), *Inequality, Globalization and World Politics* (Oxford: Oxford University Press, 1999); David Miller, "National Self-Determination and Global Justice," in David Miller, *Citizenship and National Identity* (Cambridge: Polity Press, 2002).

行动者，他们必须为自己的生活负责。前者仅仅将那些弱势者视为是被动的受助者；而后者则将他们视为是具有能动性的行动者。① 米勒虽然意识到，正义必须同时考虑这两种视角，但是，他却尤为强调后者，即能动性的分析视角。米勒强调的是，与被动的接受救助相比，人们更应该通过自立来摆脱窘境。米勒所说的是，与其让弱势者被动地接受资助，不如给他们以机会，让他们通过自己的努力摆脱困境；不过米勒这里存在一个悖论，至少在全球范围内，一方面，米勒强调机会的重要性，但是，他又激烈地否认全球范围内的机会平等，这使得他的理论主张与实践之间存在不小的紧张，其实米勒的思想中充满着这种冲突，不过我们这里暂不讨论这些问题。

这里我们仅仅需要关注的是，米勒由集体自主的观念所引申的一系列责任概念是否能够容纳普遍的正义义务这一概念，而后者却是世界主义者所信奉的。即，世界主义者会认为，我们拥有一个针对基本人权的普遍正义义务，且这种义务是独立于下面两种考虑的：第一，一国的贫困与该国人民的选择之间的关系，也就是说，在世界主义者看来，即便一国的贫困是由该国人民的选择所导致的，但是，这种状况也是与其普通民众无关的，而且，即便这种贫困与其普通民众有关，但是基本权利的理由也是压倒一切的理由，进而需要一种相应的普遍正义义务，且这种义务至少在道德上是具有强制效力的。第二，建立在基本人权之上的普遍正义义务，在最为根本的基础上是独立于“矫正性正义”或“补救性的责任”的，也就是说，无论A对B的贫困现状是否负有因果上的影响，只要B的基本人权受到了威胁，并且，A具备相应的资源或能力，那么，A就是对B负有义务的。

正如在讨论米勒的爱国主义时所提到的那样，米勒对正义的理解并不是以平等主义奠基的，而是以情感特殊主义奠基的，与之相应地，当米勒在对责任这一概念进行分析时，在他的逻辑体系中首先存在的并不是一个抽象的平等概念以及相应的普遍义务，而是首先对每个民

① David Miller, *National responsibility and Global Justice* (Oxford University Press, 2007), pp. 6—8.

族或国家的语境进行分析,而这是与世界主义者恰恰相反的。也即,在面对某国系统性的贫困时,米勒会首先考虑,这个国家的自决权是否是导致这种贫困的主要原因,这个国家能否通过自助的方式摆脱这种状况,以及,这个国家在摆脱贫困方面是否竭尽了全力。而世界主义者则不同,世界主义者会首先关注如何最大限度地降低基本人权的丧失,以及,如何将相应的义务确定为普遍的正义义务,以及如何能够将对基本人权的确保确定为具有跨语境的强制效力。

那么关键的问题是,米勒所提供的这种将正义和义务奠基在特殊主义之上的思考模式,是否能够通过每个特殊群体的反思而达到一种全局性的收敛呢?道德辩护和道德反思的模式,决定了我们以什么样的方式和程度来看待实质性的道德问题,正如上面我们所已经暗示的那样,米勒与世界主义者遵循了不同的道德反思模式,具体到全球经济正义上,这种反思模式的差异,也导致了他们相关主张的差异。我们可以通过对米勒与博格的道德反思模式进行对比的方式来详见这种差异。

博格专门地讨论过米勒的语境反思模式与世界主义者的不同。在讨论米勒的语境主义之前,博格意识到米勒的主张会对全球性的分配正义提出挑战,即米勒的主张会暗示:国家性经济体制是服从于有关正义的最小标准的,全球经济秩序是不服从这种标准的,不必对这种差异给出辩护。① 但这并不表明,博格没有意识到米勒也赞同在世界范围内建立旨在确保基本人权的最低标准,例如博格提到,反普遍主义是与当下全球经济秩序问题上的两个最小要求相一致的,反普遍主义并不会威胁到这个论题本身,而是会威胁到他支持这个论题的方式。② 在我们进入具体的讨论之

① Thomas Pogge, "Moral universalism and global economic justice", *Politics, Philosophy & Economics* (2002), 1(1), p. 37.

② 同上,注释 28。米勒的确明确提到了一种全球经济正义方面的最小标准,可见:David Miller, *National responsibility and Global Justice*, pp. 163—200。不过,米勒的主张除了在辩护方式上与博格出现差异之外,他所确立的全球性经济正义的最小标准还有可能会与博格出现差异,由于米勒对"偏袒性"的强调,他所确定的最小标准必然会小于世界主义者。

前，让我们首先提及博格对普遍主义和语境主义所暗示的几个区分，这种区分能够有助于将随后的讨论明晰化。具体地讲，博格认为米勒支持的是一种辩护论的语境主义，依据博格的论述，我们可以将辩护论的语境主义的规定性总结如下：假定存在不同的道德原则 p1、p2、p3，它们分别适用于语境 c1、c2 和 c3，在辩护式的语境主义下，是否存在于一个独立于道德原则 p1、p2、p3 之外、并对语境 c1、c2 和 c3 起约束作用的原则 p4 尚不确定，但如果存在这样一个原则 p4，那么，它必然产生于语境 c1、c2 和 c3 的内部反思或跨语境的反思与对话。原则 p4 一旦通过这种方式确立起来，它就是与道德原则 p1、p2、p3 不相冲突的；但原则 p4 是否能够对语境 c1、c2 和 c3 起普遍的约束效力，仍是尚不清楚的。[①] 与之相对，博格等世界主义者所支持是一种语境论的普遍主义，语境论的普遍主义的规定性则可总结如下：假定存在不同的道德原则 p1、p2、p3，它们分别适用于语境 c1、c2 和 c3，在语境论的普遍主义下，存在一个独立的原则 p4，p4 是检测道德原则 p1、p2、p3 是否合理的一个独立标准，但是，对 p4 的解释并不是一元的、绝对的，在不同的语境下，我们可以给予 p4 以不同的解释(例如，“不要使车速超过 30 码”，就是对“不要超过安全驾驶速度”的一个语境化解释)。但无论给予 p4 以哪种解释，p4 都会对语境 c1、c2 和 c3 产生道德约束力。这里相关的问题是，辩护式的语境主义与语境论的普遍主义是否如博格所期待的那样存在重叠？如果存在，它们以何种方式、在哪些方面会实现这种重叠？除此之外，在全球正义的论域内，这两种思考路径是否会导致全球经济正义方

---

① 这里有必要解释的问题是：在辩护论的语境主义下，形成的原则 p4 在何种意义上是不必然具有普遍道德约束力的？举例而言，假定不同的语境 c1、c2 和 c3 都能够同意“确保基本人权”这样一个原则，因此，形成了一个普遍的原则 p4。但是，原则 p4 所产生的义务要求却可以以两种不同的方式施加于语境 c1、c2 和 c3，第一种方式即辩护论的语境主义的方式，即，语境 c1、c2 和 c3 应该在其各自语境内部实现原则 p4，因此，如果语境 c3 没有实现原则 p4，辩护论的语境主义并不会对语境 c1 和 c2 提出进一步的相关要求，以要求 c1 和 c2 实现 c3 中的道德损失。第二种方式即语境论的普遍主义的方式，与第一种方式不同的是，当语境 c3 没有实现原则 p4 时，第二种方式会要求 c1 和 c2 实现 c3 中的道德损失。

面的某些严重分歧?

辩护式的语境主义与语境论的普遍主义是否会存在重叠呢?或者更具体的说,辩护式的语境主义是否可以通过某些方式来形成独立的、且被语境论的普遍主义所包含的原则 p4 呢?关于这一问题,我们同意博格的分析,即有可能存在这样一种重叠。因为正如米勒所提到的,“语境主义……承认我们可以在不同的时间和地点采取不同的正义原则,但是,这种辩护本身有一个奠基性的逻辑,即,我们既能够掌握也能够使用一种批判工具来评判任何特定场合下流行的正义观念”。① 真如这般,米勒似乎就是承认存在语境内部以及跨语境的反思,并承认存在这种反思所依赖的奠基基础和批判工具,那么,不同的语境 c1、c2 和 c3 就的确有可能形成原则 p4,这一原则正好是被语境论的普遍主义所容纳的。但是,p4 的形成并不是必然的,而是一种可能性。例如,回到米勒的全球经济正义观上,正如我们在上文分析米勒的两种责任观时所提到的,米勒意识到“人类存在者如果没有底线的自由、机会、资源,那么,他们就是处于贫困和被威胁的状态之中”,而这种观念是跨文化的,以及奠基性的,依此观念为基础,不同的语境就有可能通过内部以及跨越式的反思形成某种普遍人权观念,进而能够支持某种全球经济正义方面的最小值,这也是博格所期待的。不过这仅仅是一种可能性,例如,假如语境 c1 的成员通过内部的反思,甚至跨语境的反思无论如何也找不到任何奠基性的理由,或者,他们所找到的奠基性的理由是类似于极端民族主义的理由,那么,我们就不能指望能够得到原则 p4 的全局收敛。

不管怎么样,辩护式的语境主义与语境论的普遍主义还是有可能达到某种重叠的。不过这仅仅是较为乐观的一面,正如我们在上一小节的最后所提到的那样,即便辩护式的语境主义有可能借助某些奠基性的理由而在基本人权方面形成某些共识,它也很难容纳与基本人权

---

① 转引自:Thomas Pogge, “Moral universalism and global economic justice”, p. 38。也可见 David Miller, “Two ways to think about justice”, *Politics, Philosophy & Economics* 1 (2001), pp. 12—13.

相应的“普遍义务”①这样一个概念。让我们简要地讨论一下辩护式的语境主义为什么很难容纳“普遍义务”这样一个概念。辩护式的语境主义有一个基本的前提，即每一个语境都有自身的反思能力，进而每一个语境也有自己的自治能力，如果某一个语境产生了道德损失，那么这种损失也是由于自身的反思失败所致，因此，责任应该归咎于自身；并且，由于每个语境都有反思能力和自治能力，它就有可能通过进一步的反思在自身内部弥补这种道德损失，而不需要任何外在的积极行动。退一步说，即便语境 c2、c3 意识到语境 c1 在弥补其内部的道德损失时缺乏必要的反思能力和自治能力，在辩护式的语境主义下，c2、c3 仍然有可辩护的理由来放任 c1 语境中的道德损失。因为辩护式的语境主义是以情感主义和特殊主义立基的，它建立在一个“偏袒性”的基础之上。也就是说，在辩护性的语境主义模式下，意识到一个“基本人权”的存在是一回事，而执行相应于这种基本人权的“普遍义务”则有可能是另一回事。具体到米勒的理论中，即便米勒承认普遍人权并为之确立了普遍的最小标准，但是，他以语境主义奠基的理论模式最多为他实现这一目标提供了一种可能性的辩护、而不是必然的辩护，更为关键的是，我们很难指望能够从米勒的理论体系中推导出一个旨在确保“基本人权”的普遍义务概念。

与辩护式的语境主义不同，语境论的普遍主义也承认普遍原则产生于反思之中，但是，这种反思并不是以每个特殊语境立基的，也不是像上帝那样独立于所有语境之外的反思，我们可以给这种反思确定两个基本的特征(或说，两个阶段)：第一，这种反思模式承认每个语境都有自己的反思能力，并承认每个语

---

① 本文所使用的“普遍义务”这个概念主要是在道德普遍主义的意义上讲的，也就是说，它要求正义的评价对象(制度、个人或集体行动者等)在某些方面能够给每一个人以“不偏不倚”的对待。实际上这里可能暗含着这样一点，即“人权”的普遍性与客观性本身并不能直接推导出相应的“普遍义务”。因为确保人权的正义原则，或许是同罗尔斯所主张的那样，是与每个特定社会所特有的文化和制度密切相关的，真如这般，“普遍人权”与“普遍义务”之间似乎就不存在必然的关联。当然，世界主义者并不会同意罗尔斯的这种主张，这或许是当前争论的一个焦点所在。

境自我反思的道德意义,但是,它却有一个"不偏不倚"或"普遍平等主义"的奠基基础,因此,它有可能采取类似于罗尔斯的"无知之幕"和"公平的观察者"的辩护策略,以此为基础,我们就能期望基本人权以及相应的普遍义务达到一个全局性的收敛;第二,通过以上方式所达成的共识原则 p4,并不是绝对不变或一劳永逸的,它要接受现实世界中不同语境的反思,即,现实世界中的不同语境可以通过对话、协商的方式反思、质疑,甚至修正第一阶段所形成的原则 p4,但这一阶段与第一阶段共享着"不偏不倚"或"普遍平等主义"这样一个奠基性的理由。也就是说,通过第二阶段的反思,我们可以将共识原则应用到不同的语境之中,但同时不会丧失其普遍的道德约束力。其实,当某些世界主义者(如贝茨和博格)试图将罗尔斯的差别原则类似地运用到全球的时候,我相信他们就是在运用这种语境论的普遍主义。

因此,当博格意识到米勒的辩护式语境主义与他的语境论的普遍主义可能存在重叠时,他的洞见是正确的。但是,博格却低估,甚至忽视了二者之间的差异,这种差异的最大表现就体现为语境主义者与世界主义者在思维方式上的不同,其中,前者是以情感特殊主义奠基的,而后者则是以普遍平等主义奠基的。这种奠基理由的不同导致了语境主义者并不必然达到世界主义者所期望的"基本人权"观念,更难期望它形成相应的"普遍义务"的观念。

三、全球分配正义的第二种阻力:罗尔斯的建构论语境主义

米勒的语境主义深深地烙上了情感主义和偏袒性的烙印,以至于他在根本上反对那些以普遍平等主义奠基的道德理论。罗尔斯(尤其是后期的罗尔斯)也提供了一种语境主义的理论框架。但是,罗尔斯的语境主义却从根本上有别于米勒的语境主义,我们可以暂时将其称之为"建构论语境主义",这种建构论语境主义在罗尔斯的"道德建构主义"、"政治建构主义",以及后期的"万民法"中均有体现。罗尔斯的建构论语境主义与米勒的辩护语境主义存在根本上的差别,具体而言,

罗尔斯的语境主义虽然也强调情感、动机在正义理论的建构中具有重要的作用，但是，与米勒的语境主义不同，(至少在国内正义理论中)罗尔斯的建构论语境主义承诺了一种"不偏不倚"，进而他的正义理论仍然是以平等主义奠基的。然而，罗尔斯的建构论语境主义又与世界主义的道德普遍主义存在根本不同，道德普遍主义将关注的对象放在世界范围内的每一个个体，道德客观性的获得依赖于道德原则能够被世界范围内的每一个理性个体所理解，甚至一致接受。但罗尔斯的建构论语境主义却并不具有这样的特征，在世界范围内，罗尔斯并没有将不偏不倚和普遍平等主义的承诺施加于个体，而是限制性地施加于作为集体行动者的"人民"(peoples)。于是，罗尔斯的建构论语境主义就与世界主义所要求的道德普遍主义产生了一个根本的分歧，即，如果说，道德普遍主义的一个根本要求是对全球范围内的每一个个体行动者以某种"不偏不倚"关注，那么，罗尔斯的建构论语境主义似乎就是违背了这种承诺。

这里引出的一个问题是，罗尔斯为什么将对个体所做的那种不偏不倚的承诺仅仅限制在国家(或"人民")或特定的社会结构这样的语境之中呢？在回答这一问题之前，让我们首先考察罗尔斯的语境论建构主义与道德普遍主义在全球正义方面的一个实质性差别，这个差别是，罗尔斯的全球正义(或国际正义)的目标是形成各人民之间的一个公平互动的条框，因此，它仅仅相应于"两个正义原则"中的平等自由原则和机会的公正平等原则，由此，它是"钝于分配正义"的，但世界主义却将关注点更多地给予了全球范围内的分配正义(或经济正义)，进而，我们说世界主义的全球正义观是"敏于分配正义"的。在这种意义上讲，罗尔斯在国内正义与国际正义中的不连贯性，主要体现在经济正义问题上，对个体的不偏不倚这一承诺的失败也主要体现在经济正义上。那么，我们似乎就可以将上面的问题转化为这样一个问题：在全球正义的论域内，罗尔斯为什么反对将对个体的那种不偏不倚和普遍平等主义运用到经济正义领域？

关键的一点是，在罗尔斯看来，正义问题总是与特定的文化和制度相关的。具体地说,在罗尔斯的理论框架中,正义问题是与他所理解的社会合作体系直接相关的。社会合作体系的观念构成了思考正义的一个背景条件,也就说,它可以确定正义的适用范围。罗尔斯的社会合作体系有一个建构论的特点,它区别于通常意义上的共同体和联合体,简单地讲,在社会合作体系中,行动者的动机是以互惠(reciprocity)为主的,在罗尔斯看来,互惠是公民之间的一种关系,这种关系通过规约社会的正义原则而获得表达,在此社会中每个人所得的利益都依照该社会所界定的适当的平等标准而得到判断。而在共同体中,行动者的行为动机则是建立在被某种普遍善(general good)所激发的利他主义的无偏袒观念(the idea of impartiality)之上的,与之相对,在联合体中,行动者的动机则是由互利(mutual advantage)所激发的,互利理念则被理解为每个人按其在事态中的地位(当下的或预期的)而获得利益。[①] 实际上,按照罗尔斯的区分,米勒所界定的那种国家或民族就类似于一种共同体,而当前的全球秩序就类似于一种联合体。[②]

这种区分实际上已经暗示了,

---

① 关于这一点的论述,参见 John Rawls, *Political Liberalism* (New York: Columbia University Press, 1993), pp. 15—18.

② 这种解读可能会与我们先前这样的判断相冲突:(至少在国内正义中)罗尔斯的正义理论是以“不偏不倚”奠基的,而米勒的理论则是以“偏倚性”奠基的。这种冲突其实不是一个层面上的问题。其实我们可以区分“理论本身所承担的不偏不倚”以及“理论中的行动者所承担的不偏不倚”,二者实际上是在解决不同的问题,具体而言,前者所解决的是理论的方法和逻辑前提问题,而后者则是处理的行动者的动机问题。例如,我们称罗尔斯的理论是以不偏不倚立基的,可以从罗尔斯的“无知之幕”、“原初状态”和“公平的观察者”等方法中得出,甚至可以从罗尔斯为“国内正义”所设定的那个最小标准而得出,更为关键的是,这种不偏不倚的观念并不是由普遍善或共同善所激发的,而是由权利所激发的。又如在米勒的理论中,其理论本身的方法与逻辑并不承诺不偏不倚,但是,他理论中所确立的行动者却具有一定的不偏不倚的特性,但这种特性并不是建立在权利的基础上的,而是建立在公共善的基础上的,例如,在国内正义中,米勒也会承认某种经济方面的最低标准,甚至他所确立的这种最低标准要比罗尔斯和世界主义者所确立的最低标准要高,但这种不偏不倚是一种后果评价上的不偏不倚,而不是立基于不偏不倚的程序或权利之上的,这种不偏不倚的产生是依赖于“国家忠诚”、“爱国主义”这类情感而获得理解的。

在罗尔斯那里，国家或"人民"(peoples)是不同于全球秩序的。我们可以从罗尔斯对社会合作体系的界定来进一步考察其中的差异。首先，罗尔斯提到，公平正义是从某一政治传统内部开始的，而且也把世代相传的公平合作体系的理念看作是它的基本理念；其次，罗尔斯认为，作为公平的正义是一种政治观念，它是适用于社会基本结构的，而社会的基本结构主要指政治制度、社会制度和经济制度，以及在这些制度的基础上所形成的世代相传的社会合作体系；最后，在罗尔斯那里，社会基本结构是自足的、封闭的，例如，罗尔斯提到，基本结构是一个封闭的社会结构，也就是说，它是自我包容的、与其它社会没有任何关联的社会，它的成员只能由生而入其中、由死而出其外。① 除此之外，社会合作的基本理念有三个基本的要素：第一，合作由公认的规则和程序来引导；第二，公平合作的规划将一种互惠理念具体化，所有介入合作并按照规则和程序行事的人，都将以一种适当的方式受益于合作，而这种适当的方式则由一种合适的比较基准来评估；第三，社会合作的理念要求有一种各参与者合理获利的理念或合理得利的善观念。实际上，对社会合作体系的这些规定构成了作为公平的正义得以成立的背景条件。

在罗尔斯看来，这些适用于社会合作体系或国家内部的正义的背景条件，在全球层面上并没有出现。例如，在全球层面并没有一个"公平的正义"得以存在、并被各个行为主体(主要指国家或人民)所认同的公共政治文化传统；其次，作为行为主体的国家或人民各自享有着自己的政治、经济和文化体制，在全球层面，并没有出现一种类似国家内部的那种政治、经济和文化体制；再次，即便在全球层面已经存在广泛的互动，但是，与一国内部的体制对其成员的影响相比，全球层面的互动和体制仅仅处于一个极其次要的位置；最后，支持社会合作的那种互惠观念在全球层面能否形成尚存疑虑，因为即便上面的第一个、第二个要素能够实现，第三个要素，即要求各参与者有一个合理得利的善观

① 这三点可详见：John Rawls, *Political Liberalism*, pp. 11—15.

念，在全球层面也是很难实现，因为这有可能超出人们的动机范围。进而，全球分配正义的背景条件就是不存在的，因此，罗尔斯明确反对将社会合作体系的观念从国内运用到全球。

因此，与博格等世界主义者不同，罗尔斯在国内经济正义层面与国际经济正义层面确立了一个明显的双重标准，反对适用于国内的差别原则应用到全球层面。这当然是世界主义者所不能赞同的，例如博格就对这种双重标准提出了严厉的批评，不过在考察世界主义者的批评之前，我们先简单地考察这样一个问题，即罗尔斯的建构论语境主义与语境论的道德普遍主义是否存在着重叠？或者更直接地说，建构论语境主义是否可以通过一些内在的修正达到语境论的普遍主义所要求的那些核心主张？

对于这一问题，博格暗示了一种思路，即在博格看来，只要罗尔斯的建构论语境主义满足上面所提到的道德普遍主义的三个基本条件(A)、(B)、(C)，那么，建构论语境主义就能够与语境论的普遍主义一致。但是，正如上文的分析所表明的，罗尔斯明显不会同意这种思路。那么，是否存在相对温和的思路来调和建构论语境主义与语境论的普遍主义？回答这一问题之前，让我们首先尝试给罗尔斯的建构论语境主义给出一个界定性的说明：在建构论语境主义下，存在着各自独立的语境 C1、C2、C3，各个语境之间是自足的、封闭的，并有原则 p1、p2、p3 分别适用于这三个语境，原则 p1、p2、p3 的形成是其各自语境中的成员通过某些“不偏不倚”(如无知之幕)的程序而同意确立的，在这一过程中，由于人们之间是“相互冷淡”的，普遍平等主义就优先于情感特殊主义而成为公共推理的奠基原则，同时，在建构论语境主义下，并不存在能够对语境 C1、C2、C3 形成普遍约束的独立的原则 p4。

由于建构论的语境主义有一个建构性、抽象化和理想化的特征，它就必然会与经验世界中的某些基本事实不一致，而当建构出来的原则 p1、p2、p3 分别应用于现实的语境 C1、C2、C3 时，某些原先的条件就会处于一个“非充分服从”的状态，例如，在经验世界中，我们会发现不同的语境 C1、C2、C3 并不是各自封闭的，而是处于一种互动关系之中，而且，还会发现，语境C1、C2、C3也并不是都是各自自足的，而是恰恰相反，某些语境处于一种“非自足”的匮乏状态，以致不能满足其成员的基本人权需要。明显的是，与接受博格所提到的上面三个基本条件(A)、(B)、(C)相比，罗尔斯更易于接受这两个基本的事实。而如果罗尔斯承认了这两个基本事实，那么，讨论全球经济正义的背景环境就出现了。剩下的问题是，是否存在讨论全球经济正义的必要性？罗尔斯与博格等世界主义者在下面的主张上是共享的，即，确保人权、满足基本需要，但是，罗尔斯认为，这些目标是“援助的责任”①就可以实现的。② 在理想的情况下，我们承认援助的责任能够确保基本需要，但这里仍需要引入一个基本的经验事实，即，在现有历史条件下的经验世界中，面对基本人权所面临的系统性威胁，援助的责任往往是杯水车薪，因为在非理想的现实世界中，“援助责任”的实现所依赖的道德自律是非常苍白无力的。而且当面对道德损失方面的那些活生生的数据时，罗尔斯也会接受这一基本事实。于是，罗尔斯此时就会面临一个二难选择：即他要么坚持他对基本人权和满足人们基本需要的承诺，要么坚持那种不能够确保这个承诺的援助性责任概念。也就是说，如果罗尔斯坚持前者，他就必须放弃“援

① 在罗尔斯的国际正义理论中，“援助的责任”是一个极易遭受误解的观念，也可能是罗尔斯国际正义理论的不足所在。一方面，按照罗尔斯的逻辑，“援助的责任”是带有强制效力的，在一定意义上讲，它仍是属于罗尔斯“理想理论”的一部分，因为它是对“理想的人民”所提出的道德要求。但问题或许就在于这，在现实中并不存在着罗尔斯意义上的“理想的人民”，因此，在现实世界中，富裕国家对全球贫困者的援助责任就往往非常有限，因此，“援助的责任”这样一个概念虽然可以满足罗尔斯理论的自洽性，但却不可能满足基本的人类实践要求。因此，罗尔斯所设想的“援助的责任”与世界主义者所设想的全球经济正义在最终目标上是存在较大重叠的，即都在于确保基本人权的实现。他们的根本分歧是，对全球贫困者的责任应该是一项“正义的责任”，还是一项“援助的责任”，这里的一个根本区别是，“正义的责任”要比“援助的责任”具有更强的约束力，如在制度上，它会要求某种全球税收制度的存在，如类似博格所提到“全球资源红利”；而“援助的责任”的实现，则依赖于富裕国家的道德自律。

② John Rawls, *The Law of Peoples* (Cambridge, MA: Harvard University Press, 1999), p. 116.

助性责任”这个概念,而采纳“正义义务”这个带有强制效力的概念;如果罗尔斯坚持后者,那么,他就必然不能实现他对基本人权和满足人民基本需要的承诺。

当面临这种“非此即彼”的选择时,罗尔斯应该会选择前一种情况,也就是说,在罗尔斯的理论体系中实际上已经先在地存在一个对普遍人权的承诺,只不过意识到“国内责任”和“援助性责任”在确保基本人权方面的充分性(至少在理论上是自洽的),以及考虑到人类的某些基本的道德心理,罗尔斯才反对全球经济正义方面的普遍义务。于是,罗尔斯与世界主义者的根本分歧就不是存在于“是否存在一个全球经济正义方面的普遍义务概念”,而是存在于“是否有将这类普遍义务确立起立的必要”。如果我们有足够的经验证据来表明(至少在现有历史条件下)“国内责任”和“援助性责任”在确保基本人权方面并不是充分的,并进而说服罗尔斯接受这样一个基本事实(与接受博格的三个基本条件相比,罗尔斯同样更易于接受这样一个基本事实),那么,罗尔斯就会乐意修正他的全球经济正义观念,而接受一个经济分配正义方面的普遍义务概念。因此,我们说,罗尔斯的建构论语境主义,是隐含着基本人权以及相应的“普遍义务”概念的,在这一点上,他与语境论的普遍主义并不存在根本的分歧。

那么,仅剩的一个问题便是,当罗尔斯的建构论语境主义接纳“普遍义务”这个概念时,这一概念是否会与建构论语境主义的根本逻辑或一阶原则相冲突?如我们在讨论米勒的辩护式的语境主义时提到的那样,虽然米勒的理论中隐含着一个“基本人权”的概念,但是,由于他的理论是以情感主义和特殊主义立基的,它就很难容纳全球层面的“普遍义务”这样一个概念。但罗尔斯的建构论语境主义似乎并不会遇到这样的难题,因为在国内正义中,罗尔斯的正义理论是以平等主义和不偏不倚立基的,这种逻辑前提能够自然地运用到全球层面,而对全球层面的每一个人类个体给予一种“不偏不倚”的对待,进而,普遍义务的形成也并不是难题。而且当我们说,罗尔斯在全球层面仅仅将对不偏不倚的承诺施加于集体行动者、而不是人类个体时,这也仅仅是表面的，因为在罗尔斯的理论中，已经先在地存在了一个针对每一个人类个体的“不偏不倚”承诺，即基本人权。因此，我们说，罗尔斯的建构论语境主义并不与世界主义者的语境论普遍主义存在根本上的不一致。

四、为全球分配正义一辩：兼论博格的进路及其得失

由于罗尔斯认为“国内责任”和“援助性责任”在确保全球范围内的基本人权时已经是充分的了，由此也就没有必要在全球层面设定分配正义以及相应的义务。罗尔斯的这一主张遭受到了世界主义者的严厉批评，而且，许多世界主义者甚至走得更远，认为国内经济正义与全球经济正义有着一个连贯的逻辑，进而主张在国内和国际两个层面上实行同一标准的经济正义原则。博格的理论就充分展现了这种抱负，认为在全球层面应该存在一个统一的分配正义原则。下面我们也将主要考察世界主义者博格的相关主张及其不足。

不过，有必要首先澄清一下“分配正义”这一概念，对“分配正义”这一概念的澄清，或许能够有利于我们同情罗尔斯与米勒的相关主张，同时，也有利于引出一种较为节制的世界主义经济正义观。我们可以从两个层面来理解这一概念：第一个层面从分配正义所产生的理由或前提来理解；第二个层面从分配正义的性质和目的来理解。

首先让我们考察一下第一个层面，也就是说，我们应该依据什么理由提出分配正义的主张？依据罗尔斯的理论，最主要的理由似乎有两个，第一个理由就是上文所提到社会合作体系的观念，在罗尔斯看来，以社会基本结构为依托的社会合作体系是一个互惠性的体系，其中的参与者在事实上与心理上会形成一种相互依赖的互惠性关系，分配正义就在于确保社会合作的公平性和互惠性。不过，针对这一理由，世界主义者恰恰认为在当前全球化的背景下，罗尔斯所提到的社会合作体系已经在全球层面出现了，例如存在全球层面的政治、经济互动和诸种相应的国际法和机构，因此，世界主义者主张，应该确立起全球性的分配正义，以确保全球社会合作的公平性和互惠性。关于这一点，这

里不做过多的解释,因为这在很大程度上依赖于罗尔斯对社会合作体系的建构性理解,也依赖于不同的人对基本经验的不同理解。

除此之外,在罗尔斯的理论框架中,支持分配正义的第二理由是“运气平等主义”,在罗尔斯看来,没有人应得其较好的自然禀赋或应得其“生而所有”的社会境况,因为这些自然的偶然性所产生的结果“在道德上是任意的”。[①] 这一点也成为世界主义者用来支持全球分配正义的理由,世界主义者认为,罗尔斯在国内正义中所倡导的运气平等主义至少应该在两个方面影响全球性的资源分配,首先,由于各国对自然资源的占有在道德上是任意的,因此,应该存在一种针对自然资源的全球再分配原则;[②]其次,世界主义者认为,不仅仅每个人的天赋、家庭出身在道德上是任意的,而且每个人所出生的国家在道德上也是任意的,因此,应该存在一种统一的全球经济再分配原则。关于世界主义者对“运气平等主义”的这种全球拓展,我们暂不做讨论,因为这最终会涉及到上面所暗示的一个争论,即世界主义者有一个规范个人主义的承诺,即认为正义原则首先应该面对的是全球范围内的每一个个人,而罗尔斯则认为正义原则是与每个特定社会的制度和文化直接相关的。

这里我们需要讨论的是,在罗尔斯那里,分配正义与“运气平等主义”之间的关系到底为何?这也会引出上文所提到的第二个层面的思考,即分配正义的性质和目的到底为何?在罗尔斯的理论框架中,虽然“运气平等主义”是支持分配正义的一个理由,但罗尔斯并没有进而说分配正义的目的就是实现“运气平等主义”,或者说矫正不平等的运气,因为运气的问题无论如何都是不可避免的,罗尔斯只是说,这些偶然性的运气不应该不当地影响收入、财富和机会的分配。在罗尔斯的正义理论中,分配正义的目的就是旨在确保每个人都有平等的手段

---

① 可见 John Rawls, *A Theory of Justice* (Cambridge, MA: Harvard University Press, 1971), p. 12.

② 贝茨就提出了这种观点,可见 Charles Beitz, *Political Theory and International Relations* (Princeton: Princeton University Press, 1979), pp. 139—141.

去参与进他们所生活其中的社会合作体系，以确保人们具有底线的资源实现各自的自由和机会。实际上，这也是罗尔斯国际正义理论中的“援助责任”的主要目标，“援助的责任”的目标就是确保每个“人民”的自主，或者说，确保每个人民的成员都能够有基本的手段和资源参与进各自社会的合作当中，因此，“援助责任”不但要求确保每个人的基本生计维持权，而且还要求确保每个人的基本自由和机会能够公平地实现，例如，会涉及针对教育的跨国援助。因此，在罗尔斯那里，国内的分配正义与国际的“援助责任”在最根本的目的上是一致的，都旨在确保某些基本人权的实现。在这种意义上，罗尔斯的国际正义理论不仅能够实现其自洽性，而且就其目的而言，也具有道德普遍主义的根本特征。二者的一个不同是，国内的“差别原则”（分配正义原则）是可以随着情况的不同而不断调节的，也就是说，它没有一个明确的“终止点”，而国际层面的“援助责任”却有一个明确的“终止点”。

至此，我们似乎就能够对罗尔斯和米勒的主张产生某种同情，因为，正如我们不能在不考虑个人选择的情况下而期望财富源源不断地向贫困者转移，毕竟某些人的贫困状况是与自己的个人选择相关的；同样的，我们也不能合理地期望类似的财富转移在国家之间发生，因为某些国家的贫困也是与各自的选择和文化等因素相关的。但是，正如上文曾经提到的，罗尔斯的“援助责任”虽然试图通过确保每个国家政治自主的方式来实现全球范围内每个人的基本人权，但是，由于“援助责任”的实现依赖于援助国家的道德自律，它就很难在现实实践中有效地实现其道德承诺。在这一点上，世界主义者将对全球贫困者的责任处理为“正义的责任”，而不是“援助的责任”，似乎更有利于在实践中实现其道德承诺。但是，当博格、贝茨等世界主义者进而主张说，为了实现规范个人主义的承诺，应该在不考虑各国具体语境的情况下于全球范围内直接实行统一的分配正义原则，那么，他们似乎就是在以一种不恰当的方式设想全球经济正义，实际上，这依赖于对分配正义的性质与目的进行进一步的思考。

简单地讲，我们可以将分配正

义的目标分为两类，一是“以善为基础”的分配正义观，二是以“规范或原则为基础”（如基本人权所形成的边际约束原则）的分配正义观。① 其中前者又可以分为“以共同善（如共同体团结、国家稳定、共同体繁荣等）为基础”的分配正义观和“以个体善（如个人的欲望和偏好以及个体繁荣等）为基础”的分配正义观。诸如功利主义和福利国家的正义原则大都是以善为基础的，而康德主义的正义原则则大都隶属于后者。两种思考方式的另一个主要区分是，“规范或原则为基础”的分配正义会有一个节制的“终止点”，而“以善为基础”的分配正义则缺乏一个明确的“终止点”。这里，我们不能笼统地说哪一种思考方式更为合理，因为正义原则的合理性总是与它所适用的共同体（或联合体）的范围和类型密切相关的，正如随后我们将会表明的那样，如果将要讨论的正义原则是适用于全球和大型的现代国家的，那么，“以规范或原则为基础”的正义原则是相对更具有合理性的，而如果正义的原则是适用于同质性较强和范围较小的共同体的，那么，将正义原则建立在“善”的基础之上也未尝不可。

在给出以上简单的区分之后，让我们回到世界主义者的相关看法上。如果世界主义者认为全球分配正义是实现某种公平的原则或规范，那么，这是没有问题的；但是，如果世界主义者认为全球分配正义的目的是实现个体善或集体善，那么，他们似乎就是以一种不恰当的方式设想全球经济正义。以博格为例，大多数时候，博格都试图以一种康德主义的路径来思考全球正义，② 但博格似乎又受到森和纳斯鲍姆这些“亚里士多德主义者”的影响，也

① 这里对分配正义的性质与目的的分析，借鉴了奥尼尔对实践推理的四种模式所做的分析，可见 Onora O'Neill, *Bounds of justice* (Cambridge: Cambridge University Press, 2000), pp. 11—28。这里对奥尼尔的分析做了简单地修正，而且由于篇幅及论证目的等原因，这里将对这种分类不做具体分析。

② 这一点集中体现于博格对罗尔斯的一些批评以及对康德思想的一些评议上，这一点可见博格的论文集《康德、罗尔斯与全球正义》（刘莘、徐向东译，上海译文出版社，2010）。不过，由于篇幅原因，这里对博格的这种康德主义姿态暂不做讨论。

试图从“人类繁荣”和“好的生活”这样的概念评估全球正义问题。① 这里我们主要考察博格的后一种倾向。在博格看来，在宽泛的意义上讲，称人类个体是繁荣的，即指他们的生活是好的或有价值的。同时，人类繁荣这个概念是较具包容性的，例如它可能要比快乐、福利、富足、美德甚至卓越这类概念宽泛的多。在此界定的基础上，博格追随柏拉图，对人类繁荣的结构做了一个区分：“繁荣的构件”（components of flourishing）和“繁荣的手段”（means to flourishing），前者指的是那些仅仅因为自身就具有善的价值的东西，如快乐和智慧，后者指的是那些有利于促进繁荣的善，如富足和教育。实际上这里的区分就是所谓“内在善”与“工具善”的区分，在博格看来前者优先于后者。

博格指出，人类繁荣的观念，不仅处于人们就生活所做的个人反思和伦理反思的核心位置，而且，同样在我们对社会制度和政策所做的政治讨论中处于核心的位置。尤其是，我们的正义观念就涉及到“什么构成了人类繁荣”这样一个问题。在通常的意义上，“正义”这个词涉及到如何在道德上公正地对待相关人和群体的问题，具体而言，涉及到，社会的基本结构和制度图式如何公正地对待受其影响的那些成员的问题。这样一个评价正义的标准，预设了这样一点，即需要对人类繁荣做出一种可测量性的评估，以便于借助这一概念来评估社会制度。博格特别强调，由于当前全球相互依赖的背景，我们需要将基本结构和制度图式放在一种全球的背景中对其进行评估。

那么，什么能够被确定为评价人类繁荣的可测量标准呢？关于这一问题，博格一开始并没有给出一个明确的解释，而是笼统地将其界定为“基本善”，这类基本善可能是罗尔斯的“社会基本益品”，也可能是德沃金所论述的“资源”，也可能是森所倡导的“能力”。不管这个标准是什么，要想成为一个公共评价

① 这里关于博格思想的相关论述，来自博格的“人类繁荣与普遍正义”这篇文章，见 Thomas Pogge, “Human flourishing and universal justice”, in Ellen Frankel, Fred D. Miller, Jr., and Jeffrey Paul (eds.), *Human Flourishing* (Cambridge: Cambridge University Press, 1999), pp. 333—61.

的标准,它必须具有“跨人际的可比较性”(interpersonal comparability)这一特点,也就是说,这个标准必须是每个人类个体都能理解、接受的,而又同时尊重不同个体和文化之间的自主。不过,随后博格暗示,在全球正义的背景下,考虑到跨国比较的复杂性,只有人权这个概念才能够被普遍接受,并用来担当评价正义的标准。

至此,博格似乎又引导我们回到了“全球正义”与“人权”之间关系的通常论述当中。于是问题便产生了,在博格的理论框架中,“人类繁荣”与“人权”到底在辩护全球正义的过程中处于一个什么样的角色上?关于这一问题,我认为博格似乎并没有处理好,具体而言,博格的论证可能在以下两个方面出现了问题:第一,博格似乎没有意识到“人类繁荣”和“人权”是分属于两类完全不同的概念体系,这两类体系彰显于古典美德伦理学与现代道德哲学的那个典型区分之中,即“人类繁荣”隶属于古典美德伦理学所强调的那类“厚重的”(thick)概念之中,而“人权”则隶属于现代道德哲学所强调的那类“单薄的”(thin)的概念之中,而且在一定意义上也彰显了目的论与义务论之间的区分。第二,他似乎在提供一种循环论证,在这一循环论证中,到底是“人类繁荣”,还是“人权”,抑或其它概念,处于这一论证体系中的奠基性位置上,博格似乎并没有明确。

首先让我们简单考察一下第一个方面的问题。博格似乎想说的是,每个人都有繁荣的潜在意向,或者说,个体繁荣是人过一种有意义的生活的标志,而个体繁荣是需要某些基本的手段,这些手段有基本的资源、能力等,而这些手段之于每个个体的满足,并不仅仅是由个体或分散的社会所能实现的,而是需要借助于社会基本结构和制度框架来实现,于是,正义的问题就引入进来。按照这种逻辑,正义是服从于每个人类个体的目的的,当然每个人类个体的目的可能会不同。而当博格进而将人权作为基石来评价全球正义的公共标准时,他实际上又在暗示,基本人权是实现个体繁荣的基本手段,进而基本人权是服务于每个人类个体的目的的。然而,事实是,“个体繁荣”与“人权”这两个概念是各自独立的概念,尤其在对正义问题的思考时，它们是平行的，甚至是本体性的概念，二者之间并不存在一个目的与手段、高阶与次阶的关系。具体而言，个体繁荣总是与美德伦理学所强调的“好的生活”以及相关的品质联系在一起的，建立在这一概念之上的正义理论必然是类似于柏拉图或亚里士多德时代的城邦正义，而放在现代国家，尤其是全球秩序中考虑时，如果借助于“人类繁荣”这样目的性极强的概念来为正义理论奠基，必然会存在问题，其中最为关键的两个难题是：第一，由于每个个体的目的是多样的，人们借以实现其目的的基本手段也是层次不同的，因此，即便意识到全球正义仅仅要求一个“最小值”，但是基于“人类繁荣”这样的概念来为这个“最小值”奠基却是在逻辑上自反的。第二个难题是，由于“个体繁荣”与快乐、福利、生活计划、美德等等这些“厚重的”概念直接关联，我们就很难认为以此奠基全球正义问题是节制的，这种不节制性不仅不利于我们理解普遍主义与特殊主义之间的关系问题，而且，不利于形成服从于全球正义的“道德动机”，因为，“我希望看到他国的人能过一个好的生活”与“我不希望看到他国的人被饿死”是完全不同的动机要求，对于一个他国的陌生人而言，后面一种要求在情感上更易于被接受。

因此，在考虑正义问题，尤其是全球正义问题时，我们很难将其建立在“人类繁荣”这类“厚重的”概念之上，这引导我们思考接下来的一个问题，即，人权是否可以担当正义的奠基性理由。人权，尤其是基本人权，所说的是“人之为人”本身所具有的资格或权利，它并不依赖于人类个体的目的而获得理解，尽管它的实现最终可能会在客观上推进每个个体的目的。因此，如果将全球正义奠基在“人类繁荣”这类概念之上隶属于一种目的论的论证，那么，将其奠基在“人权”这一概念之上就是隶属于一种义务论的论证。于是就可能存在这样一个附在的推论，“基本人权”的实现是带有强制效力的正义义务，而“人类繁荣”以及其手段的实现则是在“基本人权”已经获得普遍实现的基础上进一步争取的一种“善”，对它的实现可以称之为“分外之责”。回到博格的论证中，如果博格的思路是，某些基本的条件，如基本的资源、能力或机会，是实现个体繁荣的基本前提，也是评价基本人权是否得到实施的一个标志，那么，这是没有问题的。但如果博格进一步说，基本人权是实现个体繁荣的前提，那么，我想博格实际混淆了“基本人权的内容”与“基本人权”，前者是具体的，是评价制度和正义的标准，是与上文所提到的“繁荣的手段”类似的；但后者却是抽象的，能够被称为我们道德推理的逻辑起点的东西。

最后一个相关的问题是，如果正义是以人权奠基的，那么，这是否意味着它不关涉“人类繁荣”(个体繁荣以及集体繁荣)的问题？在一个小型的共同体中，如家庭、村落、族群，甚至某些国家中，只要维系这类共同体的(合理的)情感和同质性足够强烈，那么，即便这样的共同体的正义是以“人类繁荣”这样的概念来奠基的，这也未尝不可。但现代国家的特征是幅员辽阔、异质多样，就会使得相同的思路变得尤为不合理，当我们思考全球秩序以及相关正义问题时，情况会变得尤为突出。但这并不表明全球层面的正义问题不关系“人类繁荣”和“生活质量”这类相对“厚重”的概念，更多的时候，为了合理多元主义和实践可行性考虑，全球正义问题不得不将自己限制在某种较具“人际间可比较性”的最小主义的方面，一方面它必须将辩护的听众指向全球范围的每一个个体，因此，它本身必须可被每一个合理个体所理解，甚至接受的；另一方面，它必须尊重体现在个体行动者和集体行动者那里的合理多元主义以及相应的情感和动机。不过，这并不表明以“权利”奠基的全球正义问题不关心“人类繁荣”和“生活质量”，它至少在以下两个方面指涉着后者：第一，基于尊重多元性的考虑，它将“人类繁荣”和“生活质量”的问题留给了分散的个体行动者和集体行动者；第二，正义对基本人权的内容的承诺，实际上暗含着另一个承诺，即赋予每一个个体以基本的手段，使他们有相对平等的机会去实现各自的繁荣，而不管这个繁荣的具体内容为何。

五、结语

当面对全球平均每年上千万的

贫困性死亡时，实践哲学家的确应该说些什么。如果对于人类这些最为迫切的苦难都置若罔闻的话，我们很难想象实践哲学还有什么其它更为值得关切的对象了。大部分的世界主义者正是抱着对人类苦难的普遍同情来展开他们的正义主张的，就这一点而言，世界主义的观点值得尊重和重视。但是，正义的论题却又是一个复杂的“工程”，它需要实现各个方面之间的“反思平衡”，这不仅是实践可行性的要求，也是道德辩护本身的要求，在这一点上，许多世界主义者似乎难免会陷入“乌托邦主义”。而米勒和罗尔斯这些非世界主义者，则似乎提供了一种相对现实的辩护策略，在他们的理论框架中，对于避免系统性的贫困性死亡和确保基本人权，他们是与世界主义者共享的，只不过提供了与世界主义者不同的思考路径和实现方式，不过，米勒和罗尔斯虽然提出了相对节制的全球经济正义主张，但由于他们没有将其处理为制度性的正义问题，他们的主张在实践中就不得不依赖于相关行动者的道德自律，而这是令人难以信服的。

这篇文章并没有试图就不同观点之间的细节性争论进行讨论，而是集中讨论了不同的观点在思考方式和辩护策略上的差异，尤其是讨论了它们的实践推理所依赖的不同的奠基性基础和理由。简单地讲，大部分的世界主义者是以理性和普遍平等主义来奠基他们的正义理论的，而米勒这样的民族主义者则以情感和善奠基他的正义理论；罗尔斯则有所不同，罗尔斯的正义理论总体是以理性和普遍平等主义奠基的，但却反对在不事先考虑不同国家具体语境的前提下思考全球正义，而是认为，对正义的思考是与特定的制度和文化分不开的。就全球经济正义这一论题而言，本文的一个主要立场是，只要我们合理地设想全球分配正义的性质与目的，就不妨碍我们以一种普遍平等主义的方式来思考全球正义问题，其中关键的一点是，全球范围的分配正义是以“规范或原则为基础的”，而适用于国内的分配正义原则中并没有这种必然的要求，它可以视各个国家的具体情况而定，也就是说，如果一些国家的感情依附和同质性足够强烈，那么，分配正义以共同善或成员的个体善为目的也未尝不可。当我们以这种方式将全球经济正义处理为分配正义问题时，全球经济正义的实现就不再依赖于富裕国家的道德自律，而是需要相应的制度性保障，当然，如何具体地合理设想相关的制度，则是另一个方面的问题。

（作者系北京大学哲学系博士研究生）

自由主义的宽容：内与外

陈 肖 生

提要：罗尔斯的政治理论被认为在对待非自由主义的政治学说或制度的态度上，在自由社会内部和之外的世界层面上表现出不一致性。本文试图论证表明：首先，批评者要求罗尔斯内外都采取一个统一的不宽容的立场，其根据并不充分；其次，罗尔斯对待非自由主义的内外立场的一致性可以在如下意义上得到捍卫：在自由社会内部，自由主义所能凭藉要求非自由主义服从的东西，与在世界层面上要求那些非自由社会必须符合的标准是一致的，这就是政治制度的基本正义性。

一

罗尔斯在《万民法》中谈到自由人民(peoples)为何要宽容非自由的人民时，有一个类比：

> 我们承认，自由社会将尊重其公民宗教、哲学和道德方面的完备性学说，只要这些学说是以一种与合乎情理(reasonable)的政治正义观念及其公共理性兼容的方式而被追求的。同样地，我们说，假如非自由社会的基本制度满足政治权利和正义的特定条件，并引导其人民尊重人民社会合理且正义的法则，自由人民将会宽容和接受这些社会。①

罗尔斯的这个类比遭到许多世界主义者的批评，他们认为罗尔斯

---

① John Rawls, *The Law of Peoples* (Cambridge: Harvard University Press, 1999), pp. 59—60. Hereafter *LP*.

的这个类比是有严重缺陷的,我称这些批评为"不恰当类比的批评"。[①] 他们指出了罗尔斯这个类比的不恰当之处有许多,其中重要的一点就是:在自由社会内部,自由主义宽容其公民合乎情理的宗教、哲学和道德方面的完备性学说,但这并不包括非自由主义的政治性学说;而在自由社会外部,罗尔斯却要求宽容那样一些包括政治参与权、良心自由权在内的自由权利受到限制的非自由主义社会。这是罗尔斯的自由主义的宽容理论的内外明显不一致性。

作为对这种指责的回应,罗尔斯谈到:有些人主张把在国内情况下的自由主义的宽容原则和标准直接应用至全世界,然后便得出不应该宽容非自由主义的人民的结论,这是不对的,因为"在没有得出一个合理的万民法之前,我们怎么知道非自由主义的人民是不应该被宽容的?"[②]罗尔斯的这个回答似乎暗示着:在全球万民社会(society of peoples)里,宽容的依据标准并非是自由社会内部得出的自由主义的宽容原则,而是一个合理的万民法。非自由主义国家能不能被宽容,就看他们符不符合或接不接受万民法的条款。然而当罗尔斯在阐述万民法是如何被制定的时候,却没有解释清楚为什么自由主义的代表在进入原初状态思考可接受万民法条款时,只是要求一个最小意义上的人权清单,也就是一个不包括典型的自由主义的政治参与、良心自由等权利的人权清单;或者换另一个角度看,罗尔斯也没有解释清楚为什么进入选择万民法条款的那个原初状态中的代表是人民而不是自由主义一贯的道德考虑的最终单位——个体。因为按照某些世界主义者的看法,假如是个体而不是作为集体的人民为道德考虑的对象,在人权清单及其它全球正义的问题上会产生某些不同结果,而这种不同又是道德上意义

---

① Martha C. Nussbaum, *Frontiers of Justice*: *Disability*, *Nationality*, *Species Membership* (Cambridge, MA: Harvard University Press, 2006), pp. 251—255. Kok-Chor Tan, "Liberal Toleration in Rawls's Law of Peoples", *Ethics* 108 (1998), pp. 282—289. Thomas Pogge, "An Egalitarian Law of Peoples", *Philosophy and Public Affairs*, Vol. 23, No. 3 (Summer, 1994), pp. 215—218.

② *LP*, pp. 60, 83.

重大的。[①] 罗尔斯在其早期论文版的《万民法》中似乎有一个解释,他说,假如那个原初状态中的代表,不管其社会及文化为何均被设定为"自由平等的、合乎情理而又理性的个体,以使得其符合自由主义的观念,那么这就使得万民法的基础太狭隘了。"[②]换言之,也就是应该把万民法的基础拓宽,以纳入非自由但仍然是得体(decent)社会。但是,如果罗尔斯采用此解释,他的论证就陷入了循环:前面提到罗尔斯认为非自由主义国家能不能被宽容,就看它们符不符合或接不接受万民法的条款,但当被问及万民法的条款又是如何制定的时候,罗尔斯又认为这个条款要制定得不能太过狭隘,以免把非自由但仍然是得体的社会排除出去了,因此罗尔斯就没有为自由主义为何要宽容非自由的得体社会提供独立的论证。[③]

一些罗尔斯的支持者认为,罗尔斯坚持最小意义上的人权清单是有辩护的,因为这个不包含自由主义式的充分政治参与权、良心自由权的最小人权清单,对于建立、维持一个社会合作体系依然是足够的了,[④]或者足以建立统治者与被统治者之间的一种相互性(reciprocity)承诺,从而使得统治者可以宣称拥有权威,相应地被统治者负有真正的政治义务。[⑤] 但也许世界主义者会争辩说,这些辩护错失了他们批评的真正焦点所在:他们也许可以承认说那样的清单的确足以维持一个社会合作体系的运转或使得真正的政治义务存在,但他们要问的是,假如坚持自由主义的立场的内外一贯性,罗尔斯究竟有什么道德的理由要求自由主义者宽容那些非自由主义甚至是反

---

① Thomas Pogge, "The Incoherence between Rawls's Theories of Justice", *Fordham Law Review* 72(2003—2004), pp. 1739—1759.

② John Rawls, "The Law of Peoples", *Critical Inquiry* 20 (1993), p. 55.

③ 循环论证相关批评可参考 Charles R. Beitz, "Rawls's Law of Peoples", *Ethics* 110 (2000), p. 681.

④ Samuel Freeman, *Justice and the social contract: essays on Rawlsian political philosophy* (New York: Oxford University Press, 2007), p. 276.

⑤ David Reidy, "Political Authority and Human Rights", in *Rawls's Law of Peoples*, ed. Rex Martin and David Reidy (Oxford: Blackwell, 2006), p. 171.

自由主义的政体？世界主义者的这个批评是有针对性的，因为罗尔斯在运用原初状态制定万民法的时候，先设定由自由社会的代表们制定出一个万民法，然后说非自由但得体的社会代表进入原初状态中也会同意自由社会代表们所接受万民法条款，而且两种代表的思考是彼此隔绝进行的。所以，罗尔斯就要表明，为什么自由社会的代表们在那个原初状态中竟然会选择一个自由权利大大缩减的人权清单？是否有道德的而不仅仅是实用的理由可以解释这个事实？

我认为，在罗尔斯那里，自由主义的宽容的立场的内外一致性在某种意义上仍然是可得到捍卫的。我将结合罗尔斯的《政治自由主义》及《万民法》来论证：在自由社会内部，自由主义将其价值与制度强加给非自由主义政治性学说及其支持者，这样做辩护的根据，并非是这些价值或制度本身具有一种道德优越性，而是凭借其基本正义性；而这又是自由主义在全球层面所能要求非自由主义但得体的社会必须符合的标准。罗尔斯的政治自由主义在对待非自由主义的立场的内外一致性正是体现于此。

二

批评者们之所以认为罗尔斯的自由主义的宽容立场不一致，是因为他们认为：在自由社会内部，自由主义是不能容忍其它非自由主义的政治学说的，如涛慕思·博格提到：

> 社会只能以一种方式被组织或架构……如果我真诚地信奉平等主义的自由主义原则——在那里每一个人都有平等的权利主张自由和尊严——那么我就应该从政治上支持这些原则以及相应的制度而反对它的敌人。①

---

① Thomas Pogge, "An Egalitarian Law of Peoples", *Philosophy and Public Affairs* 23(3): p. 217.

谭焰乔表达了同样的意思：

> 我们必须弄清楚，自由主义宣称的中立到底是关于什么的中立。自由主义宣称一种伦理上的中立性，是在不同的好生活的私人性观念间保持不偏不倚。但是它就(因此)并不能宣称一种政治上的中立，即在社会该如何被政治地组织这个问题上表现得漠不关心。理由是显而易见的：一种伦理中立的承诺必然会推出对特定类型的政治安排的承诺，也就是那种允许追求不同的私人性善观念的政治安排。①

但问题是，假如上述"政治组织方式单一性"的事实就是他们反对在全球层面宽容那些非自由社会的理由，并因此指责罗尔斯的内外不一致，这会使人有些困惑。因为从实践上看，全球层面并不存在一个世界政府，万民社会并不需像国内社会那样必须保持一种政治组织方式的单一性才能正常运转。换言之，世界可以是多个按照单一政治原则组织起来的社会共存的空间。然而，博格并不同意我在这里对"政治组织方式单一性"这一事实的存在状况所作的判断，他认为政治组织方式单一性的事实，不仅存在于国内社会，也存在于全球层面，"世界也许可以容纳以各种不同方式组织起来的社会，它们中的一些是自由主义的而其它的不是，但是世界本身不可能以多种方式来组织。"②既然政治组织方式单一性的事实在国内社会及全球层面都同样存在，真诚自由主义者就别无退路，只能申认自由主义的内外真确性。但博格的这个判断同样令人有些困惑，因为在世界层面上不存在一个单一政府、法律体系，经济分配体系，世界层面即使有一些治理协作规则，它与一个社会内部层面要求的那种政治组织规则的单一性的性质与强度，肯定是不一样。我认为，博格之所以有这个想法，正是因为他承诺了一种强的世界

① Kok-Chor Tan, "Liberal Toleration in Rawls' Law of Peoples", *Ethics*, vol. 108, No. 2, p. 283, note 18.

② Thomas Pogge, "An Egalitarian Law of Peoples", *Philosophy and Public Affairs* 23(3): p. 217.

主义的政治经济规划方案,尽管他也不要求一个世界政府,但在经济层面上,他明确许诺了世界平等主义的理想并要求在不同社会间实行分配正义。一旦承诺了全球性的分配正义,世界本身的确是不可能存在多种组织方式的,因为连罗尔斯也承认:正义计划(如果真的存在的话)要得到有效施行,其本身必须是一个融贯的、单一的体系。① 然而,罗尔斯并没有这样强的世界主义的政治、经济立场,他不要求一种世界范围内的分配正义,更遑论世界政府了,因此即使是世界本身,也不要求如国内社会那样的严格的单一组织方式。当然,这个涉及罗尔斯与以博格为代表的世界主义者关于在全球不同社会之间到底还存不存在分配正义的关系这样一个更深层次的争论,但就本文目的而言,我只需要保证我没有错误地理解罗尔斯在世界分配正义这个问题上的立场即可。

但是,谭焙乔认为,即使承认由于全球层面实践的限制,自由主义不能像国内情形那样把其价值与制度安排强加给那些非自由学说与制度,但是"这并不意味着我们需要把他们判为**道德上**可接受的。"②由于实践的限制使得我们无法根据某些判断而行动,并不妨碍我们坚持那些根据规范性的标准所作出的判断。③ 假如以上分析没错的话,那么我认为谭焙乔承诺了以下观点:不宽容那些非自由学说及社会的理由,并非是"政治组织方式单一性"的事实,而是自由主义把自己的价值强加给非自由主义学说及其规导的非自由社会,在道德上是有辩护的。下面我将结合罗尔斯的《政治自由主义》来分析,在自由主义社会内部,谭焙乔的上述观点是否是有辩护的。

---

① *TJ*, pp. 7, 170—171. Waldron 详细分析了这一点,参见 Jeremy Waldron, "Special Ties and Natural Duties", *Philosophy and Public Affairs*, Vol. 22, No. 1 (Winter, 1993), pp. 24—25.

② 同上, p. 285. 黑体强调为本文作者所加。

③ Nussbaum 也强调了辩护(justification)与施行(implementation)的区分,声称即使我们没有权利去干涉某一民族,但不妨碍我们对它作出有辩护的批判。参见 Martha C. Nussbaum, *Frontiers of Justice: Disability, Nationality, Species Membership*, pp. 255—256.

罗尔斯在《公共理性理念新探》这篇文章中谈到，在自由社会里所有合乎情理的正义诸观念是一个家族，需要满足三个特征：

> 第一，一套确定的基本权利、自由权项和机会；第二，赋予这些权利、自由权项和机会以特殊的优先性，尤其是对于有关整体利益和完善论价值的主张方面的优先性；第三，确保所有公民拥有有效行使其自由的通用手段的措施。①

否定这三点中任何一点的其它正义观念，均被视为不合乎情理的正义观念，从而不属于自由主义宽容的范围之内。在这三点中，尤以第二点"正当优先于善"为自由主义区别于非自由主义学说的标志。我将结合这点分析，在自由主义社会内部，罗尔斯在什么意义上可以有辩护地把否认这一点的非自由主义的政治学说斥责为不合乎情理的。

主张在政治领域里坚持"正当优先于善"，首先是由于罗尔斯所谓"合理多元论的事实"——存在着各种互不兼容但又都是合理的哲学、道德和宗教完备性学说，其中没有任何一种能够得到全体公民或几乎所有公民的认肯。② 很多场合，罗尔斯将这个事实称为自由民主社会的政治文化中存在的事实，但如果这个事实仅仅是自由主义特有的政治文化的产物，那么由此将要推论说非自由主义学说将某种善观念强加给其它人是不合乎情理的，但这只不过等于在说，你的不合乎情理的不是因为其它道德上的理由，仅仅是因为你不幸运地处身于一个自由主义政治文化占主导的社会里。这样合情理/不合情理的区分标准是以一种自由主义的方式定义的，它必定无能力向非自由主义者证明这种区分是有辩护的。但有时候，罗尔斯似乎并不认为，"合理多元论的事实"仅仅是自由主义特有的政治文化的产物，他谈到：

---

① John Rawls, "The Idea of Public Reason Revisited", *The University of Chicago Law Review*, Vol. 64, No. 3 (Summer, 1997), p. 774.

② John Rawls, *Political Liberalism*. paperback edition (New York: Columbia University Press, 1996), pp. 36—37, 54—58. 以下简称 *PL*.

合理分歧的状况的出现，是人类自由地运用实践理性的必然结果。① 只要保障了人类理性的自由运用，合理分歧必然由于“判断的负担”而出现，它是人类实践理性本身的特性导致的状况，且并不需要承诺有争议的价值多元论或怀疑论。就此而言，自由主义的政治文化或制度安排之于“合理多元论的事实”至多是条件性的(自由主义制度安排保障了人类可以自由地运用理性)，而不是像它之于个人主义这类对人的理解一样是构成性的和不可分离的。

但即使承认“合理多元论的事实”并不需要依赖自由主义独特的政治文化而是一个独立的事实，但这并不自动意味着我们必须尊重这个事实，进而得出在政治领域里应该坚守“正当优先于善”。罗尔斯要得出这个应然判断，还需要加上一个规范性的承诺。在这一点上，乔治·谢尔认为罗尔斯必须承诺对人的理性能动性的一种尊重，而这根本上又必须诉诸一种根深蒂固的自由主义价值——自主性。② 罗尔斯的确提到了自主性，他把原初状态中的代表的理性(rational)特征称为一种理性的自主性(rational autonomy)，而被视为既是合乎情理(reasonable)又是理性(rational)的公民体现了一种充分的自主性(full autonomy)。然而罗尔斯认为这是一种政治的自主性而不是一种体现在康德或密尔的完备性的自由主义当中伦理的自主性，因此即使诉诸自主性，也不一定就是诉诸哲学上有争议的自主性或个体性的价值。③ 换言之，罗尔斯对那个规范性承诺的解答，可以不同于乔治·谢尔提出的“自主性”，也别于查尔斯·拉摩尔提出的“对人的道德尊重”，④ 政治自由主义仍然能诉诸政治的价值来为自身辩护，它的那个规范性承诺是一种政治意义上的对公民的平等尊重。按照罗尔斯的设想，合乎情理又是理性的公民是平等自由的，因为其拥有形成、追求和修正自己善观念的能

---

① *PL*, p. 37.

② George Sher, *Beyond Neutrality: Perfectionism and Politics* (Cambridge: Cambridge University Press, 1997), p. 91.

③ *PL*, pp. 77—78.

④ Charles Larmore, “The Moral Basis of Political Liberalism”, *The Journal of Philosophy*, 96:12 (December 1999), pp. 599—625.

力，他们自己是他们向社会提出有效主张的自证根源，即仅仅凭借他们是公民这一身份而不需要依赖其它宗教、文化身份便可向制度提出其主张与要求。① 因此，把公民当作是自由而又平等的来尊重，必然要求尊重他们自由运用理性能力后所形成的“合理多元论的事实”，即尊重他们持有的不相容但又都是合理的完备性学说。

但是，我们现在还要继续追问如下这个进一步的问题：究竟罗尔斯对自由平等公民观念的实质设定，是否仍然是自由主义式的或依赖自由主义政治文化？答案是肯定的，因为罗尔斯明确地把这种关于人的观念看作是隐潜于自由主义的公共文化中的，是民主社会公民的对于自我政治身份与地位的理解。那么，对参与政治的主体的人，还能有其它的非自由主义理解吗？在这一点上，作为自由主义者的罗尔斯，不仅肯定有其它理解，而且引用黑格尔为这种理解作辩护：

> 得体的等级制社会可能有类似于黑格尔的观点，即认为：在组织良好的合宜社会，人们首先属于阶级、社团和联合体——就是说，首先属于集团。由于这些集团代表其成员的理性利益，一些人会在协商过程当中参与公开代表这些利益，但他们之所以如此行动，乃是作为联合体、社团和等级的成员，而不是作为个体。对这种安排的辩护如下：依照上述那种观点的看法，在自由社会里，每个公民都有自己的一票，公民的兴趣日渐狭隘并集中于其私人经济方面，这不利于共同体；而在协商等级制中，当其集团得到如此代表时，各种集团的投票成员可对政治生活较广泛的利益加以考虑。当然，合宜的协商等级制社会从没有一人一票的观念，这属于与其格格不入的自由民主思想传统，且或可认为(一如黑格尔一样)这样的理念错误地表达了一种个人主义的观念：即认为每一个人作为原子单位，都有着平等参与政治慎议的基本权利。②

① *PL*, pp. 19, 32.

② *LP*, p. 73.

现在问题是,在把政治参与主体看作是“自由平等的公民”与看作是“社群成员”这两种不同的关于政治的人的观念之上,还有没有一个判断它们高低优劣道德好坏的标准?对于那些否认把人们当成平等个人来尊重的其它社会与文化,自由主义者还能说些什么呢?拉摩尔指出:

> 这是一个难题,我并没有准备好如何回答……就自由主义的基本承诺向他人作辩护这一问题而言,我已经指出,理性本身不足以承担这一重任……而且我倾向于认为,在找到任何更深层的原则来为平等尊重的理想辩护的过程中遇到的困难,如其说是一种哲学缺陷,还不如说是标志着这种理想已经成为我们对自己作为道德存在物的理解的组成部分……如果我们不知道如何为其辩护,那是因为它规定了我们理解道德论证的框架。①

假如在如何设想政治的人的观念的对立观点之间,不存在一个共享的评价框架的话,至少就政治辩护而言,辩护(justification)就已经走到了尽头,因为按照罗尔斯自己对辩护的理解:“辩护乃是那些向不同意我们的其他人作出的,因而它必须总要从某些共识出发,从某些我们和他人都认肯为真确的前提出发。”②

至此,我已经以“正当优先于善”这个典型的自由主义的主张为例,表明了强加典型的自由主义价值及相应的制度安排,对非自由主义的政治学说或社会来说,是得不到辩护的。但是,谭焙乔可能会依据某种外在主义的立场争辩说,在进行道德批评时,我们的那个批评背后所依赖的规范原则,并不需要在被批评者看来是有辩护的。在政治合法性问题上,罗尔斯似乎也是这样认为的:如果我们寻求那些不合乎情理的学说的赞同,这是“以一种

---

① Charles Larmore, “political liberalism”, *Political Theory*, Vol. 18, No. 3 (1990), p. 357.

② John Rawls, “Justice as Fairness: political not metaphysical”, *Collected Papers*, ed. Samuel Freeman, (Cambridge: Harvard University Press, 1999), p. 394.

错误的方式成为政治的”,[1]换言之,一种制度安排只需要得到合乎情理的公民的赞同,就具有了合法性,这种制度安排并不需要向那些不合乎情理的公民作出辩护。[2] 但是关键问题在于,我刚才已经表明了,罗尔斯对合情理/不合情理的区分标准是又一种自由主义的方式定义的,因为在罗尔斯的合乎情理的公民的标准有两个:第一,具备一种正义感;第二,就是我们刚刚分析过的,必须承认合理多元论的事实并接受判断负担的后果,坚持正当优先于善。这样,论证最终构成了一种循环,这似乎印证了巴莱恩·巴利在一篇文章中得出的他称为“令人沮丧”的结论:捍卫自由主义制度唯一能指望的人,就是那些自由主义者。[3]

假如我的上述论证成立的话,至少表明以下观点是缺乏充分根据的:自由主义把自己的价值强加给非自由主义学说及其规导的非自由社会,在道德上是有辩护的。既然不存在道德上可辩护的理由,那么在一自由主义社会内,不宽容非自由主义政治学说仅仅是因为占主导的自由主义的政治文化以及“政治组织方式单一性”的事实,而严格地说这两个事实在全球层面都不存在。因此,要求罗尔斯在对待内部和外部的非自由主义政治学说及制度时,采取一个统一的不宽容的立场,其根据并不充分。当然,就这个批评而言,本节的论证只是一个负面的防卫性论证,那么罗尔斯对待非自由主义学说或制度的内外一致性究竟体现在什么地方?我将在下一节做正面的论证。

三

上一节的论证结论似乎意味着,在辩护意义上,强加自由主义的制度安排相对于那些非自由主义学说的支持者来说,是没有合法性的。在这一点上,我们好像不得不承认存在着压迫性的事实。最终,结论看起来是破坏性

---

① *PL*, p. 39.

② *PL*, p. 137, Cf. p. 217.

③ Bain Barry, “How Not to Defend Liberal Institutions”, *British Journal of Political Science*, Vol. 20, No. (1990), p. 1.

的,非自由主义者似乎没有什么政治义务去支持自由主义制度。但接下来,我将论证表明,结论并不会如此悲观:在一个社会之内,自由主义只要满足了一些基本正义的条件,它还是可以声称对非自由主义者拥有一种政治权威并使其负上服从这个政治制度的政治义务。而如本文下面将要表明的那样,上述那些条件,与罗尔斯在全球层面要求非自由主义但得体的社会要符合的标准是一致的,自由主义对待非自由主义学说或制度的内外一致性就体现在这种符合上。

在《正义论》中,罗尔斯提出了服从正义制度的自然义务的学说:

> 一个基本的自然义务是正义的义务。这一义务要求我们支持和服从那些存在并应用于我们的正义制度。它也促使我们推动还未建立的正义安排产生,至少在无须付出太大代价的情况下,我们应该这样做。这样,如果社会的基本结构是正义的,或者相对于它的环境可以合理地视为是正义的,每个人就都有一种在这一现存的结构中履行自己应分的自然义务。每个人对这些制度都有一种义务,而不管他是否自愿。①

在这里,罗尔斯称服从和支持正义制度的义务是"自然"的义务,至少包含两个意思:第一,它不取决于人们的自愿同意,无论是假设的还是实际的同意;第二,自然义务不仅归之于确定的个人,而且归之于一般意义上的个人。我们负有这种义务不取决于我们占据某个职位或生活在某一特定国家,而就是因为我们是道德人。当然,这个说法背后承诺了如下观点:正义对每一个要过社会生活的人来说,都是道德上值得欲求的。罗尔斯在《正义论》的开篇就表达了这意思:"正义是社会制度的首要德性,正像真理是思想体系的首要德性一样……作为人类活动的首要德性,真理和正义是决不妥协的。"②我们看到,这种自然义务要得以产生,唯一需要满足的条件就是适

---

① John Rawls, *A Theory of Justice* (Revised Edition) (Cambridge, MA: Harvard University Press, 1999), p. 99. 以下简称 *TJ*.

② *TJ*, p. 3.

用于我们的那个政治制度是正义的，在这里，罗尔斯用了这样的条件句——“如果社会的基本结构是正义的，或者相对于它的环境可以合理地看作是正义的……”如果我们想确定我们是否负有一种支持那个制度的自然义务，前提就是我们能确定那种制度是正义的，或至少可合理地视为不严重不正义的。这样我们又必须追问一个根本问题：什么是正义的什么是不正义的制度？

罗尔斯认为，对于这个问题，不同社会的人们有不同的正义观念，但所有人都共享一个正义的概念：“当对基本权利和义务的分配没有在个人之间作出任何任意的区分时，当规范使各种社会生活利益的冲突之间有一恰当的平衡时，这些制度就是正义的。”①但是这个形式概念根本就不会告诉我们任何东西，因为它对什么是“任意的区分”、什么算是“恰当的平衡”保持沉默。那么，一个政治制度是否是正义的，是完全取决于那个社会的实践理解的吗？道德直觉告诉我们不应该是这样，罗尔斯同样也否认这一点。在《政治自由主义》的一个不显眼的地方，罗尔斯提供了关于什么可算是正义的制度从而使得其治下的公民负有一种真正的政治义务的实质性解释：罗尔斯认为，自由主义社会的“作为公平的正义”这一正义观是一种不依赖任何完备性学说的政治性观念，而其它社会的正义观很可能是建立在某种宗教学说或哲学学说之基础上的，这些正义观可以按某种方式理解为一种推进那个社会的共同善的正义观念。但不管怎样理解都好，假如这种正义观规导下的法律制度要产生在道德上具有约束力的义务②而不仅仅是强制的话，那么它：

> 必须尊重人们的各种权利，例如，尊重人们对生活安全、自由和财

---

① *TJ*, p. 5.

② 政治哲学中讨论的政治义务的问题就是问：一个人被要求去服从一个国家的法律是否在道德上是有辩护的？因此，要产生真正的政治义务，必须表明这种义务的道德性。而一个社会法律体系的内容根本上是由规定此社会基本结构的正义观念来决定的，因此，法律义务是否有道德性，最终取决于那种称为那一社会“正义观念”是否具有真正的道德性。到了《万民法》罗尔斯就表达得更清楚：得体的等级社会的法律体系必须遵循其共同善的正义观，这种正义观把社会中每个人的根本利益考虑进来。参见 *LP*, p. 67.

产的一种最起码的权利;要求有那种至少可以维持形式上平等的正义的权利,要求统治者与被统治者之间建立起一种相互尊重的相互性关系的权利。而所有这些又都要求一种言论的权利,需要有对要求行政正义的充分信心。①

罗尔斯提到:一个可算拥有一种正义观念的社会,这种正义观念必须满足这类条件,否则,我们不可能拥有一个社会,它只是别的某种东西。② 在这里,我们可以看到,罗尔斯开列的这些基本正义的门槛性标准,明显地要比罗尔斯上面提到的在自由社会里"合乎情理的正义观"的标准要低和宽松,最明显的就是没有正义优先于善的要求,因为罗尔斯承认,在这些社会里,正义和推进一种共同的善兼容是有可能的。③ 依此,我们可以得出结论说,一个社会的正义观念只要大体上满足以上标准,根据正义的自然义务,它就可以声称所有人(无论是国界之内还是国界之外的人,也无论他们是否自愿同意这种制度)至少负有不去破坏这种制度的义务,对不履行这种义务试图破坏一种人类正义合作的行为,国家的强制就是在道德上有辩护的。

得到了上述结论,现在让我们回到自由主义社会里对非自由主义政治学说及其支持者的证成及其服从的问题。前面一节的论证已经表明,那些典型地是自由主义的价值与相应的制度安排,对非自由主义者来说并不是有辩护的,这似乎暗示着非自由主义者没有什么政治义务去支持自由主义制度。通过本节以上的论证,现在我们可以说,只要自由主义制度安排符合以上罗尔斯开列出来的基本正义的门槛性条件,它就可以声称要求非自由主义者服从,而不管那个制度典型地体现自由主义价值的部分在非自由主义者看来是多么的不合理。这里面,"政治组织方式的单一性"的事实的确

① *PL*, pp. 109—110, note. 15.

② 同上。

③ 同上。

发挥作用，它迫使我们承认，"任何社会制度体系在其所允许的价值方面都是有限的，人们必须在这个有可能实现的道德价值和政治价值范围里选择"；[①]或者我们只能说，非自由主义者处在一个自由主义价值和文化占主导的社会里，就他们的政治理想没有实现的空间而言，的确是一种不幸，但这是人类政治生活的无可避免的事实。这对处于非自由主义政治文化占主导的社会的自由主义者而言也是一样的。但某种意义上，"政治组织方式的单一性"的事实，又并非是一种人类共同生活的不幸，而是维持一种人类正义合作之必需。正如康德表明的那样：自然状态不必然是个不正义的状态，但它将是个正义阙如的状态，每个人根据自己的关于正当的概念通过占有或契约的方式取得外物，因此人们各自的正义的主张便处于冲突之中，因为人们的权利并没有依照"公共的（分配）正义而确定，以及没有得到把这些权利落到实处的那样一个权威的保障。"[②]康德的意思是人们必须走出自然状态的原因，并不需设想因人性的阴暗造成的相互侵犯的不正义状态，而是即使允许你最好地设想自然状态中每一个人都是追求正义的，都愿意依据正义的条款与其他人展开合作，但除非我们能从诸多的正义计划中选出一个来作为全社会共同遵循的正义规则，否则正义合作依然是不可能进行下去的。因此，我们就并不必定需要说"政治组织方式的单一性"的事实，缘起于卡尔·施米特所谓的处于"敌我斗争"关系的不同的政治学说的不兼容性；而是说对于一种正义合作生活的追求，这本身就要求这个单一性的事实；而且这个单一性的事实，也只有诉诸保障人类正义合作的目的，才能避免沦为一种赤裸裸的统治的事实进而获得辩护。

在《万民法》中，罗尔斯又重新提到了这些使得有真正道德约束力的义务得以产生的标准，并以此作为界定何为得体的等级人民社会的标准的重要组成部分，也就是他列举的标准二中的 b 和 c。[③] 罗尔斯特别强调标准 b

---

① *PL*, p. 57.

② Immanuel Kant, *The Metaphysics of Morals*, in *Immanuel Kant: Practical. Philosophy*, Mary Gregor (trans.) (Cambridge: Cambridge University, 1996), p. 456.

③ *LP*, pp. 65—67.

要求的法律体系产生的那些真正的道德义务和责任,是与要求一个社会满足的最低人权标准不同的。[①] 人们通常认为,罗尔斯把"不对外侵略"与"满足最低人权要求"作为可接受为万民社会的平等成员的门槛性标准,这个说法是不准确的。因为罗尔斯认为"开明专制主义"也是有可能是满足那个人权标准和不对外侵略的,[②]但"开明专制主义"显然没资格作为万民社会的平等成员。究其原因,是罗尔斯认为,"开明专制主义"不同于"得体的等级人民",就因为前者不是"组织有序的社会(well-ordered society)"。[③] 按照罗尔斯的看法,一个社会是组织有序社会,当且仅当(1)每个人都接受并知道其他人也接受相同的正义原则;以及(2)基本的社会制度普遍性地满足也普遍地被认为是满足这些正义原则的。[④] 所以,在得体的等级人民社会那里,社会治理是按照一个可作为公共证明基础(尽管不是以自由主义那种方式成为公共的)的正义原则来进行的,法律体系满足了正义标准并施加有真正道德约束力的义务,这些社会里的个人,被看作是理性和负责任的团体成员,可以有效地履行这些责任;同时正义观也对统治者进行了约束,他们必须真诚地相信:法律体系必须接受共同的正义观的规导。换言之,得体的等级人民社会除了不对外侵略和保护基本人权之外,统治者与被统治者之间还有一个按照共同善的正义观来治理社会的相互性承诺,基本人权的保障因此不依赖于统治者碰巧具有的仁慈心而是落实到正义的制度上。罗尔斯认为,他们就凭借着这些从而应该得到自由主义的宽容及被接受为万民社会平等的一员。

当然,人们也许会有一个疑问:按照我上面的说明,说一个政治制度是基本正义的,不仅意味着一些如生存、安全、财产等基本人权得到保障,而且正义的制度还规定了权力与权利之间的关系,使得对基本人权的保障得以制度化。那么自由主义者可能会问,在自由主义式的充分政治参与权、良心

---

① *LP*, p. 66.

② 同上, p. 4.

③ 同上, p. 63.

④ *TJ*, p. 4.

自由权、言论自由权没有得到充分保障的情况下，基本人权的制度性保障是否是可能的？我们说基本人权得到制度性保障的意思是，在那样一个社会里制度化地大规模迫害人权是不可能的，而不是说基本正义的制度能够把人权侵害的案例消灭得干干净净。诚然，自由主义国家里“一人一票”平等政治参与，由良心、言论、集会、出版自由支撑起来的强大的公民社会可以有效地约束政治权力，但这并不是政治参与和约束权力的唯一方式，即使有些人认为这是最有效的方式。然而关键问题是，一社会采取何种政治组织方式不是一个技术性的问题，而是根植于这一社会对政治的理解。罗尔斯就指出那些得体的等级社会，由于它们把政治参与主体理解为“成员”而不是“自由而平等的公民”，它们可以采取一种协商代表制的方式来组织其政治生活，只要统治阶级及社会成员共同承诺以那样一个共同善的正义制度为规则进行社会合作，基本人权的制度性保障是不成问题的。而且从政治实践上来看，的确有像一些东亚的威权国家这样的社会，它们实现了基本人权的制度性保障，但它们就是不自由主义的。

综上所述：在自由社会内部，自由主义不能仅仅诉诸“政治组织方式单一性”的事实便正当地声称治下之人负有服从的义务。自由主义能够要求非自由主义服从所凭借的东西，与在万民社会里，它所能要求非自由人民符合的标准，其实是一致的：这就是一个政治制度的基本正义的属性。典型的自由主义的价值或相应的制度安排，无论在一社会内部还是万民社会里，主张其道德优越性进而强加给非自由主义者都是得不到辩护的。在国内里，“政治组织方式单一性”的事实的确是我们要面对的人类政治生活的现实或局限，但我们并没有投向一种粗俗不堪的政治现实主义的怀抱从而向这个现实屈服，而是要求即使存在着这样的事实，政治制度也要是符合基本正义的要求才可以正当要求治下之人的服从。而在万民社会里，对于符合基本正义但政治组织方式与自由主义不一致的社会，自由主义并没有进一步批评它们的基础，又由于它们对外尊重其他人民的平等自决，它们应合理地得到自由人民的宽容。在论证人们为何负有正义的自然义务时，我已经指出罗尔斯必定是预设了这样一个价值判断：正义对每一个人来说，都是道德上值得欲求的。[①] 因此,对于发动侵略破坏人类正义合作的法外国家,要以正义战争回应;对于那些负担沉重无力建立一个正义秩序的社会,罗尔斯要求其它社会施与援手,以"保障一个社会世界对每一个公民来说,一种值得一过的生活都是可能的。"[②]满足基本正义的要求,不仅可以解释自由主义对待非自由主义的内外一致性,而且还指示了罗尔斯《万民法》中对待不同社会的基本依据。

四

作为结尾,让我们回到文章第二部分开始处提到的,让博格担忧的一个问题:作为一个真诚的自由主义者,在自由主义社会内与外如果你的基本立场不一致,那么在什么意义上你是真诚的?其实,对于博格的所谓真诚的信仰者的问题,罗尔斯定不会陌生,因为在《政治自由主义》中,他会遇到这样的问题:假如我真诚地相信我的完备性学说,为什么我要克制住而不去寻求通过国家权力强加给其他人?托马斯·内格尔在一篇有影响力的为罗尔斯作辩护的文章中提到了"认识论的克制"(epistemological restraint):为一个人自己信念作辩护所需要的东西,与为要求政治权力的强制推行我的信念作辩护所需要的东西是不同的,后者需要一种高阶的无偏倚的框架,如果它不存在,要求国家权力施行任一种观点,"最终都会沦为不相容个人观点之间赤裸裸的对抗。"[③]罗尔斯其实同意这个解释,在全球层面上,如果我们无辩护地主张强加自由主义的优先性与普遍性,最终也会沦为不同政治观点

---

① 罗尔斯在《万民法》结尾引用康德来表达这种强烈的正义关怀:"如果合理正义的万民社会——其成员使自己的权力从属于合乎情理的目标——不可能实现,而人类多半不符合道德,如果犬儒主义和自我中心已至于不可救药,我们便会和康德一起问道:地球上的生活对于人类来说,是否还值得一过?"参见 *LP*, p. 128.

② *LP*, p. 107.

③ Thomas Nagel, "Moral Conflict and Political Legitimacy", *Philosophy and Public Affairs*, Vol. 16, No. 3. (Summer, 1987), pp. 229,232.

之间赤裸裸的对抗。当然，认识论的克制并不必然意味着真诚的自由主义者必须对自己的立场采取一种怀疑论的立场，罗尔斯说："事实上，如果自由宪政民主制的确优于其它形式的社会，我相信确实如此，那么自由人民也应该相信并假定，一旦自由人民给得体的人民以应有的尊重，得体的社会总会逐渐认识到自由制度的优点，并开始使自己的制度变得更加自由。"①这里，罗尔斯表明了他作为一个真诚的自由主义者在这个问题上的态度。

罗尔斯自从1980年代出现所谓的"政治性转向"后，他在写文章及著作时好几次岔开话题来谈论什么是政治哲学及如何做政治哲学的问题。他认为政治哲学，既不是纯粹的哲学也不等同于政治。② 说它不是纯粹的哲学，因为它要面对的是人类实践理性领域内的问题，必须要考虑到人的本性、局限性以及社会政治生活的一般事实，比如我们上面提到的人类社会合理多元论的事实、政治组织方式单一性的事实、世界政治文化多样性的事实等；而政治哲学要直面但不是屈膝于这些事实，这就是政治哲学不同于政治现实主义之处。罗尔斯用"现实主义的乌托邦"来归结政治哲学的这些特点。③ 从罗尔斯对政治哲学的这种理解出发，也许能更好地体会到罗尔斯在自由主义内外立场的处理上体现出的审慎与清醒。

（作者系北京大学哲学系博士研究生）

① *LP*, p. 62.

② John Rawls, "The Idea of an Overlapping Census", *Collected Papers*, ed. Samuel Freeman (Cambridge: Harvard University Press, 1999), pp. 447—448.

③ *LP*, pp. 11—12. 徐向东教授近来有意义地强调了这一点，并感谢他向我指出了这一点。

真实性、承认与无支配：一种黑格尔的进路

李 彧 可

一、引论

这篇文章源于自由主义者与社群主义者的“能动性论辩”。① 这场争论由黑格尔主义哲学家查尔斯·泰勒以及迈克尔·桑德尔引起。约翰·罗尔斯认为，当思考政治社会中的正义问题时，人们应该与自身的特殊性脱离开来，尤其是那些不相关且偶然性的因素，比如他们的自然天赋、社会地位以及特殊的善的观念。② 虽然罗尔斯在后期将人设定为“政治性”的存在，③也因而减轻了社群主义对其“非社会的个人主义”以及“无牵绊的自我”的责难。但是他的论证仍然面临着另一大社群主义挑战，也就是一些因素根本就无法为个体所脱离，因为个体恰恰由这些他们所认同的价值所构成，进而无法真正地与它们保持一定距离去审视、修改甚至于拒斥它们。

大体说来，罗尔斯早期在正义论中的“原初状态”、“无知之幕”的用法仍然逃离不了这样一种责难：没能给出一种人的整全性的概念用以涵摄人类道德生活与自我认识的方方面面。但是即便是对于人的假定道德内涵更为“厚重”，社群主义否认个体具备从所处社会关系以及

---

① Stephen Gardbaum (1992), “Law, Politics, and the Claims of Community,” *Michigan Law Review*, Vol. 90, No. 4. pp. 685—760.

② John Rawls, *A Theory of Justice* (Cambridge: Harvard University Press, 1971), Chapter III.

③ Ibid.

构成性善观念脱离出来的能力，这一点也不是没有问题。按照这种观念，那些与思考罗尔斯式的分配正义以及其它同样具体的社会问题密切相关且尤为重要的因素就会湮没在纷繁的种种构成性要素（关系以及善观念）中。即便在处理这些具体而微的社会问题方面，以构成性要素作为切入点的社群主义相对于自由主义的局限性还不是一个急需解决的问题，但是可以进一步看到，当一些构成性要素以及外部影响对个体施加着负面作用，比如扭曲个体偏好与个性，自我不得不从它们之间脱离出来或者回应这些外部影响时，社群主义也因为自身的局限性无法很好地回应这一点，甚至因此不能保证最基本的形式的人类繁荣。这些负面作用正是属于那些在解决之道上自由主义优于社群主义的具体而微的社会问题。社群主义的这种局限性归根到底是来源于试图用近乎于“实然的”事实（关系性的构成要素）作为解决经常是特别具体的“应然性”的政治问题的理论基础而引起的极大的不确定性。

自由主义无牵绊的自我以及社群主义的构成性自我的各自优劣之处自然引起对于是否存在这样一种关于人的概念的争论，它既整全到足以展示自我存在的画面，而不是给人这样一种印象：好像人类的存在像“蘑菇”一样突然发生，又足够地集中于那些密切相关于解决目标性具体社会问题的核心要素，比如罗尔斯式正义，对个性、偏好的扭曲。这两种标准可以由一种“真实自我”的理念予以满足，在这篇文章中既是黑格尔式的，又是以个人理性为基础。

我将首先论证真实性的定义。它和社群主义共享理论资源——黑格尔的哲学思想，因此它是在人类道德发展全过程中变得真实的一种观念，强调一些特定的具有社会意涵的要素，比如支配社会关系的道德原则，并认为没有这些要素的调节人是不真实的。因而它将真实性的概念从最自私褊狭的表现形式提升至更加具有合法性。然后，我会明确这样一点：即便是黑格尔式的，“真实自我”的理念也归根到底是建立在个人理性的基础之上（在之后会论证制度理性也最终来源于个体理性），仅仅只是把社群主义的基础——人类生活的社会关系作为既成的事实，恰恰相对于查尔斯·泰勒的典型社群主义式的立足于极大地依赖于社会关系的"对话性"的真实性理论架构。主要地我会指出因其设定"对话性"为理论基础，泰勒的理论不可避免地会陷入社群主义对于处理那些具体社会问题（罗尔斯式正义，或者更加严重，偏好或个性的扭曲）的局限性中。如果不加以控制，偏好或个性扭曲直接威胁到最基本的"真实自我"的理念的实现——仅仅处于社会关系的弱制约与调节下自我价值的实现，进而使得泰勒的论证面临社群主义的典型性的理论危机。接下来，我会进一步证明集中在更加核心本质的因素——个人理性，依靠建构、修正、追寻以及排斥任何一种观念，它可以将一切事物包括那些负面影响置于其控制之内，进而极大程度上减少解决具体问题上的不确定性，克服社群主义式的局限性，也因而确保了从最基本的到高级形式的真实性观念的完整性。追溯到社会理论中，这种个人理性的概念与"反身性自我"的概念尤为接近。

在完整地建构真实性概念之后，会自然地引发一个现实的问题："如何确保其实现？"我会继续用一种"承认的政治"来解释这一点。如同在理论部分所做的那样，它会继续在指出传统意义上黑格尔式以及社群主义式的论证局限性（比如黑格尔式"对地位的承认"以及泰勒式"平等的承认"）的基础之上作出适当的修正。

最后，我将会讨论这种真实性的理念在政治理论的意识形态地图上所处的具体位置。我会证明（如同在一开篇希望的那样）它以及"真实自我"概念如何超越了自由主义以及社群主义。然后我也会展现一大重要的方面：真实性的观念实际上与共和主义的"无支配"的理论目标重合。而以上就是整篇文章的计划以及最终的结论。

二、一种黑格尔式的真实性概念

真实性概念的传统自身经历了从侧重于"自我决定的能力"到"成为独特的自我"的转型。卢梭、海德格尔、萨特等学者对这个领域做出了很大的贡献。然而，真实性的形式从最自私褊狭的到最具合法性之间变化不定。因此成为独特的自我有时可能意味着侵犯他人自由成为独特自我的领地。如同查尔斯·泰勒注意到的那样，现代文化中甚嚣尘上的"软性相对主义"以及工具理性正是这样一种真实性传统的结果，这其之下人们变得如此专注于自身以至于他们忘记了"其它超出于自我选择之外的有意义的问题"，进而迷失于人生的无意义中。① 这些有意义的问题，即人们做选择时无法逃避的道德尺度，比如"历史的传承，自然的要求，同胞的需要，抑或作为公民的义务，抑或上帝的召唤，抑或是整个秩序之内其它关键重要的事情"，②显示了人类生活中一个普遍的特征，即其"对话性"，③它决定了"人类心智的起源在这个意义上不是'孤立的'，不是每个人仅仅通过自身力量得到的，而是通过与他人的'部分公开，部分内化'的谈话而产生。"④个体的道德心理层面实际上与"充满独立与依附的社会关系"不可分离。因此，人类的身份是由与他人的对话建构成的。这个暗示我们不能否认真实性成为一种道德理想，而是应当区分它的种种表现形式，培育那些尊重对话性施加的制约形式而剪除其它形式。

按照罗伯特·皮平的解释，为什么泰勒强调这样充满社会意涵的要素绝非偶然，可以由其思想延续了黑格尔作为原因。下面就是一幅自我与自我意识道德发展的本体论画面：她不能不被纳入一个与她的对立面所处的关系之中。这个"他者"也是一种自我意识。首先，自我意识是"主要的简单的自为存在"，⑤依靠"从自身排除每一个他者"⑥界定自身身份；然后她会经历一个发现自身为一个"他者"进而在这个"他者"之内发现自己的过程。⑦ 规范首先对于接受者来说是陌生的，她会失去对其的分辨，但是接下来随着她的理性逐渐发展以至

---

① Charles Taylor, *The Ethics of Authenticity* (Cambridge: Harvard University Press, 1991), Introduction.

② Ibid.

③ Ibid.

④ Ibid.

⑤ Hegel, *Phenomenology of Spirit* (translated by A. V Miller, Oxford: Oxford University Press, 1979), IV.

⑥ Hegel, *Phenomenology of Spirit*, IV.

⑦ Ibid.

于去接受它们，它就逐渐成为了自己的一部分，或者说她就成为了规范的一部分，融合了所有的内化与社会化成果，进而产生了对自身的心得认识。正如皮平所说，“个性以牺牲普遍性的特质保持自身独立，给它自身一种整体性的感觉，也因此就在这个时候取消了与他者的对立，借此得以为自身而存在。”①

整体上来说，黑格尔式的关于自我的本体论对于真实性的概念有两大暗示，一个是“实然的”，另一个是“应然的”。首先，大体上来说一个人在与思想、规范、文化或者其他人的谈话中创建出一种独特的身份。真实性是一个集体性的成就。② 因此这种真实的状态就不是突如其来的，而是在一个也许是漫长艰难的过程中逐步实现的。甚至个人自主性也需要实现的社会条件。第二，如同自由一样，真实性在不能确保与自身相关联的他人的真实性情况下也不能得到实现。因此它既是海德格尔意义上的“个人应当自由成为自己的存在”，③投入到自我发现、实现、满足的生活中去，又是黑格尔意义上的“并不是任意做欲望驱使自己去做的事情”，而是内化一定规范与思想因而人会尊重他者的要求。甚至可以这样说，没有内化这些规范与思想的个体是不真实的。一个人在这个与他者、所处环境形成深切的伦理联合的过程中达到的比最基本形式的真实性更为高尚。只要是个体内化之内容对发现与实现自身个性无桎梏作用，这种真实性就可以在不放松对他人的责任下实现。

具有社会意涵的要素之于此种真实性理念的不可或缺性说明了其解决那些比如罗尔斯式分配正义以及各种形式的扭曲的具体社会问题的理论资源：只要对于这些问题的考虑被处于某种关系中的人们视为达到真实性的内在要求，人可以通过达到真实性以实现这些目的。

简言之，这种黑格尔式的真实性绝不是恣意妄为，而是用与他者的关系调节与自身的关系，有时意味着限制自身的欲望与自由。我们并不是“单一地活在自己的世界中，而是自愿地按照他者的要求限制自

① Hegel, *Phenomenology of Spirit*, IV.

② Ibid.

③ Martin Heidegger, *Being and Time* (Oxford: Blackwell, 1962), IV.

己，同时在限制中明确自身存在”。① 因此，在反思该如何行动时将他者也列入考虑范围中不仅是一种妥协，而且也是某种自我肯定与自我实现。

三、一种基于个人理性的黑格尔式真实性概念：回应泰勒以进一步澄清

以上黑格尔式的真实性概念足够整全以展示真实自我在关系型状态下的道德发展。即便拥有解决那些具体而微的社会问题的理论资源，也并不意味着它必然能够做到。进一步看这种黑格尔式论证，其中可以有两套不同的思路，一种是泰勒的基于对话性的真实性观念，另一种是我的替代性的基于个人理性的真实性观念。就解决具体问题的能力上二者区别很大。

明显地，首先，因其概念设计范围之广以及缺乏对一些核心要素的专注，比如那些密切相关于解决罗尔斯式分配正义问题的要素，泰勒的真实性概念的中心——对话性在应对具体社会问题上是有局限性的。即便是这大局限性还不足以说明问题，对话性的近乎于事实的广泛性又引发了另一大局限性——不能有效减少偏好或者个性扭曲，直接带来了对于其作为真实性理论基础的充分性的疑问，以及使得最基本形式的真实性以及整套理念陷入危机。

总体来看一共有两种情况可以说明对话性之于达到真实性的不充分性：首先，在没有对话发生的情况人也可以变得真实；其次，因其在处理个性或偏好上的局限，对话对于真实性是不充分的。

简要地论证一下第一种情况，不难想象一个反例，它与泰勒的观念“只有在与他人的对话中自我的真实才可以被探寻与实现”相对。可以假想这样一种情景，一个原始时代的妇女，被劝说打消去打猎的念头，留下来操持家务。但是她一直以来感到精神上的疲惫与倦怠，而且偶然情况下，她发现自己打猎的时候精力充沛，而且只有这个时

① Hegel, *Elements of the Philosophy of Right* (translated by H. B Nisbet, Cambridge: Cambridge University Press, 1991), § 7 in Introduction.

候才感到自己持久地精神焕发。可以这样说，她没有通过任何一种与他人的对话而探寻到以及实现了自身的真实。如果这要说是一种“对话”的话，这仅仅是与她自身发生的“对话”，她的自我决定能力与感官体验发生的“对话”。如同珍妮特雷音瓦特注意到的那样，这是一种建立于不断的自我观察基础之上的自我治疗：反思地过生命中的每一刻，从中更强烈地意识到自我的思想、情感、身体感觉。这是“与时光的对话”——一个自我永恒追问如何把握有限的一生以及为此承担责任的过程。不管怎样，它不是泰勒意义上的与人之间的对话，但是仍然可以实现真实自我。

这个反例支持了第一种情况，即存在与人的对话之外的方式以达到真实性。也许泰勒可以这样回应此反例，即对话是“人类社会的普遍特征”，也就是说不通过主体之间的对话以实现真实性的概率几乎为零。要证明此种观念为合理需要经验材料的支持，但是即便它可以成立，仍然为第二种情况留下了空间：因为即便处于持久地与其部落人们的对话关系中，她的个性仍旧被扭曲，仍然是不真实的。而且泰勒确实也承认了在对话中社会关系可以变得正常，也同样可以变得畸形，但他却没有提出应对引起畸形社会关系的因素的方法。明显地，对话性本身有着极大的不确定性，因此在处理扭曲个性、偏好的因素上能力有限，最终只能导致彻底的不真实。所以，我们必须在设定这个关系性的范畴为整套理念的基础上特别谨慎，不然就可能错过那些之于实现真实性更为本质的要素。至于那些扭曲个性、偏好，进而阻碍真实性实现的因素，我在下面会论述五个。

其不充分性可以用比较政治学中的经验证据予以证实。米克海尔·摩尔可诺夫（Mikhail Molchanov）注意到前苏联或现代俄罗斯社会中，随着苏联社会主义体系的瓦解，有些人认为比较共产主义研究已然过时，但是前苏联国家的政治经济的自由化不知为何总受到阻滞。[①] 对此有一个很强的论证，即它们的政治文化成为了“稳定的蓄

① Mikhail Molchanov, *Political Culture and National Identity in Russian-Ukrainian Relations* (Texas A&M University Press, 2002), p. 18.

水池，一种充满惰性的力量制约以及塑造着变革的过程"，[①]进而成为"当代制度与实践的模板"。[②] 所以本质上来说并不是俄罗斯人民自身的惰性阻碍了发展，而是国家整体的政治文化，仍然塑造着其人民的行为与个性特征。

政治文化不同于泰勒意义上人做出选择必须参照的道德尺度。共产主义更是一种政治学说，而不是道德学说，所以坚持它并不是一个合意的选择，而是一个中立的选择。至于其之于真实性的影响，它既可以是正面的也可以是负面的。明显地这引出了第一大负面因素，对话得以发生的文化所施加的深远影响很有可能扭曲着个性、偏好与真实性。如果不能有效地应对这样一种"以共产主义将传统生活方式推向彻底的消失"的政治文化，无论对话中的自我与他者如何想要达成废除陈旧制度安排的协议，他们实际上并不确切地知道该往何处去，或者仅仅因惧怕高风险以及不确定的回报而惧怕改革，因此倾向于维系次好的选择，即旧有的政治实践，也因而导致了发展停滞与不真实。

第一个问题说明了这样的情况，如果不能消除政治文化的负面影响，对话的参与者会变得不真实。但是即便对话发生于其中的文化或气氛相对中立以及正义，从来就不会阻碍而是甚至推进真实性的实现，仍然存在着其它造成个性、偏好的扭曲进而威胁最基本真实性的实现的因素，而这些又是对话性不能保证消除的。它可以是在实现各自的真实性的过程中，源于他者的操纵。这就引出了第二个负面因素——他者的操纵。

泰勒也许可以这样回应，对话性本身有一个明显的限制，即一个人不能故意地牺牲他者的真实性以实现自身的真实性。因此，在这个准则的约束下，这个因素并不会持久，真实性也因此得以保证。但是由于个体对于造成的操纵的概率极大可能地处于无知状态，不真实的情况仍然存在而且会持久：操纵者也许仅仅只想对自身真实性的实现有一点点倾斜，而且那些被操纵的人也许更习惯于将决定留给他人来做，而且/或者不觉得做出一些妥协

---

① Mikhail Molchanov, *Political Culture and National Identity in Russian-Ukrainian Relations* (Texas A&M University Press, 2002), p. 18.

② Ibid.

会有什么损失。从泰勒的观点来看，没有造成道德危机的外在动机存在，因此很自然就能得出“真实性保持了其完整性”这样一个结论。但是归根到底不可否认的是，个性的扭曲以及不真实仍然存在，而且如果真实自我的道德理念需要得以实现，有效的解决措施必须落实。

同样地，第二大因素对称于第三大因素，也与此同质，即自我在对话中的操纵。就像以上论述的那样，不真实仍旧存在，因此又一次证实了对话性基于真实性的不充分性。而且进一步考虑第二、三大因素可以到达的更加非理想的层次，就会有证明不充分性的第四大因素，即对话中来自各方的操纵。

第二、三、四大因素可以都被包涵于约翰·海萨尼(John Harsanyi)的不完全信息博弈(贝叶斯博弈)，①在其中至少一个行为者不清楚其他行为者的收益函数。个体的行为者也就不能预测行为会对他者造成的影响，因此对话不会自然地达成分配给各方他们最想要的。不完美不完全的信息因此扭曲了最合意的情况。

即便对话免于私人的操纵，也免于政治文化的负面影响，对话性之于真实性的充分性仍然存在疑问，因为很多情况属于道德运气，经常性地不可控制，也许会导致自然的不合意或者错误。无论是心情、感情的暴躁多变，还是实现真实性的技术条件，还是因语言表达、手势等引起的误解。这些道德运气问题也就代表了第五个也就是最后一大引发个性、偏好扭曲最终导致不真实的因素。

对话性因为涉及方面过于广泛引发的极大不确定性，使其在解决以上的不真实的因素上存在着局限。因此它绝对不是解决它们，减少各种形式的扭曲，确保最基本的真实性的本质要素，更不要说更高层次的真实性。另外，这些局限性以及整个理念的危机正是引言里介绍的传统社群主义式局限性与危机的一个范例。

然而，虽然并不是完全重合于理查德德·罗蒂的观点，即自我是

① John Harsanyi (1962), “Bargaining in Ignorance of the Opponent's Utility Function”, *Journal of Conflict Resolution*.

随机多变的而不是稳定不变的，[1]对于真实自我的理解也应当足够注意他对于个人的强调。主导对话性的个人理性更加直接地与真实性联系在一起，也就其目标具体而微的社会问题更为集中专注：将一切包括对话中的那些可能存在的负面因素置于控制之下，它极大程度上减少了对话性因不确定性在应对它们方面上的局限，确保了最基本形式的真实性，消除了理念面临的危机；同时它也会克服对话性在处理其它具体问题比如罗尔斯式分配正义上的局限性，确保真实性一些较高形式的实现。

在这里有必要首先定义个人理性。将社群主义式的社会关系式状态作为给定，个人理性在于对于所有事物的反思，无论是外在的还是内在的，包括那些构成性要素。它依附于同时又独立于对话。如同罗伯特皮平所说的那样：

> 理性地引导我们的生活以自主的形式这一思想并不因此告诉我们应当去做什么，或者使得我们明白为什么我们必须受到它的如此约束。迫切的是，我们需要知道什么才是理性地自我引导生活，以及在什么意义上我们能够让自己服从于这种思想，而不是仅仅因为它是如此而去承认它。[2]

因此，个人理性在这里不仅仅包括了一般意义上的“工具理性”，而且也包括了更加具有实质性的理性概念——交往理性，它在这里表示理性的潜力与正当性内在于每天的社会交往中。所以它并没有忽视泰勒对于真实性的充满强烈社会意涵的强调，而是把它作为人类生活一大明显的给定特质。而且更加重要的是，它并不是被动地接受而是筛选、分辨每一个信息，无论来自于与他人的对话，还是来自于无形的社会环境中。

具体来说，就它在减少扭曲和不真实方面而言，虽然难度存在，但

---

① Richard Rorty, *Contingency, Irony and Solidarity* (Cambridge: Cambridge University Press, 1989).

② Robert Pippin, *Hegel's Practical Philosophy: Rational Agency as Ethical Life* (Cambridge: Cambridge University Press, 2008), p. 115.

也同样令人乐观。至于第一大因素——随意地影响个体使之偏离真实愿望进而不真实的不合意的政治文化，逃离此种影响的难易程度在于个人理性与负面影响的力量对比。对于一个生活于大男子主义文化并且用自己内化的信念使压迫持久化的妇女，她会逐渐听闻一些关于解放自己、在对话中保持独立自主以决定自身命运的思想。如果在那个时刻她的理性正好发展至一定程度，以压倒其文化的影响，她会反思自己在过去的社会化阶段中已然内化以及尚未内化的种种观念。经过理性的审查并比较多种可能性，她很可能会脱离负面影响进而寻求其真实自我，无论这种影响已然被内化还是没有被内化。因此，在对话中，她首先变得不真实然后又变得真实，这个转型极大地依赖于她日益增强的理性能力。

对话中的操纵将第二、第三、第四大因素联系在一起。个人理性，尤其是交往理性，同样地可以克服这些因素的负面影响。在交流中，当个体内化了这样一个基本事实，即自身的真实性或自由极大程度上依赖于他者的真实性或自由，他们会倾向于更加审慎地做出决定，也会尝试种种可能的方式以知晓每一个行动可以带来的每一个后果。比如，个体理性若发展至一定程度，即可得出罗杰·迈尔森(Roger Myerson)的"协调交流机制"，[①]对于解决上述问题十分有帮助。这个思想是说可以存在一个不偏不倚的第三方，也就是充当博弈中协调者的角色：行为者将自身的私人信息汇报给她，然后她对每一方提出与私人激励相容的行动建议。她在利益上的不偏不倚可以确保行动者相信她的建议。行动者接着会对她言听计从，因为这是与激励相容的。在这种方式下，扭曲偏好与个性的问题就会得到极大程度的解决。又一次，可以看到是理性而不是对话本身提供了更为本质的解决办法。虽然并不保证对话中的操纵会因此彻底消失，但是可以保证的是，随着理性程度的逐渐提高，实现真实性的不确定性会大大降低。

进而转向第五大也是最后一大

---

① Roger Myerson (1984), "Two-Person Bargaining Problems with Incomplete Information", *Econometrica*, 52, (2), 461—87.

负面因素，自然的不合意性，比如龙卷风、地震，在人类理性能力范围内都是如此难以预测。但是实际上也就是它们的持久的存在使得理性不可或缺，也使得理性成为可能。在人类理性发展的开端，它就着眼于应对于自然状况的不确定性。而当过去的不确定性被转化为确定性，新的不确定性会显现出来。因而理性的发展实际上伴随着其任务难度的加剧。考虑到历史上的种种证据，对于其减少引起不真实的因素的前景还是绝对可以持乐观态度的。恰恰相反的是，对话性可以朝好的方向发展也可以同样走向反面。如此这般，个人理性又一次提供了更为本质的策略。

哲学上来说，为什么个人理性可以如此运行以至于应对那些负面因素而减少各种形式的扭曲，就可以得到一个说明。内化于这个过程中的是对于人类共同的一大重要机能的承认，即反思与分辨的能力。基于这种承认，无论是最大化效用的工具理性，还是指向共同目标的交往理性，都不会纯粹自私，而是一定程度上对他者表示尊重，这就意味着人们也许会最终达成对于实现所有人真实性均有好处的策略，无论是培育一种良好的政治文化，还是善意的个人性格。对于自身，他也会在能力范围之内反思所有外在或内在的事物，进而决定是否接纳还是拒斥那些影响。

在这里作一个简略的总结，尽管个人理性不能保证彻底消除这五大导致偏好或个性扭曲最终引发不真实的负面因素，但它重新将注意力转移到个体本身，以极大降低的不确定性提供了更为本质的思路，确保了最基本形式的真实性。

值得注意的是罗尔斯式分配正义同样地基于个人理性观念，因此给定适当的条件与理论限定，真实性的理念也可以回应正义的问题。于是人可以因真实而正义。因此，这个替代性的思路不仅克服了社群主义在解决种种形式的自我扭曲以及消除理论危机上的局限，也克服了其在解决其它具体问题比如罗尔斯式正义上的局限。总之，因其更加强化的解决问题能力，个人理性对于既是一种社会理想也是一种个人理想的真实性理念之实现更为充分。

引用劳伦斯·科尔伯格（Lawrence Kohlberg）的发展心理学作为此种个人理性的可能性的经验性依据：人类道德推理、伦理行为的基础，有六大可以识别的发展阶段，每一个都比之前一个更能应对道德困境。道德发展的过程主要地与正义相关，而且对此的考虑贯穿了人的一生。① 因此按照他的理论，在最成熟的阶段，人会逐渐意识到个人是相对于社会的独立个体，而且个人的观点可以优先于社会的流行观点，在这个时候人就十分可能围绕着道德尺度与正义的要求构建自我个性。只有在这个阶段，真实性的实现才真正实现，既是黑格尔意义上以及泰勒意义上的“对对话中他者要求的承认正是一种自我肯定与自我实现”，又是充满着自我的判断，通常情况下独立于一些社会影响，因而避免自我的扭曲。

沿着这种基于个人理性的真实性理念思路，可以发现安东尼·吉登斯（Anthony Giddens）从社会理论出发的类似的观点。他认为真实的行动不仅仅是按照足够正当与完备的自我知识行动，而是“从错误的自我中将真实解脱出来”。② 这就需要对于自我内在体验的审视，尤其是那些由他者施加的感情和境况，不然我们就注定会不真实。他的思想可被概括为“自我反身性”，③即个体承认社会化的影响以及改变自身在社会结构中所处位置的能力。按照这个论证，为什么自我反身性可以产生更多精确的以及发人深省的自我认识关键在于其减少对于密切关系的依附性的能力。④ 这实际上就与个人理性克服那些威胁到真实性的负面因素别无二致。

现在可以下这样一个结论，即虽然被社会关系中的他者要求所制约，真实性本质上仍然是理性反思下的自我控制。这个理念也使社群主义对于构成性要素不可被个人所脱离开的观点不成立。于是我们现在知道了人可以（尽管不一定会）反

---

① Lawrence Kohlberg, *The Philosophy of Moral Development: Moral Stages and The Idea of Justice* (Harper & Row Publishers, 1981).

② Anthony Giddens, *Modernity and Self-Identity: Self and Society in The Late Modern Age* (Cambridge: Polity Press, 1991), p. 79.

③ Ibid.

④ Ibid.

思，用合适的信息建构、修改身份，排斥那些导致对自我的扭曲以及不真实的因素，同时预防自然的不合意性。因其对于解决具体而微的社会问题的能力，传统社群主义的局限性与理论危机得以扫清，既是社会理想又是个人理想的真实性理念得以更好实现。可见，这两方面相互影响，相互帮助实现。

四、真实性的实现

但是具体来说如何实现真实自我？或者，在何种程度上这个黑格尔式的同时基于个人理性的真实性才可被称为实现？这在于一种承认的政治，尽管不是传统黑格尔意义上的，如同对地位的承认或泰勒的对于身份的平等承认，而是对于真实性的承认（在这部分中许多地方，真实性与“个人理性”可以相互替换）。只有当承认了自我以及他者的个人理性，自我的真实才可以说实现。

建立在以对话性为基础的真实性之上，泰勒得出了对于身份的平等承认。在个体层面，“一个独特的身份需要重要他者的承认，也因此容易受到承认与不承认的影响”；[①]在社会层次上，相互之间对于身份的平等承认，“无论是性别、种族、文化，还是性取向”，[②]对于自我真实性实现都是必须的。同样地，不承认可以是一种形式的对于自我的扭曲。

对话性之于真实性的实现的不充分性直接否认了泰勒的观点有效性，即只有被他者承认，真实性才可实现。而且即便泰勒的平等承认表达了对于多元主义社会中多文化族群权利的尊重，它却没有太大的实质意义：既然承认的对象——身份已经被扭曲了，我们还能从平等承认中得到其它的什么？难道它不是经常性地使不真实状况持久化而不是克服它？难道使不真实状况持久化不正代表自身的不真实性？比如，一个朝鲜人在互相的承认中培育出自身的个性，即要对将军采取绝对的服从。他的个性已经由“服从”构成。不正常的外部影响（政治文化）过滤掉所有其它的可能性，他

① Charles Taylor, *The Ethics of Authenticity*, V.

② Ibid.

是不真实的。而平等的承认只会加深他的偏好与个性被扭曲的严重程度，而不是将他从不真实中解放出来。

转向对于地位的承认，它同样是有问题的。地位由已然确立的社会规范、习俗以及制度决定。它的对这些充满强烈关系性意涵以及涉及方面广泛的事物的依赖性体现了使得某些特定社会团体不真实的高可能性，比如“婚姻中的妇女和市民社会中的民众”。[①] 如同詹姆斯·波曼（James Bohman）对于黑格尔“并不是彻底的共和主义者”[②]的批评，对于黑格尔而言，被设立了“一个纯粹的自我意识”，[③]还有“一个不是纯粹自为存在的意识”。[④] 其中一个是独立的，另一个是附属性的，而且独立者的本质就是自为地存在，而依附者的本质在于为独立者而存在。前者可以是一个主人、男人，后者可以是奴隶、被设定为低于男性的妇女。妇女“应当地”属于家庭，她们的职责也不过是帮助男性的存在超越家庭从而过渡到市民社会。仔细考虑这一点，双方均变得不真实。

然而，因其在实现真实性方面的核心地位、个人理性，一旦被承认，就有极大的潜力去克服以上的缺陷。一种被修正的承认的政治观在这里更有道理。不同于黑格尔的主要观点——只有被他者承认了自身的身份或地位，才代表自我真实的实现，它相反认为只有承认自己和他者的个人理性才代表自我真实。可以看出，它与一直以来对个体性的强调一致。明显地承认他者的个人理性恰恰为自我理性的一种高级状态，它正待或已经被自身所承认。因此两种承认相互加强，将真实性的理念从个人理想提升至社会的、更高的理想。

在操纵中，达到真实性就需要所有涉及到的个体进行这样的双重的承认，无论是操纵者还是被操纵的人。这暗示了在对话中会有一种每个人都足够理性的共同知识，而且这个共同知识制约着每个人的行

---

① James Bohman (2010), “Is Hegel a Republican? Pippin, Recognition, and Domination in the Philosophy of Right”, *Inquiry* 53 (5):435—449.

② Ibid.

③ Hegel, *Phenomenology of Spirit*, IV.

④ Ibid.

为以最大程度地减少有意或无意的对他者的操纵。所以压迫者为人的情况已经包括了进来。

但是如果压迫者是无形的，如同文化或者政治制度，它也应当有一个自我管制的过程去实现其真实性。实际上它也就是制度对个人理性的承认以及对自身的理性的承认。但是制度自身又不能实现承认以及实现真实性，因为它们由人设计。如同泰勒认为的那样，与制度"交流"最终还是与某些人的交流。① 因此可以看到，制度理性不过属于个人理性。从字面上说，这一种承认是"双向的"——从个人到制度再返回，确保双方真实性的实现。实际上它仍然是个人理性之间的相互承认。唯一的区别只是个人对于制度理性的承认意为设计或重新设计制度以致其能够确保并加强双方的真实性。

黑格尔有着类似的关于制度理性的论述。按照皮平的说法，社会秩序与国家的客观理性在于一种"自我明晰与自我证明其正当性的主体性"。② 吉登斯的观点也可以用以佐证个人理性与制度理性的亲和关系。他认为，现在出现了自我身份的一个新机制，它被现代性的制度所塑造同时也反塑造着它们。自我绝非由外部影响决定的消极个体；在建构其自我身份时，无论他们特定的行为环境有多么局部，个体仍能为直接提供更广的社会影响做出贡献。③

与对于个体的要求一致，从消极意义上说，制度应当这样设计以致其能够避免损害他者的真实性。这就包含了对于任何一种地位、社会团体的非歧视待遇。从积极意义上来说，它们也应当，在能力所及范围之内，"创造"个体以及自身得以实现真实性的条件。就个人真实性而言，它需要"创造"一些技术条件，比如再分配的财政政策以确保个体福利，又比如促使一些无形的事物产生，像一种健康的充满互相尊重的社群文化或之前所提到的协调交流机制。就它们自身真实性而言，它们的真实性恰恰显示在上述过程

① Charles Taylor, *The Ethics of Authenticity*, V.

② Robert Pippin, p. 261.

③ Anthony Giddens, *Modernity and Self-Identity: Self and Society in The Late Modern Age*, Introduction.

中，因为其极大依赖于它们服务对象的真实性。

具体来说，在那个朝鲜人的例子中，社会环境与制度而不是个体本身需要承担的责任更大——对所有的信息持中立的态度，保持信息交流渠道的畅通无阻，进而保证生活选择的完备性。个体应当自由地得到与处理来自于外部与内部的各种信息（即便有些可能是有害的，但是最终依赖于理性做出决断；但是如果没有这种自由，它仍然是一大不健康的状态）。就像黑格尔提到的那样，如果一个人的外在表现形式与行为，不和自身的意向与气质相同，他就是空荡荡的存在：当个体输出信息时，他用行动表达自身。如果这个过程被某种外部机制阻碍了，无论是有意还是无意，外在与内在就不能一致，也就是说他表达的不过是一个扭曲的自我。而当他接受信息时，他并不能得到所有的信息，其中有一些也许对他真实性尤为重要，而且/或者他不得不接受一些与自身的既定内化成果产生严重冲突的信息。二者均会造成他自身的异化：①过着这样一种生活，他被剥夺了一些生活可能性，而且/或者不能经受住理性反思的检验，他因此并不是真正真实的。要想达到真实自我，上述的制度理性是必需的。

可以预料到的是一旦阻碍信息自由的人为设立的制度性阻碍被稍稍放松，他就会看出问题所在，进而对自己的绝对服从进行疑问，对迄今为止达到的真实性进行反思。即使外部制约从不放松，他也许也会最终以其个人理性承认自己的真实性，当它发展至一定程度。但不论如何，这一任务需要两大理性的相互加强。

按照全文一直以来的观点，一些特殊的充满社会意涵的考虑也可以内化于真实性，比如罗尔斯式分配正义观。如同这部分所论述的那样，实现它同样也需要承认：对于个人理性，它需要尽可能地与种种偶然的特殊性保持一定距离，尤其是那些有损于实现社会公平的特殊性；对于制度理性，它也应当设计一套社会基本结构以保证正义原则的

① Hegel, *Hegel's logic*, Being Part One of the Encyclopedia of the Philosophical Sciences (trans. W. Wallace, Oxford: Clarendon Press, 1982), p. 197.

实现环境。因此正义不仅仅是在理论上是可行的，而且在这套真实性理念的框架中也可以在现实中实现。

综上所述，实现真实性的任务需要每一个人以及制度在“对话”中足够理性。不可否认的是设计制度以确保个体的真实性的难度之大，但是一旦通过理性反思个体的主观或心理桎梏被去除，我们便可以期待一个真实性得以实现的未来。

五、讨论：定位于意识形态地图

5.1 超越自由主义与社群主义的潜力

现在一种不同于自由主义无牵绊的自我与社群主义构成性的自我的真实性与真实自我的理念已经被构建了出来，接下来有必要看一下它的理论意义。

可以从上述讨论中看到挑出一大因素使之直接控制所有事物包括那些负面因素，真实自我超越了社群主义式的人的观念：尽管包含了构成性自我的核心观念，真实自我能够回应各种形式的对自我的扭曲以及其它具体社会问题比如罗尔斯式分配正义，这些都是社群主义没能解决好的。极大地消除了在目标实现上的不确定性，它于是克服了社群主义的局限性。

显然，这套真实性理念同样也有超越自由主义式的人的概念的潜力。首先，在道德发展中展开真实自我，给社群的善观念足够多的考虑而不是完全排斥它们，它克服了自由主义原子主义个人的“单薄”，而且它信任个人理性修正以及追寻任何一种认为是合理的价值的能力，这就意味着它保留了自由主义在处理具体社会问题上的独特性。这样看来，这种黑格尔式的基于个人理性的真实性又一次实现了超越。

进一步，这套理念同时也在多方面包含自由主义的一大主要价值——自由。“包含”可以用这样一大证据来说明：实现真实性的内在要求包含了自由主义的“自由两分法”，积极意义上来说，个人和制度应当尽其所能去提升真实性与自由，消极意义上来说，他们也应当避免对他者的真实性与自我造成负面的影响。

“超越”这一点可以用三个方面来支持。第一,“自由”属于描述“一般性他者”①的普遍化语言,即一个人与他人共享的行动与思想的期望,而不是描述“特殊性他者”②的语言,即一个人的期望通常和他自身独特的生活历史有关,而且普遍自由的决定有可能因忽视这些“政治理论未注意,未提及,未思考的”③独特性而造成对一些社会群体的压迫。相反,将这些特殊乃至于对峙性考虑进来,鼓励不同个性的自由发展,真实性概念可以克服自由概念中的过分归纳的倾向,进而提供了关于人类生活更加整全的视野。第二,对于“自由”概念的使用经常是多重意涵的,这可能会引发模糊性以及误解。比如,一方面自由意为黑格尔式的“意志的实质与命运”,个体中一直处于发展的决定能力;另一方面,它又可以意为一种已然实现的状态。但是,两方面均指代了真实性概念的重要方面,即足够地自主与理性去做自己独特本质的主人。由此看来,真实性并没有如此多的模糊性。第三,也是最后一点,可以看见并由直觉可以想见,自由非常依赖于特定规范与制度的“配给”。这就意味着有些时候它会受其负面的影响。不可否认的是,自由的个体也许会通过理性摆脱这些影响。但是由于直接地强调个人理性的控制作用,真实性理念对于自由的超越仍然是很明显的。

5.2 与新共和主义的联系

为了进一步定位真实性理念于意识形态地图之上,我将在这部分用三个方面展示其与新共和主义的联系。第一个在于两大理念希望解决的问题重合:不真实性与支配相重合;第二个在于其结果的一致:无支配标定了真实性的底线,或者说最基本形式的真实性代表了无支配的状态;第三个在于相似的达成手段:均依赖于个体与制度的综合力量。

菲利普·佩迪特认为支配可以被这样两分,一种是“想象的支配”,代表未来可能的危险,尽管还没有

① Seyla Benhabib, *Situating the Self: Gender, Community, and Post-modernism in Contemporary Ethics* (New York: Routledge, 1992), II. 5.

② Ibid.

③ Ibid.

成为重大的恶，另一种是“事实的支配”。① 要揭示不真实与受支配的关系，需要先把支配重新分类为“不可逃脱的支配”与“可逃脱的支配”。前者部分由被支配者理性的脆弱无力导致，部分由施加支配者相对强势导致。二者共同加深了不可逃脱性。受到不可逃脱的支配的个人好比外部影响不会自动消失，其内心也充满着压力与紧张。虽然外部压力巨大，但是他们也不够理性通过分辨与排斥将自己解放出来。

按照之前的论证损害他人权利分界的倾向，反映了不完美的道德发展或社会化，也反映了不真实性。至于受支配的人，他们同样也是不真实的，因为缺乏足够的理性确保偏好、个性不被支配所干扰。所有受支配与不真实紧密相连。

相反，没人支配别人以及没人被人支配的无支配状态代表了真实性的底线。如同佩迪特的观点，无支配是一种没有人可以对他人施加随意的影响以及个体本身相对也足够强大的状态。② 它包含着消极义务的因素，即消除外部随意干预，也包含着积极义务的因素，即自身要有一定程度的自我管理与实现以防备自己免受随意的干涉。

无支配与真实性的关系也就很清楚了：当真实性理念进入视野中时，那些在无支配状态下不真实的人们逐渐变得更加自主、理性以及独立，这些能力逐渐压倒了施加支配者的势力，这时不可逃脱的支配顿时转化为可以逃脱的支配最终彻底消失。以这种方式，实现真实性实际上就是实现无支配。考虑一个与特别喜欢“搭便车”的伙伴一起工作的极其忍耐的同学和另外一个处于相同境况但是不那么善于忍耐的同学的区别，当所有其它因素一样，比如均可找到其他勤奋投入的伙伴，当然前一个同学比后一个同学更有可能遭受不可逃脱的支配。但是当前一个同学决定离开停止忍耐，或者要求老师从以小组为基础的评分体系转化为以个人为基础，他也就不再会遭受不公正的“搭便车”，重新变得真实，也逃离了受支配。

---

① Pettit Phillip, *Republicanism: A Theory of Freedom and Government* (Oxford University Press, 1997), Part I.

② Ibid.

这个例子也表明了这样一点，我们期望所达到的并不是从固定的一个时间点上来看的真实性，即共时的真实性，而是持续状态下的真实性，即历时的真实性。只有当个体足够地理性，他们才可以持久保持真实，避免支配他人与受他人支配。

在共和主义看来，要实现无支配一方面需要政治家与制度设计者为人民提供着眼于消除支配的宪政秩序，比如建立宪法性的权威——一个代表组合的利益的由选举产生的个体。这个权威会剥夺一些组织进行随意干涉的权力，也会剥夺它们随意处置那种干预的权力。① 但是宪法性权威本身不会对其对象进行支配，而是依照公共善以及对象的利益行事。② 另一方面，实现无支配还要求制度设计者使个人心中充满安全感。个人应当有自身独立的自由，因此对于外界负面影响可以免疫。在这个意义上，他们就不再依赖于那些影响的仁慈，而是真正地免除于被支配的危险。

迄今为止，佩迪特建议实现无支配的方式与之前所述实现真实性的方式十分一致：既依靠制度理性又依靠个人理性的力量。一方面，无支配的理念对自我管制的要求非常高，不仅仅只是对于施加支配者而言，也是对于受支配者，因为它正是导致无支配以及内在于真实性的关键因素。另一方面，他的策略也非常依赖于宪政的作用，但是归根到底是由个人设计的。所以这两点均分别与实现真实性的双向机制重叠。

收束全文，真实性与无支配的理念的联系至此已经建立，而这就是本文所要达到的最后结论。③

（作者系北京大学元培学院本科生）

---

① Pettit Phillip, *Republicanism*, Part I.

② Ibid.

③ 我非常感谢徐向东教授、涛慕斯·博格教授、艾莉森·斯通教授以及玛格丽特·朗格博士对于这篇文章作出的许多非常具有建设性的评论与批评建议。

作为政治哲学方法论的理性主义与制度主义

李　绍　猛

摘要：本文将理性主义和制度主义当作两种政治哲学的方法论，阐述它们各自的内涵，系统地比较两者的区别。理性主义是近代以来的主流方法论，现代性的进步意义及其局限都与它有关。理性主义内在地蕴含着方法论的个人主义，将个人与社会的关系当作社会秩序的基本维度。制度主义则主要从社会主体的实践行动这个角度来理解社会秩序，它强调各种社会规范（广义的"制度"）对社会主体及其行动的塑造作用。理性主义和制度主义都是普适主义（universalism），但制度主义比理性主义能够更好地解释：不同个人在理性认识上的分歧何以会持续存在。理性主义将人的社会行动的动机归结为一个知识论的问题，即每个人如何理解自己的利益和社会的利益。制度主义则在理性动机之外，还看到了人类行动背后的"合理性"动机或者制度动机：人们都需要别人理解和认可自己的行为所具有的社会性和制度性意义。基于这样一种动机扩展，制度主义可以更好地捕捉人的社会性和社会规范的多样性，从而为政治哲学提供一种比理性主义更好的方法论。

本文只是一个预备性的研究，旨在澄清政治哲学中的两种方法论之间的区别，以便于进一步发展一种作为政治哲学的制度主义理论。

道德哲学和政治哲学的首要任务，是寻找和确证正确的道德和政治秩序。为达到这个目的，可以有两种不同的方法，即理性主义的方法和制度主义的方法。通过初步比较这两种方法，本文将论证，制度主义实际上是一种更好的方法论。

理性主义相信，为了找到和确证某种道德的和政治的原则，来引导我们的社会行为和社会交往，我们可以把人类的理性，也即我们的本性，当作一个合格的和带有普遍意义的向导。理性主义对大多数道德和政治哲学家，特别是近代以来的哲学家，都具有根本性的影响。但是理性主义解释不了一个简单的事实：为什么当人们都自由地使用他们的理性的时候，他们无法达成普遍的一致意见？在道德和政治问题上，这种由理性本身带来的分歧显得尤其突出。

制度主义认为，要正确理解一个社会，我们不能把一个一个的人类个体当作社会的基本要素，因为社会的基本组成要素是人的行为。这个视角的转换，带来了很多的后果。如果我们从人类个体出发来理解社会，我们自然会希望先把这些个体研究清楚，然后再研究他们是如何组织成一个社会的，以及他们应该怎么做才能使他们的社会有更好的秩序。当理性主义者优先研究人的本性或者人类理性的时候，他就是这样想的。然而，如果我们将人的行为当作社会的基本构成要素，我们就能看到，人们采取什么样的实践行动，并不完全基于理性方面的考虑；他们也会考虑他们的行动在其他社会成员眼里会有什么样的意义。这就引导我们去研究社会制度，因为在其最广泛的意义上，社会制度就是给人类社会活动提供"意义"的规则和规范。当人们的行动不仅出于他们的理性思考，而且出于他们对社会制度的理解的时候，他们就会在某种程度上被这些社会制度所"决定"。换句话说，他们不再仅仅是人类个体，而且也是人类主体(agent)——他们根据社会制度来采取实践行动。在这个意义上，人类并不具有一种确定的或者先于社会制度的本性。毋宁说，人类在创造和遵循社会制度的时候，也创造了他们自己，而不同的社会制度将陶冶出不同的人类主体来。因此，制度主义相信，为了找到和确证一种正确的道德和政治原则来引导我们的社会，我们需要理解人类主体、社会行为和社会制度这三者之间的内在联系。

本文对理性主义和制度主义的比较，将按如下顺序展开，即先澄清这两个概念的传统意义，然后探讨这两个概念在道德和政治哲学上的特殊意义。按照这个顺序，本文分成四个小节。在第一节中，我们将分析理性主义这个概念在近代哲学中的意义。在第二节中，透过奥克肖特(Oakeshott)对政治中的理性主义的诊断，我们将表明理性主义在道德和政治哲学中的涵义和局限。第三节将展示制度主义这个概念在社会科学中(尤其是在经济学中)的意义，并揭示它在那里的力量和局限性。在第四节中，我们将讨论"实践行动"和"制度"这两个核心概念在制度主义中的内涵。

传统意义上的理性主义

在近代哲学中，"理性主义"这个词具有两种互相关联的意义。① 一般来讲，理性主义相信，在我们寻求知识和道德秩序的时候，人类理性值得信赖。这种对理性的信赖，是针对中世纪的一种有代表性的观点而发的——这种观点认为，人是脆弱的、有罪的，因此人的理性应该服从于上帝的指引，而上帝的指引主要是通过《圣经》中的启示来传达给人类的。在这种对人类理性能力的信任的意义上，理性主义在近代早期曾经扮演过非常重要的角色。不过这种信任本身并不一定是什么近代的观点。实际上，即使是在中世纪，也有哲学家相信人的理性能力。比如阿奎那就认为，在通向真理的路上，人类理性是值得信赖的向导。② 更早一点，大多数古希腊哲学家可以说也具有这样一种理性主义的对人类理性的信任。不过，在近代哲学中，这种一般意义上的理性主义，带有文艺复兴和启蒙运动的烙印。跟更早的理性主义观点相比，近代理性主义给了人类理性一个更加具体的界定，一个更加独立的地位，和在追求知识和道德秩序过程中的一个更加显著的作用。

这种对"理性"的着魔，可以在启蒙运动以来的几个有名的口号中看到。

---

① 要了解对理性主义的一般性研究，可以参见 A. Kenny, *Rationalism, Empiricism and Idealism*, Oxford University Press, 1986。

② 阿奎那相信，"只要是自然理性的光芒可以认识到的事物，哲学研究都可以涉猎；只要是神圣启示的光芒可以认识到的事物，另外一种科学都可以研究。"参见 *Summa theologiae* Ia. 1. 1, ad 2. 我的引文是从 Norman Kretzmann 和 Eleonore Stump 编写的词条 "Aquinas, Thomas" 中翻译过来的，这个词条见于 *Routledge Encyclopedia of Philosophy*, Edward Craig ed., Routledge, 1998。

一般来讲，启蒙运动受到一个隐喻的推动，那就是人类理性的最终解放和完全自主(autonomy)。这个隐喻出现在卢梭的名言中："人是生而自由的，但却无往不在枷锁之中"；[①]这个隐喻在马克思对一个近在眼前的共产主义革命的宣告中达到高潮："无产者在这个革命中失去的只是锁链。他们获得的将是整个世界"；[②]康德在回答"什么是启蒙"这个问题的时候，也认为启蒙就是将理性从"作茧自缚的不成熟状态"中解放出来。[③] 启蒙运动背后的乐观主义在所有这些论断中都得到了表现，那就是，人类理性一旦被解放，就会引导我们进入一个理性的道德和政治秩序。

"理性主义"在近代哲学中的第二个也是更狭窄的意义，是指一种特别的认识论的观点。这种理性主义观点认为，单凭理性而无须感官经验的帮助，我们就能发现和确证很多关于事物本质的知识。这种意义的理性主义，其代表就是笛卡尔、斯宾诺莎和莱布尼茨等人的认识论观点。[④]与这种理性主义观点相对，我们有洛克、贝克莱和休谟这样的经验主义者，他们认为，既然知识的最终来源是我们的感官经验，我们单凭理性是不能认识事物的本质的。按照这样一种派别区分来讲，康德后来将理性主义和经验主义的合理内核综合了起来，建立了一个先验唯心主义体系。根据这种综合，我们的理性的确能够认识事物的本质，但是这种认识只针对"现象世界"，而不针对"物自体"。

在某种程度上，我们可以说，狭义的理性主义是广义的理性主义在认识论中的应用，而本文中要讨论的理性主义，则是广义的理性主义在道德和政治哲学中的应用。在这个领域中，一个道德哲学家或者政治哲学家，如果他相信人类理性本身就是一个充分的向导，可以指导我们寻求道德和政治秩序，他就是一个理性主义者。这种意义上的理性主义者，可以像康德那样，

---

① 中译文引自《社会契约论》，第 8 页，何兆武译，商务印书馆，1997 年。

② 中译文引自《马克思恩格斯选集》，第一卷，285—286 页。人民出版社，1972 年。

③ *Kant*: *Political Writings*, ed. H. Reiss, trans. H. B. Nisbet, Cambridge University Press, 1991, p. 54.

④ 在笛卡尔的二元论和理性主义之间，或许有一种特别的关联。笛卡尔通过将人类心灵划出来作为一个独立的实体，而开创了近代哲学。在这个意义上，是笛卡尔给了人类理性这样一个特殊的认识论上的地位。

认为先验的反思可以洞悉人类理性的内容;他也可以认为,人类的理性,作为人类的本性,可以通过经验的研究而被知晓。后一种观点,体现在所谓的"关于人类本性的科学"中。在牛顿科学革命的鼓舞下,很多18世纪的哲学家,包括休谟、边沁、拉美特利、孔多塞,都相信对人类本性的研究也可以使用物理学的经验方法。他们还相信,一旦我们以这种方式掌握了关于人类本性的知识,我们就能够知道,什么样的道德或政治秩序适用于人类。①

这种意义上的理性主义盛行于从18世纪到19世纪初的启蒙运动。在一些弱化的形式里,比如完美主义(perfectionism)和自由至上主义(libertarianism),理性主义直到今天仍有影响。不过理性主义有一个致命的局限:它不能解释罗尔斯所说的"合情合理的意见分歧"(reasonable disagreement)。理性主义在有一点上是正确的,就是在没有对启示的盲目信仰的情况下,理性能力是我们追寻知识和道德秩序的唯一向导。但是在实际生活中,理性常常会给我们一些不同的、有时互相矛盾的指示。理性主义对人类理性的普遍性的信念,既没有预料到这样一些顽固的意见分歧,也无法对它们做出令人满意的解释。②相反,理性主义认定,既然我们都是有理性的,既然理性在每一个人身上都具有同样的形式,那么只要我们忠实于自己的理性,我们最终都会得到相同的结论。根据这个逻辑,那些拒绝接受理性结论的人,要么是在撒谎,要么就是真的很笨。

理性主义的这一局限,促使人们琢磨可能的替代性方案。从19世纪末开始,针对理性主义的批评逐渐展开。克尔凯郭尔、尼采可以说是最早的两位,而20世纪的一些大陆哲学家,比如海德格尔、福柯和德里达,也属于这个行列。这些哲学家对理性主义有着一致的不满,而在批判了理性主义之后,这些哲学家却不能,或者在一些情况甚至不愿意为我们提供一种新的方

① 见Christopher Berry的词条,"18世纪关于人类本性的科学"(Human Nature, Science of, in the 18th Century),*Routledge Encyclopedia of Philosophy*, Edward Craig ed., Routledge, 1998。

② 有趣的是,罗尔斯后来转向政治自由主义,就是因为他意识到了多元性事实的顽固性。我认为,这种意识帮助罗尔斯克服了他早期哲学中的某种理性主义成分,从而向完全的制度主义思想迈出了关键的一步。

向。最能概括这些哲学家的观点的名词可能是“后现代主义”，不过正如这个名词本身(post-modernism)所显示的那样，这种观点否定性多于肯定性。在完全放弃了理性主义的普遍主义因素之后，这些哲学家除了鼓励多样性之外，似乎再也找不到一个正面的目标了。

本文提出道德哲学和政治哲学中的一种取代理性主义的方案，即“制度主义”。在探讨制度主义之前，我们首先需要了解，作为一种规范性的(normative)原则和方法论，①理性主义在道德和政治哲学中是如何表现的。

政治中的理性主义及其局限

用“理性主义”这个名词来指代和批评道德和政治哲学中的一种普遍的倾向，哲学家中间恐怕奥克肖特是第一个。② 1947 年，二战刚结束两年，奥克肖特写了一篇文章，探讨了一种“文艺复兴之后欧洲知识界最耀眼的时尚”，即政治中的理性主义：③

> 我认为，理性主义者的一般特征和倾向，是很难辨认的。从根本上讲，他支持任何情况下的心灵上的独立性，认为除了“理性的权威”之外，思想的自由不受任何其它权威的束缚。生于现代世界，理性主义者养成了争强好胜的习惯：他反对权威，反对偏见，反对一切传统的、约定

---

① 将 normative 译作“规范性”，而与“描述性”(descriptive)相对。说一种原则是“描述性”的，意指它的目标是描述实际的情况。而一种“规范性”的原则，则对事情应该是什么样的提出了要求。我这里并不是要强调事实/价值二分法，而是要从字面上讲清楚“规范性”这个词的用法。

② 我这里当然不是说奥克肖特是唯一的一个批判“理性主义”的政治哲学家。哈耶克也批判过以卢梭等法国启蒙运动思想家为代表的政治理性主义，认为这种理性主义会把我们引向“极权式的民主”。对于哈耶克来说，这些思想家“深受笛卡尔式的理性主义的浸染”，而那些英国传统中的哲学家，像休谟和柏克，则对制度的重要性有更好的理解。见 Hayek, *The Constitution of Liberty*, Routledge, 1960, Chapter 4.

③ Michael Oakeshott, “Rationalism in Politics,” in *Rationalism in Politics and Other Essays*, Basic Books, 1962.

> 俗成的东西。他的心智态度，既是怀疑主义的，又是乐观主义的：他有怀疑主义，因为他毫不犹豫地质疑任何的观点、习惯、信念，而且不管它们多么根深蒂固、多么影响广泛，都要让它们接受他所谓的“理性”的审判；他有乐观主义，因为理性主义者相信，他的“理性”，如果得到正确的运用，完全有能力决定一个事物的价值，决定一种意见的真假，和一种行为的恰当与否。而且，理性主义者还因为这样一种信念而对自己的立场更加坚定不移：“理性”对于所有的人都是共同的，理性的考虑是人类共同具有的一种能力，这种能力是一切论证的根据和源泉。在理性主义者的家门口站立着的，是一条巴门尼德的箴言：由理性的论证来判决。这种信念使得理性主义者有了一种智识平等主义的味道。不过另一方面，理性主义者又非常地个人主义，因为他很难相信有人会在老老实实、清清楚楚地思考以后，得出跟他本人的意见不同的结论。①

在上面这段话里，奥克肖特清楚地提炼出理性主义的两个核心主张，即理性能力的充分性和普遍性。理性主义者相信，所有的人，如果他们都不受习俗偏见和文化传统的影响，如果他们都能够恰如其分地运用他们的与生俱来的理性能力，那么在道德和政治秩序的问题上，他们都将得到同样的结论。

奥克肖特认为，理性主义的这两个核心主张，即理性能力的自足性和普遍性，带来了“理性主义政治的另外两个一般特征”：“追求完美的政治”和“追求一致性的政治”。理性主义相信，政治就是通过严格地运用理性的原则来理性地解决问题，而一旦解决问题的理性方案得到运用，我们就能在政治上实现一种完美的状态。由于完美的解决方案都是适应于人类理性的解决方案，理性主义者一般不担心不同的环境会要求不同的解决方案。在这些信念的鼓舞下，理性主义者在将新的计划引入到我们的政治生活的时候，从来都是义无反顾的。他们推行一波又一波的政治工程，而从来不顾忌他

---

① “Rationalism in Politics,” in *Rationalism in Politics and Other Essays*, Basic Book, 1962, pp. 1—2.

们的文化和政治传统。

至于理性主义的起源,奥克肖特找到了近代哲学的那些奠基者,特别是弗朗西斯·培根和笛卡尔;政治中的理性主义的起源,甚至可以追溯到更远的马基雅维利。但是奥克肖特也认为,理性主义作为一个整体,并不是某个哲学家的发明,而是"环境"的产物,而且"只要促成理性主义政治产生的那个环境还存在,我们就可以期待我们的政治仍然会带有理性主义的色彩。"①根据奥克肖特,我们陷入理性主义政治的困境,不能怪"自然科学及其思维方式在我们的文明中所获得的地位"。② 奥克肖特也不认为,他带着遗憾所承认的那个理性主义的主要原则,即对技术性知识的需求,是"工业文明的不可避免的结果"。③ 对于奥克肖特来说,将理性主义和现代科学与工业联系在一起,会错误地印证这样一种主张,即"理性主义观点和科学观点必然地合拍"。④

奥克肖特认为,促使理性主义政治产生并形成持久影响的那个环境,是现代条件下"政治教育的缺乏"。⑤ 也就是说,跟中世纪的统治者不同,现代政治中的统治者通常在掌权之前没有什么政治经验,因此他们需要一些捷径便道来指导他们的工作。理性主义提供了这样一条捷径,因为它将复杂的政治事务概括为一些抽象的原则和技巧。理性主义的这条捷径,或许可以让这些现代政治家在他们的工作中有足够的自信,但是这种自信实际上只是一种幻觉。在他们的内心深处,他们对政治事务仍然是无知的。因此,按照奥克肖特的讲法,政治上的理性主义的消极后果,就是每一代的政治领导人都试图重新建立理性的政治秩序,结果我们的政治社会的传统纽带就这样一再地遭到破坏。

奥克肖特对理性主义的特征有很好的揭示,不过他所分析的理性主义的起源是很成问题的。理性主义在近代早期登上世界舞台,并且变得越来越有

---

① *Rationalism in Politics and Other Essays*, p. 29.

② Ibid., p. 29.

③ Ibid., p. 33, footnote.

④ Ibid., p. 29.

⑤ Ibid., p. 30.

影响，这主要不是因为政治教育的缺乏，而是因为科学知识的增长及其在现代技术和工业中的应用。实际上，近几个世纪以来，科学知识的爆炸性增长，和那种相信我们能够认识世界本来面目的理性主义信念，这两者一直是互相促进的。这种理性主义的信念，后来又被引进到关于人和社会的科学之中，而这就促成了奥克肖特所谓的“政治中的理性主义”的产生。这种理性主义信念有积极的一面，那就是它有助于推动各门知识的增长。没有理性主义所带来的对习俗和传统的广泛怀疑，没有理性主义者的那份想要理解世界本来面目的冲动和执着，现代世界中的知识创新将是难以想象的。不过，理性主义信念对现代社会的负面影响也显而易见。人们对这种信念是如此的热情，如此的坚定不移，以至于他们不断重复地尝试着从头开始建立一个理性社会，尝试着用整体性的方案来一劳永逸地消除社会生活中的不理想因素。

理性主义的另外一个方面，可能也促成了理性主义政治的极权主义倾向。既然理性主义把理性当作终极的人类本性，当作最基本的人类能力，那么从逻辑上讲，我们可以这样推论：尽管每个人都有在普遍标准上使用他的理性能力的潜能，实际上某些社会成员可能在理性能力的运用方面表现得比其他人好。当这种情况发生的时候，其他的社会成员，即使是出于他们自身利益的考虑，也应该服从那些理性能力更强的人的领导。的确，既然一个理性的道德和政治秩序，就像关于世界的真实知识一样，是适合于和有利于每一个人的理性灵魂的，我们没有理由自缚手脚，不把我们已经得到的理性观点强加给别人。因此，不同的人在理性能力方面的高下，就为他们在决策问题上的等级关系提供了足够的理由。至少在某些情况下，理性主义允许政治秩序按照这种家长式的等级原则来安排。①

---

① 早在 1945 年，波普尔就在他对“合乎理性”(rational)和“通情达理”(reasonable)这两个概念的区分之中，讲到了这个问题。波普尔认为，尽管作为一种理性能力，理性“在不同的人那里的拥有程度和发展程度可能会很不一样”，“但是我们在通情达理能力方面的差别，却永远不足以建立一些人对另外一些人的权威”。见 *The Open Society and its Enemies*, 5th edition, Routledge, 1966, Chapter 24, p. 499, in 2002 reprint。这里我们应该注意，波普尔对“理性”的定义，既包括我们的合乎理性的能力，也包括我们的通情达理的能力。这样来定义“理性”，理性主义就不会从逻辑上支持威权主义政府了。

长期以来，很多思想家都对这样一种可能性提出了警告：在理性主义信念的基础上，建立一种极权政府，一劳永逸地实现一种理性秩序，在这种秩序下所有的公民都或者自愿地或者被强迫地接受同一种意识形态。阿伦特(Arendt)对极权主义起源的分析，清楚地辨认出这个过程；伯林(Isaiah Berlin)也有一个著名的观点，就是黑格尔式的理性主义是极权主义在理论上的源头；波普尔拒斥乌托邦主义，也是因为他意识到理性主义的潜在威胁；韦伯的理性化(rationalization)概念，则在任何现代形式的极权主义被付诸实践之前，已经揭示了理性主义的这个内在逻辑。[①] 这种危险，在我们用理性主义的信念来为民主制度作辩护的时候，是否也会出现，那可能是另外一个问题。一个相信民主制度的理性主义者可能会觉得这样一种结论很诱人：如果每个人都得到了足够的教育，都能够足够理性地为他们自己考虑，他们可能就会在"什么是正确的"、"什么是公正的"等问题上得到同样的

---

① 关于这些学者所理解的理智上的过分自信和政治上的极权主义之间的关联，请参见 Hannah Arendt, *The Origins of Totalitarianism*, New York: Harcourt Brace, 2nd edition, enlarged, 1958; Isaiah Berlin, *Four Essays on Liberty*, Oxford: Oxford University Press, 1969; Karl Popper, *The Open Society and its Enemies* (first edition in 1945); and Max Weber, *Wirtschaft und Gesellschaft* (*Economy and Society*, 1922)。要在这个问题上有一个比较平衡的观点，我们应该指出，理性主义也可以被用来支持一种完全不同的政治原则。如果我们同意莱布尼茨的神正论(theodicy)观点，那么不管发生什么事情，结果都是合乎理性的。这样一来，我们就会持一种命定主义观点，这种观点实际上并不告诉我们任何应该努力的方向。实际上，理性主义所支持的这两种极为不同的观点，在有些理论中是合并在一起的。在一定程度上，马克思主义就是这样一种极权主义和命定论的混合物：马克思主义带着一种自相矛盾然而充满魅力的语调宣称，共产主义既是一种不可避免的历史必然，也应该是我们的主观追求目标。夏皮罗(Ian Shapiro)将这种对知识的信心和对自由的向往称作启蒙运动的基本张力。这里我们引用他的原话来说明这个问题："如果在政治合法性问题上存在着不可否认的、所有头脑清醒的人都应该接受的正确答案，那么人们在什么意义上还有权利在这个问题上为自己做主呢？不过，如果人们完全有自由根据自己的信念而拒绝科学上的发现，那么跟其它的与世界打交道的方式相比，科学还有什么优先性可言呢？我们将发现，这种张力会重复出现在功利主义、马克思主义和社会契约论传统之中，但在哪里都得不到完全的解决。"见 Shapiro, *The Moral Foundations of Politics*, Yale University Press, 2003, p. 17。

结论,即一种民主的社会秩序。① 我认为,这种对民主制度的理性主义辩护,跟其它形式的理性乌托邦主义相比,可能同样危险。在我们的近现代历史上,这种理性主义的民主普遍论曾经在很多地方造成过巨大的伤害,不管这种伤害是来自本国人对外国民主制度的盲目效仿,还是来自外国人在某个国家推行的别有用心的民主实验。②

现代以来,我们的道德和政治领域之所以深受理性主义影响,原因并不像奥克肖特所说的那样,在于政治领导人缺乏政治经验。毋宁说,其真正原因,是大众社会需要有效的社会沟通策略。诉诸于人类理性的绝对性(自足性)和普遍性,一个理性主义者可以说服别人,或者甚至说服他自己,要根据他的建议来指导政治实践。大概地讲,在一个现代社会,理性主义的信念是这样起作用的:某些专家宣布,他们发现了某种关于社会生活的理性的理论,而且凡是能够进行理性思考的人都会得到同样的结论;一些政治家为这样的消息所鼓舞,他们组织起来并且鼓动群众去实现这样一种理性的社会秩序;一旦他们在群众的支持下获得了政权,他们就把这种理性主义的理论强加给每一个国民;大多数国民,或者出于社会化的压力,或者是出于作为分离的个体的无助感,或者是出于对权力的崇拜,将自愿地依附于这个极权主义的政权,依附于这个理性主义的理论。

奥克肖特所找到的替代理性主义的理论,是一种模糊的保守主义。这也是不能让人满意的。他认为,我们不应该像理性主义者那样,把信任寄托

---

① 罗尔斯并不明显地属于这个范畴,不过在某种意义上,《正义论》中的罗尔斯是有这种倾向的,即用理性主义的希望来为民主自由秩序作辩护。比如,罗尔斯认为,原初状态代表着一种观点,从这种观点出发,我们"不仅能够从所有的社会位置上,而且能够从所有的时间点上,来理解人的状况。"因此,原初状态的观点,就是所有的"理性人可以在现实中采取的"观点(见《正义论》最后一段)。罗尔斯原来是想把他的原初状态论证解释为一种理性选择论证;在后来的《政治自由主义》中,罗尔斯否定了这两者之间的联系。见 footnote 7, p. 53, PL; footnote 2, p. 82, JF。

② 参见 Robert Pinkley, *Democracy in the Third World*, 2nd edition, Lynne Rienner Publishers, 2002。我这里无意排除那些先发展的民主国家,因为在这些国家,理性主义的民主理论也曾经有过很坏的影响。法国大革命之后的混乱状况,就是这样一个例子——尽管我们对法国大革命的历史评价,从整体上还应该是正面的。

在理性上，而应该相信传统，相信那些在实践中得到检验的做法。奥克肖特建议，我们每往前走一步，都要保持怀疑和谨慎的态度，并且承认，我们可能没有很好地理解我们的社会，因而不应该完全根据我们的一厢情愿来轻易改造它。[①]奥克肖特的建议当然是老成谋国之论，不过关于什么是保守主义的积极目标，我们实际上还是一无所知。很显然，保守主义者并不想坚持说，一切的现存状态，作为传统的产物，都是自然合理的。另一方面，现代生活的快节奏，也不是我们想停就能停下来的，特别是我们还面临着一个争相发展的国际竞争局面。因此，摆在我们面前的真正的问题，不是如何维持现状，如何保留传统，而是如何向前走，往哪里走。要往前走，我们就得依靠我们的理性思考。在这个意义上，保守主义并不是理性主义的对立面，而毋宁说它只是理性主义的补充。这也印证了哈耶克的一个观察。哈耶克认为，"对所有保守主义的决定性的反驳"，就是"保守主义并不能为我们提供一个另外的前进方向。它可以通过减缓那些不受欢迎的事物的发展，而成功地阻挡现有的趋势，但是由于它并没有提供一个新的方向，它无法彻底阻止这些趋势。"[②]

我相信，我在本文中将要建构的制度主义理论，作为一种规范性的理论，可以在理性主义和保守主义之间实现这样一个微妙的平衡。关于传统为什么值得我们尊重，保守主义者往往不能给理性主义者一个满意的回答；保守主义者甚至可以合乎逻辑地承认，他的确不知道这其中的理由，而且也不需要知道。而保守主义者的这种反应，通常又会引来理性主义者的一个典型的批评，即保守主义者只是在非理性地、固执地坚持传统，因此保守主义者的观点根本不值一哂。保守主义者和理性主义者的对话，就这样僵在那里。要让对话继续下去，我们就需要制度主义所提供的中间立场。制度主义者承认，人类社会的制度，包括道德观念和其它一些社会的、政治的观念和架构，它们之所以能够有效地规范我们的社会生活，其原因并不能完全

---

① 对于"保守主义的脾气"，奥克肖特在"作为一个保守主义者"这篇文章里，有很生动的描绘。其主旨，是宁要细小的、缓慢的创新，而不要大幅度的、迅速的变革。见 *Rationalism in Politics and Other Essays*，第七篇文章。

② 见 *The Constitution of Liberty*，Routledge，1960，后记，"我为什么不是一个保守主义者"。

归结为社会的个体成员的有意识的理解和行为。不过,制度主义者也坚持认为,当社会的个体成员试图用他们的大脑和心灵去理解和改造他们的社会环境的时候,他们并没有错。对于制度主义者来说,首要的事情是避免压制对理性的自由运用,不管这种压制是来自保守主义者所保守的传统,还是来自理性主义者所向往的完美的未来。

社会科学中的制度主义

就像我们前面阐述理性主义的时候所做的那样,我们将先介绍"制度主义"这个词的传统意义,然后澄清本文将要讨论什么意义上的制度主义。

"制度主义"这个术语,在经济学、政治学、法学、社会学、人类学和其它一些学科中,都有广泛的应用。社会科学中的制度主义思想,其基本洞见就是:要理解一种社会现象,仅仅理解个人在"理性"选择中所表现出来的理性,是不够的;个人之间的互动还需要一些制度性的机制,而这些制度性的机制反过来又会影响个人的选择;因此,理解这些制度性机制,对于理解社会现象来说,也同样重要,甚至有时候会更加重要。

一般来讲,社会科学中的制度主义思想,是对理性主义的方法和理论的反动。就像我们前面所讲的哲学上的理性主义一样,长期以来,近代的社会科学也建立在这样一种理性主义的假设之上:既然社会秩序对于每一个个体的社会成员都是有利的,这种秩序一定来源于这些个体成员的各自不同的理性利益,以及由此而来的个体成员的理性偏好。这方面的一个众所周知的例子,就是亚当·斯密的一个观点:市场经济之所以能够运转,是因为个体的市场参与者对于各自的私利的追求,构成了一只"看不见的手",这只手能够自动地产生经济秩序。① 比斯密更早的霍布斯,也有类似的观点。

---

① Adam Smith (1759), *The Theory of Moral Sentiments*, edited by D. D. Raphael and A. L. Macfie, Oxford University Press, 1976, Part IV, Chapter 1, p. 184; Adam Smith (1776), *An Inquiry into the Nature and Causes of the Wealth of Nations*, edited by R. H. Campbell and A. S. Skinner, Clarendon Press, 1976, p. 471.

尽管霍布斯承认，如果我们允许每个人都自行其是，其结果将是自然状态下的混乱而不是任何的集体秩序，霍布斯仍然认为，社会秩序产生于每个人的理性算计："对暴死和伤残的恐惧，使人们产生同样的倾向，其原因亦如前述"，正如"对安逸和感官快乐的欲望使人们倾向于服从一个共同的权力"。① 这种理性主义的预设，也假设了人类理性的自足性和普遍性。

受斯密和霍布斯这些近代社会科学的奠基者们的影响，社会科学家们长期以来都服膺这样一个理性主义的模式，将个人及其利益和偏好当作是给定的东西，而将社会现象解释为个人选择的集合。比如，在经济学中，先是新古典经济学长期专注于个人选择理论，而在阿罗(Kenneth Arrow)于1951年发表"一般可能性定理"之后，②经济学又围绕社会选择理论(又称"理性选择"理论)和博弈论展开。对于新古典经济学家们来说，经济学"作为一门科学，研究的是人类的行为，这种行为体现了目的和具有不同用途的稀缺手段之间的关系。"③社会选择理论所要应付的基本挑战，就是阿罗定理所提出的问题：当社会的个体成员都需要在同样一组物品中进行选择的时候，他们的选择合起来并不能构成一个确定的集体选择，以作为整个社会

---

① Thomas Hobbes (1651), *Leviathan, or the Matter, Form and Power of Commonwealth, Ecclesiastical and Civil*, edited by Richard Tuck, Cambridge University Press, 1991, Part I, Chapter 11.

② 参见阿马蒂亚·森(Amartya Sen)1998年接受诺贝尔经济学奖时的演讲，"The Possibility of Social Choice," published in *The American Economic Review*, Vol. 89, No. 3 (June 1999), pp. 349—378, p. 351。关于肯尼斯·阿罗的定理，参见 *Social Choice and Individual Values*, New York: Wiley, 1951。阿罗的一般可能性定理也被称作"阿罗不可能性定理"，其核心意思是说，如果我们假定不同个体的偏好是既定的，那么民主的程序不可能在这些偏好的基础上得出一个确定的集体偏好来。有些当代的政治哲学家，就根据阿罗定理来否定民主制度的可行性。他们中比较有名的是 William Riker，其代表作是 *Liberalism Against Populism: A Confrontation between the Theory of Democracy and the Theory of Social Choice*, Prospect Heights: Waveland Press, 1982。要了解对这类论证的系统反驳，请参见 Gerry Mackie, *Democracy Defended*, Cambridge University Press, 2004。

③ Lionel Robbins, *An Essay on the Nature and Significance of Economic Science*, Macmillan, 1935, p. 15.

的取向。因此,各种社会选择理论和博弈论的任务,就是研究个人选择和集体决策这两者之间的关系,而后者则被作为前者的叠加。这类研究并不缺乏有意义的理论成果,但是他们都假定了一个理性主义的人性概念。从制度主义的角度来看,这个假设是有缺陷的:它忽略了那些背景性的机制,而正是这些机制在一定程度上决定着个人选择将如何做出,以及集体互动将如何开展。这些机制管的是所谓的"交易成本"(transaction costs),而交易成本是"物理系统中的摩擦力在经济系统中的对应物"。[①] 如果经济学不研究交易成本,那么不管它对数学工具的运用有多么的娴熟,这种经济学仍然会像不研究摩擦力的物理学一样,处于学科发展的初级阶段。

为了克服这种缺陷,一些经济学家提出了一种制度主义的对人的理解:先是有19世纪末和20世纪初的"旧"制度经济学家,然后大致在1960年科斯(Ronald Coase)发表"社会成本问题"以后,又有了"新"制度经济学家。[②] 这两个学派在风格和着重点上有很大的区别,但是它们在对人的制度主义理解上,多少是一致的。作为"旧"制度经济学的奠基者之一,凡勃伦(Thorstein Veblen)对这种制度主义的理解有很好的表述:"通过一个选择性的、强制性的过程,今天的状况塑造着明天的制度,因为今天的状况会影响到人们对事物的习惯性看法,因而改变或者加强那些人们从过去继承而来的观点或者心理态度。"[③]对于新制度经济学来说,个人选择或者理性选

---

① Oliver Williamson, *The Economic Institutions of Capitalism: Firms, Markets, Relational Contracting*, Free Press, 1985, p. 19.

② Ronald Coase, "The Problem of Social Cost," *Journal of Law and Economics*, October 1960。另一种观点将新制度经济学的起源追溯到1937年,也就是科斯发表"企业的性质"一文的那一年("The Nature of the Firm," in *Economica*, New Series, Vol. 4, No. 16, November 1937, pp. 386—405)。这种观点见于科斯自己的回忆:"The New Institutional Economics," *The American Economic Review*, Vol. 88, No. 2 (May 1998), pp. 72—74. Malcolm Rutherford 有一篇文章,简单而又全面地介绍了旧制度经济学和新制度经济学的运动。见"Institutional Economics: Then and Now," *The Journal of Economic Perspectives*, Vol. 15, No. 3 (Summer 2001), pp. 173—194。

③ Veblen (1899), *The Theory of the Leisure Class: An Economic Study of the Evolution of Institutions*, Transaction Publishers, 1989, pp. 190—191.

择，就其自身而言，几乎总是无限敞开的，因此要找到一个确定的方向，我们需要“一整套深层的制度，以使得我们根本不需要考虑这些问题，而作出这一类的选择。”如果没有这些制度性的因素，那么“个人的选择就会依赖于因人而异的主观性的模式，而由于行为者所得到的信息在大多数情况下都是非常不完全的，这些因人而异的主观模式就无法将不同的个人选择导向一种确定的集体选择。”[①]这样，经济学中的制度主义就跟古典经济学和新古典经济学中的理性主义传统决裂了，因为后两者都假定了理性在指导个人选择和集体选择时的自足性和普遍性。

对于这种制度主义的理解，社会科学的不同分支可能会有不同的版本，但是社会科学中的制度主义对传统社会科学方法论的批评，大体上是一致的。根据制度主义，人与人之间的社会秩序，包括宗教的、道德的、政治的、法律的、经济的秩序，并不是由一个被称作“理性”的先于制度的、普遍的人性所规定的；毋宁说，这些秩序是由不同的人在特定的时间、特定的地点发生交往、发展制度性关系的结果。正如法学研究中的制度主义者所言：“规范、目标和价值的体系，并不是逻辑上先于社会现实的某种组织性的、辩护性的力量……毋宁说，它们是在社会行为和交往中形成的。”[②]由于所有的社会秩序都来自于和成形于这样一个过程，每个地方的社会秩序都会带有本地的色彩，带有当地特殊的历史经验的印记。有时候不同地方的人会用相同的信念和规则来指导他们的行为，但是这些信念和规则在不同的地方会有不同的含义、不同的辩护方式、不同的效果。可以说，社会秩序最终存在于人们的心中，而人们的心理往往因为他们过去与人打交道的不同经验而有不同的倾向性。正如美国大法官霍尔姆斯(Oliver Holmes)一再重申的那样，法律的生命不在于逻辑，而在于经验，“答案不能从任何的一般理论中推导出来……作出决定的根据纯粹是实践性的，而从来不是语法和逻辑

---

① 分别参见 Douglass North, *Institutions, Institutional Change and Economic Performance*, Cambridge University Press, 1990, p. 23 and p. 17。

② MacCormick and Weinberger, *An Institutional Theory of Law: New Approaches to Legal Positivism*, Dordrecht: D. Reidel Publishing Company, 1986, p. 26.

上的推理。"①

现在让我们反过来问这样一个问题:制度主义用来取代理性主义的方向,难道就是所有社会秩序在时间上和空间上的特殊性和具体性吗?我们是否应该满足于社会秩序的多样性?社会科学中的制度主义者,在批评理性主义关于理性的自足性和普遍性的时候,的确提出了很好的观点。但是作为一种更好的对人的理解,制度主义是否也提供了一种更好的科学研究方法论?

制度经济学的支持者和批评者似乎都认为,经济学中的制度主义,除了强调要对具体的制度作更多经验的研究之外,并没有提供一个理性主义之外的实实在在的替代品。正如一个著名的新制度经济学家所说,"制度主义的核心观点,关系到制度、习惯、规则以及它们的演变。但是制度主义者并不试图在这些观点的基础上构建一个单一的、一般性的模式。毋宁说,这些观点所极力鼓励的,是一种具体的、历史的分析方法。"②西蒙(Herbert Simon)也曾经抱怨说,新制度经济学"提出了一整套的微观经济学方面的经验研究课题……除非这些课题被完成了……否则新制度经济学和那些相关的方法,都只能算是信仰。"③更一般地讲,社会科学中的制度主义,通过承认社会秩序在时间上和空间上的特殊性,促进了这样一种意识,即社会科学所研究的对象,与更广泛的社会、文化和历史背景,是密切相关的。这种意识推动了对这些社会现象的更经验性的、更切合现实的研究。不过还不清楚的是,社会科学中的制度主义是否指向某种确定的、规范性的结论。

应该肯定的是,制度主义对经验研究的提倡,本身就是一个不小的成就。以经济学为例,在新制度经济学兴起之前,新古典经济学的研究长期以来都是按照假设-推理的模式来进行的:先用一些假设来把事情简单化,然

① Oliver Wendell Holmes, Jr., *The Common Law*, Boston, MA: Little, Brown, 1881, p. 264.

② Geoffrey Hodgson, "The Approach of Institutional Economics," *Journal of Economic Literature*, Vol. 36, March 1998, p. 168.

③ Herbert Simon, "Organizations and Markets," *Journal of Public Administration Research and Theory*, Vol. 5, No. 3 (July 1995), p. 275.

后从这些假设出发进行逻辑和数学推导。因此，经济科学所自封的普遍性，其实建立在一些非常不现实的假设之上，比如“完全竞争假设、完全信息假设、契约完全行使假设、完全市场和契约假设”等等。根据这些假设发展出来的那些标准，“在现实环境下肯定会具有误导性”。① 因此诺斯认为，传统经济学“缺乏经验的研究”，②而制度经济学则提供了一种动力，让经济学家们去研究不同的制度环境中的具体的经济现象。

不过，如此来理解社会科学中的制度主义的意义，则制度主义似乎只是简单地否定了它所批评的理性主义方法的普遍性模式。社会科学中的制度主义似乎无意于发现社会现象背后的普遍法则，而只满足于对细节的描述和对特殊性的强调。正如一位“旧”制度经济学家所说，“随着经济学朝描述经济行为这个方向前进，一些很严肃的疑问被提了出来。不仅旧的经济法则的有效性受到了质疑，而且所有称得上‘经济法则’的东西都成了问题。事件的序列或许的确存在，不过它们都是随时间和空间的变化而转移的。”③在这个意义上，社会科学中的制度主义，在正确地拒斥了理性主义关于人类理性的自足性和普遍性之后，似乎无法保留任何的普适主义（universalism）因素。比如，虽然康芒斯（John Commons）有很大的兴趣要发展出一种带有普遍性的制度主义学说，④他却拒绝建构一种标明发展方向的规范性的制度主义理论。康芒斯要发展普遍性的制度主义学说的雄心，表

---

① Karla Hoff and Joseph Stiglitz, “Modern Economic Theory and Development,” at the webpage, http://www. worldbank. org/research/bios/khoff/hoff-stiglitz-frontiers%20of%20dev%20ec. pdf , p. 427.

② Douglass North, “Understanding Institutions,” in C. Menard ed., *Institutions, Contracts, and Organizations: Perspectives from New Institutional Economics*, Cheltenham, 2000, p. 8.

③ 见于 John Maurice Clark 在一次关于制度经济学的圆桌会议上的发言。“Institutional Economics,” in *American Economic Review*, Vol. 22, No. 1 (March 1932), p. 106.

④ 康芒斯的制度主义理论反映在两本书里面：*Instituitonal Economics: Its Place in Political Economy* (Macmillan, 1934) and *The Economics of Collective Action* (Macmillan, 1950)。

现在他那个著名的"制度"定义之中:"如果我们要找到所有堪称制度性行为都具有的那种普遍的环境,那么我们可以定义,一个制度就是一种控制、解放和扩展个人行动的集体行动。"康芒斯进一步认为,"从这种控制、解放和扩展个人行动的集体行动的普遍原则出发,我们不仅可以得出像权利和义务这样的伦理概念,以及安全、一致、自由和暴露(exposure)这样的经济上的概念,而且还可以得出像资产和债务这样的概念。"①然而,在需要对不同的制度体系做出比较的时候,康芒斯却拒绝下判断。比如,虽然他认为,"跟依靠法律上的强制行为的德国寡头、意大利法西斯主义和俄国的共产主义相比,美国式的资本主义依靠的是对领袖的自愿服从,因而更为强大、更加有弹性,也更有效率",但是康芒斯最终还是相信,"在现代条件下,我们很难说清楚,俄国的共产主义、意大利的法西斯主义和美国的银行家资本主义,这三者究竟谁代表着更好的公共政策。"②在这个问题上,新制度经济学也并不比旧制度经济学强多少。新制度经济学一般也强调"社会科学中的一般性理论的局限性。它所偏好的那种研究方法,会对不同时间空间上的社会经济系统之间的关键差别比较敏感。"③

与社会科学中的制度主义的经验性特征相比,我们要发展的制度主义,将更加理论化,更带有规范性。不过,在我们构建规范性的制度主义理论之前,我们需要在下一节中先澄清这种制度主义的两个核心概念,即"实践行动"(practical action)和"制度"(institution)。

实践行动与制度

分析社会有两种方法:我们要么把一个社会分析为由作为该社会的成

① John Commons, "Institutional Economics," *The American Economic Review*, Vol. 21, No. 4 (December 1931), pp. 649—650.

② John Commons, *Institutional Economics: Its Place in Political Economy*, pp. 896, 903.

③ Geoffrey Hodgson, *The Evolution of Institutional Economics: Agency, Structure and Darwinism in American Institutionalism*, Routledge, 2004, p. xiv.

员的人组成，要么把这个社会分析为由这个社会的成员所采取的行动组成。我认为后一种分析方法更为恰当，因为行动的主体既可以是作为个体的人，也可以是不同层次的个人集合体，而个人的集合体通常很难用个人的叠加来定义。比如，在1789年7月14日之前或之后的一段时间里，构成法国社会的那些人应该说基本上是同一批人，但是以那一天为起点，作为一个国家的法国却发生了天翻地覆的变化。有人可能想说，这种变化最终还是发生在每一个法国人的个体行动之中。不过同样明显的是，要对这种变化有一个完整的解释，我们还必须将这些作为个体的法国人当作法国社会的组成部分来理解。实际上，这些法国人本身在采取行动的时候，也怀抱着对法国社会的理解和期待，而不仅仅是对他们的个人利益的关注。

要理解“制度”和“实践行动”这两个制度主义的核心概念，我们可以将它们与理性主义的基本概念作一个比较。作为笛卡尔之后的现代哲学和社会科学的基础，理性主义理论有一个基本特征，就是笛卡尔式的对“内在自我”和“外部世界”的区分。在理性主义者看来，社会现象的发生，是因为个体的心灵在一个被称作“社会”的公共空间里相遇了。因此，“个人”和“社会”就成了理性主义的两个基本概念。与此不同，制度主义在理解人类及其社会的时候，并不依靠这种个人/社会二分法，而是依靠另外两个概念，即社会中的个人和个人群体所采取的实践行动，以及引导这些实践行动的制度。①

根据不同的理性主义理论给予“个人”和“社会”这两个概念的分量的轻重，我们可以在理性主义阵营内部划分出两个学派。一般来说，个人主义的理性主义相信，社会是实现个人目的的手段，而整体主义的理性主义则相信，对于社会的目标来讲，个人只具有工具性的价值。在霍布斯和亚当·斯密这样的个人主义的理性主义者看来，当个体的人在社会中相遇的时候，他们的口袋里已经装上了各自的私人利益和欲望；社会之所以对个人有价值，

---

① 我这里并不是说，制度是实践行动的唯一动机。人们的行动显然受到很多不同因素的驱动，这其中包括他们对自身利益的理解，以及他们的情感和想象力。在这篇论文中，我将主要考虑两类动机，即理性的(rational)动机和讲道理的(reasonable)动机。不过这些都不等于说，人们的实践行动只受这两种动机驱动。

是因为通过合作和竞争，个人在社会中可以满足他们本来具有的需求。用一个比喻来说，社会就是一个市场，具有不同利益和欲望的个人，通过市场上的交换，可以各得其所。对于黑格尔这样的整体主义的理性主义者来说，人类社会作为一个整体，有它自己的生命和目标，而个人的努力只是实现这种目标的途径。在这里，另一个比喻经常被使用：社会是一个活的有机体；要想这个有机体运转良好，这个有机体的不同的组成部分，也就是这个社会中的不同的个体成员，必须有意识或者无意识地履行他们各自的职能。①

不过，不管是个人主义的理性主义，还是整体主义的理性主义，它们的核心任务都是一样的，那就是发现"理性"的内涵，或者"人"的本性——这里的"人"可以是作为个体的人，也可以是作为集合体的社会。比较而言，制度主义既不依赖这种人性论，也不需要把"个人"和"社会"当作两个最基本的概念。理性主义继承了笛卡尔式的二元论传统，将个人和社会看作两种可以分离的实体形式；而制度主义则认识到，在本体论上，个人的存在有赖于社会的存在。制度主义总是将个人看作是社会的成员，而且认为这才是"人是社会的动物"这句话的本意：没有人类社会，没有那些或大或小的人类共

---

① 尽管黑格尔未必像波普尔和其他一些人所声称的那样，是集权主义的朋友，黑格尔的整体主义的国家理论，却很难被理解为一种民主主义的国家理论。这一点可以通过黑格尔的一段话来印证。黑格尔说，"仅仅因为所有的个人都是国家的成员，因为国家的事就是这些个人的事，因为要成就国家的事情必须让这些人知晓，必须符合他们的愿望，因此就认为他们中的每一个都应该参与那些关乎全体人民的政治事务的协商和决策，这就等于是建议将一种不具有任何理性形式的民主要素注入到国家的有机体之中。而国家之所以能够成为一个有机体，正是因为有了这样一个理性的形式。"黑格尔认为，个体公民的民主参与，应该服从于国家有机体的需要。这里我只是将黑格尔作为整体主义理性主义的一个例子，而无意从总体上评价黑格尔的政治哲学。上述引文译自 Hegel, *Philosophy of Right*, translated by T. M. Knox, Clarendon, 1942, p. 200. 波普尔对黑格尔的批评，见于《开放社会及其敌人》第十二章。考夫曼针对波普尔等人对黑格尔的集权主义指控，写了一个辩护，见"The Hegel Myth and its Method," in Walter Kaufmann, *From Shakespeare to Existentialism: Studies in Poetry, Religion, and Philosophy*, Boston, Mass.: Beacon Press, 1959, pp. 88—119。

同体，就没有人类个体。单个的人在生物学上或许可以生存下去；但是如果不生活在某种人类社会之中，单个的人无法形成人的智力和人的主体意识。[①] 因此，对于我们这里的考虑来讲，这一点尤其重要：我们不能脱离具体的社会环境来理解"个人"选择、"理性"思考等等，而把它们当作与来自社会的要求相并列的一个独立的变数。罗尔斯对这一点有比较明确的认识。他认为，"人们都深深地扎根于他们的政治和社会制度所组成的框架之中"；"人的概念和社会的概念是契合在一起的，它们相互依存，任何一方都不能独立于对方而存在。"[②]

为了在个人和社会之间找到某种平衡，制度主义将"实践行动"作为它的一个基本概念。[③] 任何一个实践行动最终都是由个人来完成的，不管这些个人是单独地行动还是集体地行动；不过，要理解一个实践行动的实际意义，我们就必须理解其中的社会因素。在这个意义上，实践行动是个体的人与他们的社会交汇的地方，或者说，是个体的人表达他们的社会性的地方。

作为一个范畴，实践行动并不包括所有的人类行动。有些人类行动只

---

① 在人类学中有一个很好的假说，认为那种通过复杂的理性计算和复杂的行动计划来应付复杂情境的人类智力，只有通过持续的社会交往才有可能形成。在某种意义上，我们可以说，群体智力是个人智力的先决条件。要了解这个假说，请参见 Kummer, Daston, Gigerenzer, and Silk, "The Social Intelligence Hypothesis," in *Human by Nature: Between Biology and the Social Sciences*, edited by Weingart, Mitchell, Richerson, and Maasen, Lawrence Erlbaum Associates Publishers, 1997。要了解对"社会智力"和进化道德所作的哲学思考，请参见 Valerie Stone, "The Moral Dimensions of Human Social Intelligence," in *Philosophical Explorations*, Vol. 9, No. 1 (March 2006)。

② MP, p. 366.

③ 近期对"行动"的哲学关注，可能起自戴维森。在 *Essays on Actions and Events* (Oxford University Press, 1980)中，戴维森建议通过意向性这个标准，将"行动"同单纯发生的事件分离开来。然而，在社会理论中，"行动"和"主体"这两个概念得到重视，是在更早的阶段。比如，对于韦伯来说，社会学研究的关键，就是解释各种社会行动的"意义"。见他的 *Wirtschaft und Gesellschaft* (*Economy and Society*, 1922), trans. G. Roth and C. Wittich, University of California Press, 1978, first chapter。

是出于生物学上的必要，而且通常并不带有实践上的考虑。呼吸、吃饭和睡觉就属于这一类的行动。这类行动可以在一种因果关系的语言中得到完全的理解。就非实践行动而言，我们完全可以说，疯子和正常人并没有太大的不同，因为疯子通常也能够以正常的方式来处理他们的生物学意义上的生活。[①]比较而言，实践行动并不能在物理的或者空间上的运动这个意义上来得到理解。不管是从一个观察者的角度，还是从行动者本身的内在角度，要理解一个实践行动，我们都既需要理解造成这个行动的驱动力或者原因，也需要理解这个行动背后的动机或者理由。这里所谓的驱动力，主要是指那些我们作为生物有机体所具有的力量，以及所遭受到的影响。这些力量和影响的存在，或多或少是不以我们的实践考虑为转移的。不过，这些力量和影响将如何推动我们，我们将怎样利用它们来为我们的利益服务，以及我们将如何理解和追求自己的需要和利益，却在很大程度上有赖于我们的实践考虑。因为这个原因，我们很需要认识到这样一个事实，即实践上的考虑可以被注入任何一种人类行动。比如，尽管在饥饿的时候我们一定需要吃东西，我们究竟吃什么以及究竟怎样吃，这里面却可以包含实践上的意义。在古代，关于饮食，尤其是一些具有重要社会意义的场合的饮食，是有严格的规矩和礼仪的。比如在古希腊，用来祭祀神的肉必须是家畜的肉，而且在祭

① 某些种类的疯癫，从实践行动的角度来理解，可能比从身体上的伤害这个角度来理解，要更为恰当一些。也就是说，有些人变疯是因为他们再也无法在正常的意义上理解和采取实践行动。这些人因此也就无法跟其他人进行正常的交流；换言之，他们与他们的道德共同体失去了联系。要说他们跟现实完全失去了联系，这可能有些夸张，因为很多这一类的疯子仍然能够很好地维持他们的生物学意义上的生活。毋宁说，这些人跟他们的社会中的道德和实践意义上的现实失去了联系。对于这些人来说，事物的意义与常人所理解的颇为不同。他们或许可以理解和采取实践行动，但是他们无法跟真实的人打交道，因为他们眼中所看到的，只是他们想象中的事物。如果我们这样来理解疯癫，则正常与疯癫之间的区别，实则只是一种程度上的区别。即使是非常正常的人，有时也难免会有一些不切实际的幻想，难免会对外来的刺激做出一些不合情理的反应。我们的所谓正常的实践行动，实在是一些非常脆弱的建构。我们根据实践上的考虑而不是我们的自然本能来指导我们的社会生活，而部分人的疯癫大概就是我们为这种选择所付出的必要代价。

祀之后能够享用这些肉类的人，必须具有自由人的身份。[①] 而一个现代的素食主义者，也可以基于健康方面的或者道德上的理由而反对吃肉。无论如何，在我们研究人类社会的时候，我们需要着力关注的，是那些具有实践含义的行动，而不同社会之间所存在的文化差异，完全可以被解释成理解和采取实践行动的不同方式之间的差异。

一般来讲，人们采取实践行动，可能有两种实践考虑，或者两种理由：在理性收益和利益方面，他们想要达成什么样的目标？他们想在自身中成就什么样的一个人，或者说，他们想被他们的社会同伴看成什么样的一个人，他们想在他们的社会中扮演一个什么样的角色？[②]这两类的考虑通常会交织在一起，不过一般来说我们仍然可以把它们看作是两类的动机或者目标。第一种目标，至少在某些情况下，可以由个人独立地完成；而第二种目标，则在根本上具有社会性，要求他人的实际上的或者想象上的在场。要实现第一种目标，一个人只需要理性地找到合适地实现它的办法和途径。而要实现第二种目标，我们就需要知道其他人过去的和将来可能有的一些意见和反应，需要知道我们是生活在什么样一个社会，或者我们想要通过我们的行动实现一个什么样的社会秩序。在本文中，我追随罗尔斯，将第一种动机称作“理性的”(rational)考虑，而将第二种动机称作“情理上的”(reasonable)考虑。

这两种考虑的相互关系，可以抽象地表述如下：作为两种考虑，它们可以相互独立，因为它们中的任何一个都不能被还原为对方，或者被从对方中

---

① 有一本书，专门讨论那些指导日常微言细行的礼节，其中就讲到跟人一起吃饭时的礼节。见 N. Elias, *The History of Manners*, New York: Pantheon, 1982。

② 坎贝尔(Colin Campbell)将这两种行动目标分别称为“工具性的”目标和“表达性的”目标，并且认为，大多数的人类行动都兼有这两种目标。参见 Campbell, *The Myth of Social Action*, Cambridge University Press, 1996, pp. 115, 118, 131。对人类行动的这两种动机进行区分，可能开始于韦伯。参见他的《经济与社会》第一章。哈贝马斯的交往行动理论，也依赖于这种区分，不过他把这两种动机分别称为“以共识为取向的”(或者“交往性的”)和“以成功为取向的”(或者“目的性-理性的”)。参见 Habermas, *The Theory of Communicative Action*, Boston, Mass.: Beacon Press, 1984/1987。这里我们需要提醒的是，可能有一些人类动机，并不能够完全被这种分类所涵盖。一个例外就是我们的情感，因为强烈的情感有时候会极大地影响到我们的行动。

推导出来；但是当这两种考虑同时起作用的时候，情理性的考虑一般来说会对理性方面的考虑构成一些限制。有时候我们也可以说，情理性的考虑其实只是为理性的考虑服务的。比如，良好的信誉通常有助于人们实现自己的利益，因此很多人讲求信誉，其实只是为了更好地实现自己的利益。但是，我们切不要误以为，情理性的考虑完全可以从理性的考虑之中推导出来。实际上，情理性的考虑通常受到社会规则的指导，而社会规则的制定和修改，一般是由一个社会或者一个社群来完成的，个体的人并不能随意兴废、取舍。通常来讲，在一个社会交往事件中，如果只是从各自的理性考虑出发，当事各方可能会面临过多的行动方案。这时候我们就需要引入情理方面的考虑，以缩小选项的范围，从而为当事各方提供一套既符合各自的理性考虑，又能够兼顾全体的行动路线。

关于这两种动机，理性主义即使不把情理性考虑完全还原为理性考虑的话，通常也会认为理性的考虑更加重要，更具有决定性。而制度主义则认为，尽管理性考虑对于人们的实践行动来说非常重要，这种考虑却必须受到一些社会规范的限制。对于制度主义来说，理性考虑并不构成人类实践行动的独立的或者充足的理由。人们的理性考虑通常会为他们提供太多的行动选项，而且其中的很多选项搭配会造成人们之间的冲突。人们最终在实践上会作出怎样的选择，通常要受到他们社会中的制度框架的限制。有时候，为了服从社会制度，人们甚至需要牺牲自己的理性利益。制度主义并且进一步认为，在社会生活中，人们的理性考虑从一开始就是在某种制度框架的影响下做出来的，制度框架自始至终都制约着理性考虑的范围。由于我们的制度框架是一个演化的过程而不是一个固定的结构，受这种制度框架制约的理性，也是一个历史的概念，它随着制度框架的发展而获得不同的内容。

有些哲学家可能还是想问这样一个问题：究竟是什么东西在推动着人们发明、服从社会规范并为之辩护？隐藏在这个问题背后的，是这些哲学家所建议的一个答案：促使人们去实践社会规范的最终动机，还是人们的理性考虑。针对这些哲学家，我们可以反过来问：在我们寻找最终动机的时候，为什么我们要停留在“理性”这里？实际上，如果我们真的要找到所谓的最终动机的话，我们就必须承认，追根溯源，驱使我们行动的，是我们的生物本能，而不是所谓的“理性”。毕竟，没有一个人可以理性地选择，他究竟可以拥有怎样的生物本能。正如麦考米克所论证的那样，“我们可以为我们做某件事情所能够找到的最简单的理由，就是我们做这件事情可以实现或者间接达成我们的某种欲望的满足。如果我们没有这一类的基于‘激情’、‘情绪’、‘情感’等等的简单的、个别的目标，我们可能就不会有做任何事情的理由。”然而，这些本能性的动因，其本身是“不具理性的”(non-rational)。“如果我们只是简单地对每一个此起彼伏的这一类欲望做出反应，我们的生活将会陷入一团混乱；而且，如果我们不仅具有这样的自然欲望，而且还想与其他具有相似欲望的人在一起过社会生活的话，人与人之间的冲突也将难以避免。”①

即便我们真的将这种自然本能当作“最终的”动因，我们也没有理由说，我们的所有生物本能的确都能够带来我们的理性利益的实现。出自本能的行为通常会为我们自身带来损失，正如那些咬了鱼饵的鱼。更糟糕的是，我们也根本无法证明，我们的所有生物本能都是以自利为原则的。很多生物学家都认为，人类的确具有一种社会本能，它驱使我们在有些时候不惜牺牲自我。在这个方面，我们并不比蜜蜂更有理性，这些蜜蜂对侵犯蜂窝的人报以最后一蜇，因而失去了自己的生命。此外，任何一种生物本能，任何一种可作为行为动机的物理机制，如果过剩了，或者如果处于其它的非正常状态，都可能具有自我摧毁的效应。因此，要说理性考虑就是最终的人类动机，这既缺乏逻辑的理由，也没有经验的支持。

即使我们承认，人们心目中的理性利益，就是驱使他们行动的最终动因，我们仍然不清楚，在不同的环境下面，我们究竟应该怎样行动才算理性。人们对于“怎样做才算理性”这个问题的解答，总有可能被事后证明是错误的，是违背人们想要最大化的那个“真正”的理性利益的。如果我们生活在一个陷入了混乱的社会里，我们可能被迫将我们的理性利益理解为某种非常狭隘、非常自私、非常反社会的东西。但是根据上述的所谓最终动机理

---

① MacCormick and Weinberger, *An Institutional Theory of Law: New Approaches to Legal Positivism*, Dordrecht: D. Reidel Publishing Company, 1986, p. 195.

论，我们这样做仍然是理性的，就如那些生活在组织更好的、更加公正的、更加有效率的社会中的人们一样。因此，将理性当作人类行为的最终动机，这种理论就算很好，也有些不着边际。我们所面临的主要问题，永远都是“如何促进我们的理性利益”，不管这种利益是个人的利益还是集体的利益。为了达到这种目的，仅仅说“人是理性的”还远远不够，我们还需要提出、确证和推行一些有规范性的解决方案来。

在某种程度上，那些想要将所有的人类行为动机都还原为理性的哲学家，和那些想要将所有的人类活动都还原为人类身体的物理活动或者物质活动的哲学家，都有着相同的意图。直观上讲，既然我们所拥有的全部家当就是我们的身体，既然我们的所有行动最终都依赖于我们拥有身体这样一个事实，则用一种只涉及人类身体的语言来解释我们的所有活动，实在是一种非常有诱惑力的想法。但是还原论的唯物主义至今所能够证明的只是这样一个事实，即至少在我们的时代，要用描述我们身体的物理运动的语言来描述我们的所有行动，是办不到的——更不用说为我们的所有行动提供辩护理由了。心理过程尽管最终依赖于我们的身体，但其自身却可以构成一些新的属性、新的因果链条；对心理过程的解释，不可能完全通过讨论身体活动的语言来完成。[①] 在这个意义上，试图将所有的人类动机都还原为理性，就有点像还原论的唯物主义所设定的目标。直觉上这个目标很有吸引力，但实际上它是一个不可能完成的任务——至少就现阶段我们具有的关于人类生物性的知识来讲，问题就是这样的。另外，如果我们考虑到，我们对自然和社会环境的心理反应，的确具有其自身的因果影响力和逻辑，则这

---

① 这里我没有足够的空间来反驳还原论的唯物主义。我只是指出，与笛卡尔式的实体二元论不同，因果二元论(causal dualism)在当代哲学家中仍然有很多的支持者。下面是三个例子。David Hodgson 在 *The Mind Matters*: *Consciousness and Choice in a Quantum World* (Oxford: Clarendon Press, 1991)一书中为“因果的二元论”做了辩护。请特别参见该书第 19 章。在 *The Conscious Mind*: *In Search of a Foundamental Theory* (Oxford University Press, 1996)一书中，David Chalmers 发展了一种二元论的意识理论。Paul M. Pietroski 详细地解释了，心理事件如何可以引起非心理的事件。参见 *Causing Actions*, Oxford University Press, 2000。

种目标或许是永远也实现不了的。如果我们认真地考虑一下我们的生物本能和前面所讲的社会本能，则这种“动机还原”，不仅是不可能的，而且也是不必要的。我认为，这种动机还原论所面临的问题，和唯物还原论所面临的问题，在结构上是相通的。

到这里，我已经定义了“实践行动”这个概念，而且探讨了实践行动的两个首要动机。现在，让我们来看看制度主义的另外一个核心概念，即“制度”这个概念。在这篇论文中，我将“制度”定义为指导和促进人类实践行动的最广泛意义上的规则。“制度”因此既包括道德和社会规范这样的“非正式的”规则，也包括“正式的”规则，比如那些指导我们的政治、经济和社会行为的明确的法律。①从广义上理解“制度”这个概念，这样做之所以必要，是因为我们要将“制度”和“实践行动”这两个概念当作紧密相连的一对概念。这两个概念并不组成一种二分法，而是覆盖着相同的区域。要理解实践行动，我们必须理解它们背后的制度或者规则。这当然不是说，任何一个实践行动，都要么是对某个社会制度的服从，要么就是对某个制度的违反。灰色区域的确存在，而且社会规范一般会给人们的其它动机（比如出于理性利益方面的考虑）留下很大的空间。② 尽管社会制度界定着社会地位的结构，但实际上你处于什么地位，这通常还取决于你的机遇、你的选择和你的努力。这一点可能尤其适用于现代社会，因为在一个现代社会中，所有的社会地位理论上都是向任何人开放的。制度主义并不宣称人是社会制度所控制的玩

---

① 这种区分，在不同的语境下面会有不同的后果。比如，在一个现代社会，那些带有惯例性质的规则，比如那些约定着人们在什么时间和场合穿什么样的衣服的规则，通常并不是立法者要管的事情；而那些带有法律性质的社会规则，它们要想具有实质的约束力，一般需要有特定的执行这些法律的机关，需要相应的立法。又比如，宗教性的规则，其演变模式一般会不同于惯例性质的社会规则和其它种类的社会规则，因为宗教规则的演变一般更加缓慢一些，更加艰难一些。

② Jon Elster 认为，人们的行为动机一般可以分为三类：理性、情感和社会规范。我倒是倾向于认为，情感的动机也可以被看作是理性动机和出于社会规范的动机这两者的某种混合。参见 Jon Elster，“Rationality，Emotions，and Social Norms，” in *Synthesis*，Vol. 98 (1994)，pp. 21—49。

偶，或者根据社会规范来采取行动就是实践行动的唯一合法的动机。我们或许可以说康德有类似的想法，因为他认为任何具有道德价值的实践行动都应该以服从道德义务为动机；但是制度主义没有这样的观点。①归根到底，人的实践行动之所以有别于纯粹发生着的事件，是因为要理解人们的实践行动，我们必须先理解这些行动背后的社会制度。

我相信，对"制度"的这样一个比较广的定义，很好地抓住了社会科学中的制度主义思想的主旨。那些提出了制度主义思想的社会科学家们，他们首先关心的，是实践行动的理性主义解释的局限性。他们认为，理性的考虑并不是人类动机的全部。为了从做出实践决定所依靠的那个更为广阔的背景出发来理解实践行动，很多社会科学中的制度主义者将"制度"定义为制约理性考虑的规范。比如诺斯就说，"制度就是规范着政治、经济和社会交往的那些人为设计的限制。它既包括非正式的限制，比如认可、禁忌、习俗、传统和行为规范，也包括正式的规则，比如宪法、法律、财产权，等等。"②对"制度"的这样一个比较广的定义，与上一节中我们所引用的康芒斯的定义一样，③反映着社会科学中的制度主义思想的一个主要关注之点：个人并不仅仅从他们的理性考虑出发来做出他们的选择，毋宁说，他们的选择是在一

---

① 康德的这种观点，可见于他那个著名的"绝对命令"："我不应该采取任何的行动，除非我的行动所依据的原则可以变成一个普遍的法则。"从义务出发采取行动，因此是康德实践哲学的一条核心原则。参见 *Immanuel Kant*：*Practical Philosophy*, translated and edited by Mary J. Gregor, General Introduction by Allen Wood, Cambridge University Press, 1996, p. 57。要说康德认为出于义务而行动是实践行动的唯一合法动机，这可能有些夸张，因为康德完全可以承认其它一些动机也是合法的，比如那些虽然不具有道德价值但也不违背道德义务的行为动机。

② 参见 Douglass North, "Institutions," *The Journal of Economic Perspectives*, Vol. 5, No. 1 (Winter 1991), p. 97。

③ 这里还值得提一下波普尔对制度的定义："每当我们讨论到一个（变化着的）人类群体遵守一套规范，或者履行一定的社会功能（比如教书、当警察、卖杂货），而这些功能又满足着一定的社会目的（比如传播知识、保护人们免于饥饿和暴力）的时候，我们倾向于用'制度'这个词。"参见 Popper (1962), *Conjectures and Refutations*: *the Growth of Scientific Knowledge*, New York: Harper & Row, 1968, p. 133。

定的社会制度的背景下做出的，这个背景为可能的理性选择设定了限制，指明了方向。

广义的“制度”，并不必然地对人们的自由构成“约束”。正如康芒斯在他对“制度”的定义中所说，制度涉及的是“对个人行动的控制、解放和扩展”。人们的实践行动，如果没有规范性的法则来引导，必然会互相冲突。没有规则的行动虽然“自由”，但由于它可能带来的冲突，它最终会威胁每一个人的自由。现代的经济、政治制度，可以让我们飞遍全球而无须拥有一架自己的飞机，也不必担心飞到哪里会被人打下来。实际上，我们完全可以说，最初人们之所以发明制度，肯定是因为那些人想让自己的行动更为方便——如果不是想给所有相关的人都带来方便的话。因此塞尔说，“制度的本质作用，人们拥有制度的目的，不是为了限制人，而是为了产生新的权力关系。人类的制度，首先是用来‘使之可能’(enabling)的，因为它们创造权力，一种特殊的权力。下面这样一些词语可以表明这种权力：权利、义务、责任、批准、允许、授权、要求、许可。”①

即使在我们澄清了制度的这种解放性作用之后，人们可能仍然有理由担心：制度主义会不会把人理解成制度的玩偶？到目前为止，我们对制度主义的表述，可能会让一部分读者警觉起来：即使刚开始我们可能的确是出于避免冲突和促进合作的目的才设计和服从社会制度的，这也并不能保证我们最后不会被困在制度的罗网之中。

为了解除这样的顾虑，我们有必要看一看对社会制度的辩护。在人类的制度生活的实践当中，对制度的辩护从来都是制度之能够产生效力和得以维持的一个必要条件。这不仅适用于一种制度的产生，也适用于一种制度的推行和修正。当我们向我们的社会伙伴推荐某种社会规范的时候，我们需要向他们解释，这种规范为什么是必要的，以及这种规范可以带来什么样的好处。当一种社会规范已经存在的时候，比如当我们从前辈的生活方

---

① John Searle, “What is an Institution,” *Journal of Institutional Economics*, Vol. 1, No. 1 (2005), pp. 1—22, p. 10.

式中继承下来某种社会规范的时候，为了使这种规范得到相关社会成员的服从，我们也需要为它做出这些人可以接受的辩护。对社会制度的服从，有时候也可以通过暴力来得到保障；在很多情况下，要推行一种社会制度也的确需要强制性的手段作为后盾。但是，即便你真的用强制手段推行了一种制度，如果你还想长期维持这种制度的话，你仍然需要对这种强制手段本身做出令人信服的辩护。最后，当我们发现一种社会规范在大多数情况下都弊大于利的时候，公众就会有一个重新的考虑过程，这个过程将引出对某种替代性的社会制度的辩护，以作为新制度产生的先声。在所有这些情况下，辩护的必要性都反映着人们在他们与制度的关系中的主动性。即使有时候人们需要把他们的社会规范内化到社会习惯的程度，他们仍然可以随时对这些制度的合理性做出反思，或者提出挑战。社会制度的运作跟电脑程序毕竟不一样，后者的运转只依靠一个算术的和机械的过程。

本文所发展的制度主义，认为制度和理性相比，具有一定程度的优先性。这样的优先性，并不妨碍理性作为实践行动的一种动机的合理性，而只是肯定了这样一个事实，即理性本身并不构成实践行动的全部动机。相应地，制度主义认为，与个人的和集体的理性考虑相比，社会秩序也具有一定程度的优先性。道德和政治哲学的核心任务，是构建道德的和政治的秩序，并为之提出辩护。个人的和集体的理性考虑或许会以相关的理性利益作为首要的目标，但是在这样的考虑见成效于实践行动之前，一定的道德和政治秩序必须首先已经存在。只有这样，相关的实践行动才能够顺利地展开。实践行动与制度的这种内在关联，反过来又会对我们的理性考虑造成深远影响，甚至于提高我们的理性思考能力。长期来讲，更加复杂、更加可靠的制度，将使我们能够在个人层面上和不同层次的集体层面上计划和开展更加复杂、更有成效的实践行动。要讨论作为人类理性地计划和行动的能力的自由意志，我们不需要讨论我们是否具有自由意志，而是要讨论人类如何能够通过制度的设计来扩展我们的自由意志。换个角度来看自由意志问题，则不是因为我们有了自由意志所以才要为我们的行动负责；相反，是因为我们能够通过越来越复杂的制度体系来为人们压上越来越多的责任，所以我们的自由意志才越来越多。这可能意味着，那些在过分溺爱的环境中长大的人，一般会在自由思考和行动方面遇到更大的困难，而且一般会更加容易沉溺于强迫性的习惯和嗜好；根据同样的道理，那些不曾经验过比较发达的制度体系的文化，在现代化的过程中将更加步履维艰。

到此为止，我们比较了理性主义和制度主义这两种政治哲学的方法论，并初步阐明了制度主义的内涵和优越性。究竟如何将制度主义发展为一种带有普适性的政治哲学方法论，以及采用制度主义将使我们选择什么样的政治秩序，这些工作要留待进一步的研究来完成。

（作者系北京师范大学哲学与社会学院副教授）

试论斯宾诺莎的共同观念：一个实践的维度

龚 重 林

摘要：斯宾诺莎的哲学一般被认为是一套静态的整体论体系，其中按照欧基里德几何学公理演绎方式所建立起来的实体-属性-样态的形上学架构无疑是斯宾诺莎哲学的标志。然而，这种看法有可能忽略了斯宾诺莎形上学体系和其政治思想之间的联系。本文认为，这个联系就在于斯宾诺莎由其属性平行论延伸出来的认识论体系，而斯宾诺莎知识区分中的第二种知识，亦即共同观念（理性），在这个连结中具有关键的作用。从身体与外物的接触形成的身体情状之激动（affections），进而相应地在心灵中形成两者关系的正确知识，运用想象力法则产生主动情感，以追求真正有利于生存的快感（joys），这是一个身体-知识-行动的连续发展系列，而这正是我们所强调的斯宾诺莎哲学的实践维度之所在。

一、前言

斯宾诺莎的哲学一般被当作是一个静态的形上学体系，多数哲学史家将他归为理性论传统中的一员，从而强调他思辨哲学的一面，例如其模仿欧基里德几何学演绎体系的实体-属性-样态的整体论结构。本文认为，斯宾诺莎本体论的严密体系虽然是他的哲学出发点，但是如果进一步考察斯宾诺莎的独特认识论体系，我们发现他并未停留于本体论的静态架构，并且经由共同观念（common notion），可以从斯宾诺莎认识论体系中推导出一个实践的转折，借着这一转折，斯宾诺莎形上学和政治社会集体行动的领域产生了连系。换言之，共同观念的身体-认识-行动的实践视域(horizon of practice)表现了斯宾诺莎思想中动力学因素的合理发展,这一动力学的因素进一步指涉某种可欲的政治与社会的行动方案。思辨哲学并不是斯宾诺莎哲学的全部,他的思想中也蕴含了丰富的实践维度。在此一实践场域中,身体与外物的共同关系是共同观念的物理维度,也是个体自我保存力量的指标,而观念与身体情感的共构是行动的发动机,可以扩充自我保存欲力的质与量。我们将从斯宾诺莎对于身体情感的区分开始,透过这个区分连系到正确观念与混淆观念的形成,说明共同观念如何导引出价值判断与行动。本文最后认为,此一心灵与身体共构的力量有可能建构某种理性的力量共同体,为政治与社会的实践开辟一条力量解放的道路。

二、主动情感与被动情感

对于斯宾诺莎来说,促进自我保存与其力量增长是事物本身的自然倾向。① 而作为自然事物之一分子的我们,也适用此一原则。② 自我保存的目的始终是我们行动的准则,当所受到刺激的身体情状(affections)有利于此目的,便能够维持或增加自我保存的力量,因此,这类刺激的情状及其相应的观念无疑也是我们所追求的目标。但是来自外物刺激的身体情状未必都能达到自我保存的目标,其中有些身体情状有利于此目标,其他则否。自我保存是本体的规定性,也是行动的准则,它具有伦理学的意义:凡有利于自我保存之身体情感,既为快乐之所在,是价值上可欲的。斯宾诺莎从本体规定性过渡到伦理学实践的判准,还必须经过一个认识论的阶段,亦即我们必须对有利生存或不利生存的身体情状作出区分,并以此区分为基础建立起正确观念(adequate idea),这是跨向行动关键的一步。区辨有利与不利的身体情状,能形成真正有利于吾人的主动情感,产生追求持续的、稳定的、积极的快乐的行动,从而增加自身存在的力量。

当我们的观念不能反映造成身体激动的正确原因,我们便不能认识到事物间正确的因果连结,从而产生错误。被动的情感和主动的情感都追求能够满足、并且增进我们

① Spinoza, *Ethics*, III, p. 4, in *The Collected Works of Spinoza* (trans. by E. Curley, Princeton University Press, 1985), p. 498.

② Henry Allison, *Benedict de Spinoza* (San Diego: Twayne Publisher, 1975), p. 124.

生存所需的事物，这类可以为我们带来生存利益的事物与我们的身体接触，在我们身体与心灵所造成的结果就是快乐的情感。

当我们不理解造成快乐的真正原因，我们的身体与这类事物（与身体的本质相容）的接触所产生的快乐大多是随机的，也就是说，这类型的快乐并不稳定，今天得到了，明天未必还能得到，现在用这种方式得到，未来未必能用相同方式得到。因此，造成这种快乐的原因完全是外在的，无法为我们所掌握，而这样的情感可说是被动的。可以说，当我们无法对事物之间的关系建立正确观念，我们生存欲力就沦于被动的状态，在各种不连续、片片断断的事物关系中任由各种外在的力量所摆布。但是当我们能够建立正确的观念，也就是说，我们可以理解身体与外在事物之间的共同关系时，①对快乐情感的追求就不再是任由外物摆布的状态，我们可以利用知识追求快乐，化原先的被动状态而成为主动的状态，换言之，这种快乐源于内在的因素（我们的对事物的正确认知），是主动的情感。

主动情感来自于理性，但这并不是说我们先追求超越的理性，然后离苦得乐。相反，首先是因为我们追求欲力的最大化，②在身体与外物接触的基础上寻求可以使我们

---

① *Ethics*, II, p. 39, dem., pp. 474—475.

② 斯宾诺莎用 *conatus* 来表明其本体论的前提："除了被另一个外在的原因（事物）所毁灭，否则存在的事物不会消失……所谓事物的本质就是上述的肯定性，而非对其之否定"（Spinoza, 1988, III, p. 4, p. 498）。斯宾诺莎最常用 *conatus* 这个词来指称事物持续存在的力量，其中包括人类求生存的努力。斯宾诺莎的 *conatus* 既可以指涉人类身体也可以指涉心理，或者同时指涉两者，当中每一个指涉他都给了一个不同的称谓。当指涉心理方面的表征时，他使用 *voluntas* (will)，当指涉身体方面的冲动（impulse）时，他用 *conatus*，而当同时指涉两者时，他用 *appetitus* (appetite)。有时他又扩充这个字的用法，并用整句话来表示，例如：*conatus sese conservandi* (the striving for self-preservation) (Duff, 1903, ch. VII)。

任何促进自我保存的身体情感（affections of the body）都能增加身体的力量，反之则减少身体的力量。自我保存的努力是自然的第一律则，也是我们所有感情的基础。心灵就是对身体的意识，或者说是对所有发生在身体中的状态的意识，而既然发生在身体的情状中事物的秩序与发生在心灵中观念的秩序一致，因此，"任何增加身体行动力量的事物在心灵之中有其相应的观念，这个观念同样也增加我们心灵的思想力量，反之，则减低我们思想的力量"（Spinoza, 1988, III, p. 11, p. 500）。这些能够增加或减少身体行动力量的身体情状（affection of body），加上这些身体情状的观念就是斯宾诺莎所说的情感（affect/emotion）（Spinoza, 1988, III, def. 3, p. 493）。

离苦得乐的、稳定的、可重复的、共同的身体经验,而这些身体经验必然反映在思想上有关事物之间正确因果连结的观念,我们可以依照这些正确观念,以理性主动地追求欲力的最大化,而非受限于与事物的随机接触,始终处于被动。从被动的情感到主动情感的建立是连续的过程,身体与外物共同性经验(既身体与外物的相容性)是一个随着身体在世界中发展成长的累积过程,而心灵(观念)与身体、思想与广延,在斯宾诺莎那里是一体的两面,有此必有彼,反之亦然,此所谓属性平行论。所以与身体经验相应的观念体系也有一个逐步成熟的过程。在这过程中,原先混乱的认知体系与时时处于被动情感影响下的个人逐渐脱离蒙昧与无知,理解到真正有利于自己的事物为何,从而主动追求快乐。

知识就是心灵的主动力量,知识就是在思想属性下的欲力。知识的内容无法直接产生对欲望的改造(心灵不能影响身体,反之亦然),为达此目的,它必须转变成情感。而透过平行论,在建立以知识追求快乐之满足的过程中,我们的身体确实体验到一种更为强大的欲力满足,只有用更强大的情感力量才能改变原先无力的、被动的情感状态。由被动情感过渡到主动情感,从混淆观念到建立正确观念的过程总是伴随更为确切的、比原先被动情感更为强力的主动快乐情感之满足,知识唯其具有强大的情感力量,才能改变欲力原先的倾向。知识能够具有真实的情感力量,所以才能将被动的情感转化成主动的情感,我们可以把这种转化看成是对欲望(欲力)之教育。

理性能够理解造成我们身体那些基本情感的真正原因,它可以主动的力量改造后者、教育后者、乃至治疗后者。斯宾诺莎的平行论恰巧赋予了思想不受广延物体的影响(无交互作用),思想可以依照比较、归纳、综合等作用安排观念的正确秩序,而不受到身体的影响。但思想的力量是主动的,它可在依照事物正确的秩序行事而得到更多利益的前提下改变我们原先行事的方法。理性就是欲望合理的自我发展,欲望以理性实现自己。无知是一种罪恶,但重点并不是(或至少不全是)它不具备认知能力,而主要是因为它代表了欲力错误地以外在的事物,而非以内在的理知为其追求欲望满足的原因,这就是被动的情感,代表欲望追求的对象是错误的,无法真正达到其目标。如果把理性与无知当成是心灵认知内容的呈现,它们各自源于主动与被动的情感。无知的人并不是因为无知而自大,而是因为自大而无知。因此照这个逻辑来看,人的性格(自卑、自大、羞怯、友善、忌妒等)反映了种种欲望及其活动力的状态,这些情感的倾向出于欲力设定而先于任何价值判断。并非欲力遵循既予的价值,而是任何价值皆出于欲力之倾向。

不正确的观念是可以透过建立正确观念加以转变的,正确的欲望是知识的先决条件,不能正确理解自己的动机以及行为对其他事物的影响,这是一种无知的状态,这便是被动情感和弄错追求对象的欲望所造成的结果。只有自主的人才能为自己行为负责,因为他对自己之所以这么做或那么做的原因完全理解。知识可以产生行动的原因,这原因是内在的,而其所导致的欲望是主动的,换言之,行动立基于自我对诸事物关系的理解,而非仅止于外物的刺激。心理上的被动因素和外在事物刺激为导向的欲望或行动造成了理知的混淆,以外物为导向的欲望无视于真正的自我满足,反以自我为追求这些外物的手段,此种欲望使人沦为被动情感的俘虏,并被它所宰制。

三、共同观念与存在之实践的视域

令人愉悦的快感是自我保存欲望追求的目标,前者令后者力量增加,按照斯宾诺莎物理学的原则,自我力量的增加代表外界事物的力量能够合并入自身力量,之所以能够并入自身,乃因两者在力量共同增长的方向有一致性,亦即两者在彼此结构中具有促进存在的共同性(commonality between two things),且身体力量在这个与外在事物力量合并的方向上居于优势的地位。在被动的情况下,这种身体力量的增长没有确定性,因此合并时的优势不必然一定掌握在身体的这一边,只有在主动的情况下,亦即身体以一种主动的方式追求与外在事物力量合并的共同性,从而保证自身处于掌握力量增长方向的优势地位。当这种共同性被正确地反映在思想中的观念(依照斯宾诺莎平行论原则：身体情状的秩序与观念的秩序一致），斯宾诺莎称之为正确观念，此观念反映了事物之间的正确因果关系，当身体的情状不能反映这种共同性，从而是一种混淆不清的状态，在思想中的观念也是混乱的，不能建立事物之间正确的因果关系，进而产生错误，此所谓错误观念（inadequate idea）。但不论错误观念或正确观念，它们都是真观念，①因为它们都来源于反映了身体情状的想象力（产生观念的能力）。而我们与外物唯一的接触点就是身体，身体情状激动的原因只能是具有相同属性的另一广延中的事物，而观念并不与外物相接触，观念的原因只能是另一个观念。相应于身体情状的想象力是所有认识的前提条件，所谓现实就是身体与外物之间的共同性与其在观念上的反映。

由此可知，只要我们掌握了这个共同性，易言之，就是认识诸事物之间正确的因果关系，一旦建立这种认识能力，我们当能主动追求愉悦快感之事物，对如何达到所欲的目标无不了然于胸，而安之若素。按照平行论关系，对于事物之间的共同性的认识越多（这是指一种结构上的共同性，而非由感觉材料抽象而来的形式），我们的身体越趋于按照这个原则追求使之幸福的事

---

① 真与假是本体论的问题，真（true）就是与观念和其对象是一致的，即观念必有其对象存在，假则为相反，即观念和对象不一致，但是正确与错误（adequate or inadequate）属于认识论的问题，所谓正确的意思是：观念如其所是地表象了它所表象的对象，错误则是观念没有如其所是地表象其所表象的对象。真与假只与观念的本质性有关，正确与错误则与观念的表象性（representation）有关，涉及与观念和它所表象的事物之间的关系。从本体论的角度看，所有的观念都是真观念，没有所谓的假观念，因为所有观念都与其对象一致，这包括了人心关于外物的激动所产生的情状之观念，因为观念有人体的情状作为它的对象并与其一致。然而从认识论来说，并非所有观念都是正确观念，虽然所有观念都与其对象一致，都是真观念，但是它们并不一定如其所是地表象它们所表象的事物，只要如实地表象它们所表象的事物，就是正确观念，凡无法如实地表象它们所表象的事物，就是错误观念。此处可以沿用洪汉鼎（1997）所做出的区分：即真观念包含正确观念、错误观念、虚构观念、可疑观念。斯宾诺莎曾说："我想要促使读者注意的，就是：心灵的想象，就其自身看来，并不包含错误，而心灵也并不由于想象而陷入错误……"（《伦理学》，第 60 页）

物。在斯宾诺莎那里,外物与身体的共同性通过身体情状的激动而在心灵中有相应的共同观念。① 思想对这些观念进行归纳与综合,能够进一步形成有系统的知识。共同观念是所谓第二种知识,具有确定性与普遍性。而造成错误的是第一种知识,亦即来自想象或意见,是混淆不清的印象及其在观念上的反映。

共同观念何以具有强大的情感力量并克服被动情感的束缚?这就必须对理性与想象力的关系作一些说明。按照斯宾诺莎,想象力具有这个特征:厌恶的情感越强烈,排除厌恶所需的快乐情感亦必越强烈,如果我们以为出现在想象中的事物必定如此地被表象,则对该事物的印象所产生的快乐情感势必压过并不被我们以为必然表象的事物所造成的厌恶的情感。②我们越是理解事物的必然性,则越不受想象的激情所影响(亦即情绪妄动的剧烈起伏)。③ 受到身体与外物随机接触的影响,想象力所表象的身体激动与引起该激动的外在原因之间没有必然的连结,想象力以为某种事物就是引起快感的原因,而事实上却不必然如此,每次当想象力想象该事物时,不见得都会带来快感,因为真正的原因可能是其他的外物所造成,于是想象力遂处于一种动摇的状态,④对于想象中可以带来快感的事物并不确定,常造成各种不切实际的期待或错误的希望。当快感的满足是建立在偶然性的基础上,想象力无法稳定地表象真正造成快感的事物,那么,身体便处于激情妄动的影响下,必定时常经历快感不能满足的挫折与痛苦,从而处于生存力量低荡的状况。

然而,理性(共同观念)与想象力(亦即心灵对身体激动进行表象的能力)的关系不必然毫无交集,虽然理性的共同观念或正确观念与想象力所形成的混淆观念不同,前者反映了事物之间的共同关系,具有必然性,共同观念是对有利于生存事物知识的掌握,该类观念的出现总是与那些满足生存目的、并为我们所欲求的事物印象稳定地连结在

① *Ethics*, III, p. 39, cor., pp. 474—475; III, p. 40, schol., pp. 475—476.

② Ibid, III, p. 37, p. 515.

③ Cf. *Ethics*, III, p. 37.

④ Ibid, III, p. 17, p. 504.

一起。运用想象力所具有的特点，理性能产生主动情感，因为理性总是按照事物的正确知识将身体的激动与引起该激动的真正原因连结在一起，从而稳定地、恒常地将真正引起我们快感的事物示于想象之中。[1] 这样就能产生一种比想象的激情更为稳定强大的力量，克服想象的激情所造成的被动情感。理性虽然必须以想象力所示于吾人者为材料进行统整归纳，但却也能利用想象力本身的特点去除想象力对我们的束缚，两者间可以建立一种和谐的关系，尽管斯宾诺莎所塑造的这种关系乍看之下颇为奇怪。

经由共同观念的建立，我们可以从想象与意见进入理性，换言之，被动情感被主动情感所取代，由此，偶然的快乐走向必然的幸福。共同观念是连结斯宾诺莎物理学与实践政治学的桥梁，标志着从理论筹划走向实践的转向(亦即从共同观念的产生到追求幸福的行动)，也是我们现实存在的实践视域:

力量的增加＝被动地追求更多令人愉悦的快感(透过身体与外物之间的互动接触)→理解存在物之间的力学共同性(共同观念)→依照正确观念主动追求愉悦快感的行动。

我们可以参考德勒兹对于斯宾诺知识型态的讨论来说明此一实践视域的意义:[2]想象力是相应于身体情状之激动在思想中所产生的观念之能力，它所产生的观念更多地来自于我们的身体，而非外界事物，但是身体与外界事物能够具有共同性，因此以身体情状之激动为对象的观念不必然只是身体本身的标征(signs:即以一事物代表另一事物)，当它所对应的身体情状之激动与外物不具有共同性时，它纯粹只是代表身体的标征，但当它所代表的身体情状之激动与外物具有共同性时，它就成为身体与此外物之间共同性的指标(indicative signs)，从而打开建立共同观念的大门，并且使个物与其他个物得以联系起来，增加存在的力量。至于意见与启示

---

① Ibid, IV, p. 7, dem., p. 600.

② Deleuze, *Expressionism Philosophy in Spinoza* (translated by Martin Joughin, Zone Books, N. Y., Third Priting, 1997), pp. 289—291.

都是来自他人的传述，而非来自个人与世界的直接接触，它们带有更多的以讹传讹和自上而下不可质疑的律令性质的标征（imperative signs）。透过想象力中介，有可能认识正确的因果关系，因此，这一实践意义的视域寓含了知识型态的提升：第一种知识（意见、想象、启示）→想象→第二种知识（共同观念、理性）。从想象到共同观念是一个连续的过程，所谓的理性就是"一种身体情状的激动，这种激动必然地与事物间的共同性相联系，从而恒常地将此共同性示之于吾人者……并且我们总是一无错误地如此想象。"①理性就是一种经过强化的想象力，此想象力经由建造更多的共同观念以增加其存在的力量。

在这个实践的视域中，从被动身体情状到共同观念的建立是一个学习过程：人身在经验中累积事物共同性的知识，从对个人直接经验粗糙的简单比较，进而加入其他人对类似经验的分析与综合，最后经过一个不断积累、去芜存菁的系统化过程建立起科学知识，并以此妥为筹划自己的生存福祉。也就是说，这是一个有关认识论的实践筹划。我们从被动情感经由想象力的协作，建立共同观念，再藉由共同观念的理解以追求有益于我们存在力量的愉悦快感。而理性认识到众人力量相加大于个人（人类的共同性的关系最具有生存的利益），共同体的生活可保证理性生活，从而更有利于生存，所以理性的发展必然要求我们建立此种共同体。因此，共同观念的建立不仅是个体在身体与心灵方面的学习过程，其最终也必然指向一个以科学认识为目标之理性共同体。所谓学习就是在这种共同体中建立对自己、他人、世界的正确认识，这是一种德行的建立，目的是通向必然的幸福，斯宾诺莎通向幸福的道路是力量的实习课，也是德行的教育。第二种认识（理性）的不断精进终能升华至第三种认识（在永恒相下直观），亦即透过科学知识的积累与理性的长期培养，将自身放在与整体的无限肯定性的连结中去理解，幸福就是对此连结的认识与由此而来的主动情感之追求，如此可以克服激情的盲动，从而安然淡定。

共同观念是打开进入斯宾诺莎实践的视域的锁钥，斯宾诺莎说，

---

① *Ethics*, V, p. 7, Dem., p. 600.

"对人来说,另一个人是对他最有用的东西,"[1]换言之,两个人的结合大于一个人的力量,群体是个人力量有效的连结与扩大。前面提到,共同观念是由思辨进入实践的枢纽,藉由共同观念,我们达到理性,进而臻至幸福。个人从身体与外物接触的经验累积知识,而与人的身体共同性最高的是另一个人的身体,我们可以透过另一个人已经累积的人身经验与知识扩大自己知识的质与量。换言之,人可以藉由另一人的知识与经验的指导与传递最有效地增加生存力量,共同观念的发展预设了一个理性共同体,这个理性共同体的形成正是从身体的有力连结开始,而具有共同观念的诸身体之结合,目的是最大程度地增加自我保存的力量,这是此共同体通往解放与自由的必经道路。[2] 也即是说,身体欲力(bodily *conatus*)的政治学由身体的力量出发,以共同观念为导引,连结更多的身体力量,以组织一种由解放的身体力量所组成的共同体,并在这种共同体的生活中学习锻炼共同观念所由生的主动情感,这种共同体能确保并促进诸身体的福祉。

四、建构性的群众与行动实践

力量即权利,这是从斯宾诺莎力量本体论之规定性得出的政治学命题,在这个方面,斯宾诺莎与霍布斯无疑具有相同的看法。[3] 依此命题推导,诸个体之间可以建立增进生存力量的关系,此关系的再组织与调整可以增进我们的力量,两个人联合起来的力量比一个人大,从而他们对自然就拥有更多的权利,两个人各自分开来,权利也随之缩小,同理,由个体组织起来的集群越大,这个集群对自然就拥有越大的权利。[4]

在这里,我们可以再引德勒兹的看法为例,后者认为,斯宾诺莎的

---

① Ibid, IV, p. 18, Schol. (iii), p. 556.

② 斯宾诺莎所讲的自由指的是在必然性知识的观照之下所产生的一种情感上的安定与幸福感,亦即在理性的指导下所产生的强大情感力量,以克服盲目激情的侵扰,这是一种具有斯多葛主义意味的自由。

③ 《政治论》,第 2 章,第 3—4 节,第 10—11 页。

④ 同上书,第 2 章,第 13 节,第 17 页。

力量政治学(politics of power)其核心要素就是依照力量的法则组织诸个体间互动的关系,使彼此之间的力量可以联系起来,从而增加生存力。自然权利并未被公民权利所否定(例如在霍布斯那里,个人自然权利被让渡给社会契约)。相反,公民权利仍然拥有其自然权利,如同想象力在理性的构划中被强化了一般(由被动情感所制约的想象力达到以主动情感为动力的想象力),自然权利被保存下来,并且进一步增强了。在这个过程中,诸多个人所构成的不相干的集群(multiplicity of society)被转化成具有建制力的理性共同体(multitude),换句话说,各不相干之集群(multiplicity)在理性的指导下被转化成具有知识建制力的社群(multitude),而这种群众所建立的共同体便是好的城邦。然而,当个体与个体之间,集群与集群之间处于彼此不止息的斗争和对抗之中时,我们难以营造此种共同体,唯其能够按照力量扩增的动力学原则被组织起来,此共同体方能持续存在,而在此社会中的规范性条件也才能成为真正的公民权利,所以说,具有建制力的理性共同体就是被强力化了的诸个体之集群。

因此,我们可以看到,斯宾诺莎的公民权利概念以第二种自由(依照力量的法则组织诸个体间互动的关系所获得的自由)补充了第一种自由(从既有秩序之枷锁摆脱出来之自由),诸个体无导引的身体欲力的集群之自由转变成为具有建制力的理性共同体之自由。后者的规则就是民主:"这种由理性共同体力量所定义的权利通常被称之为国家,它完全由具有共同同意基础的个人所控制,并由其安排公众的各项事务……如果这个责任由相同原则组织起来的议会来承担,那么这个国家就被称之为民主的国家。"①可以说,从各不相干的集群到理性共同体,斯宾诺莎用民主的概念强化了个体的自由与解放。② 换言之,他所谓的民主意味着由具有建制力之理性共同体进行绝对统治,而其成员则由具有建制力的个人所组成,成员彼此之间无有高低贵贱的区分

---

① 同上书,第2章,第17节,第19页。

② Gilles Deleuze, *An Apprenticeship in Philosophy* (Michael Hardt, University of Minnesota Press, 1993), p. 110.

(亦既那些不属力量内在化原则的各种先验的区分),都具有发扬其存在力量的公民权利。而德勒兹则认为,这种民主是“组织与管理诸个体之无引导的身体欲力间互动关系的艺术。”①

五、结论

共同观念是斯宾诺莎从实体形上学跨入力量政治学与实践伦理学的一道桥梁。从认识论的角度来说,我们可以看到人类欲力的实践如何透过共同观念建构不同种类的知识。人类欲力的实践由被动情感到达主动情感,由想象力到达理性,共同观念正是枢纽所在。共同观念不是什么神奇的先天观念,它来自于世界自身,这个共同观念能够协助我们组织并整理混淆的、不正确的、充满着令人痛苦的种种个体之间的互动关系,以其所产生稳定的、强大的情感力量将令人痛苦的关系转变成一种令人愉悦的、正确的,乃至圆融的关系,就像我们藉助共同观念从想象力(混淆观念)提炼出理性(正确观念)一样。用平行论的话来说,具有建制力的理性共同体的知识建构是一个方面,它必然相应于此一共同体在现实上的建构,此一由世界自身出发的共同观念所建构的社会体,是具有建制力之理性共同体的物质形式。

斯宾诺莎的共同观念是一个桥梁,连接身体、知识、行动。传统上对于共同观念的讨论集中在认识论,对于其在实践方面的讨论并不多,但是事实上我们却可以从共同观念中发掘出斯宾诺莎哲学的实践维度,这主要是因为斯宾诺莎那种奇特的认识论模型:它既不是观念论,也不是简单的唯实论,而是一种间接的唯实论与(观念-身体)平行论。身体和世界接触产生兼容或不兼容的关系,兼容的关系产生令人愉悦的感情,不兼容的关系产生痛苦的情感,在意识层面相应地伴随有正确观念和混淆观念的出现,正确的观念就是对身体与事物之间共同性的知识,亦即斯宾诺莎所谓之共同观念。共同观念是有利于我们生存的知识,能增进自我保存的力量,共同观念越多,理性的作用越

---

① Gilles Deleuze, *Expressionism philosophy in Spinoza*, p. 262.

大,我们的力量便越大。想象力的激情经常处于处于一种动摇的状态,快感的满足是建立在偶然性的基础上,想象力无法稳定地表象真正造成快感的事物,那么,身体便处于激情的影响下,必定时常经历快感不能满足的挫折与痛苦,从而处于生存力量低荡的状况。理性与想象力能够建立起一种和谐的关系,它不仅只是抽象的观念,理性运用想象力的法则,同样具有稳定强大的情感作用,能将真正引起快感的事物恒常地示于吾人的想象之中,这种强大的理性情感,可以克服与混淆观念相应的被动情感,追求真正的幸福。这种由理性的主动情感所产生的行动,能为个人带来福祉,理性使个体加深对自己与世界的认识,是力量的放大器。此外,理性对自己与他人之间共同性关系的认识,也能够促成共同体的发展,集体力量是个体力量的倍增,理性的共同体生活是任何基于自我保存目的的个人所追求的目标。

理性的共同观念与身体的情感不是对立的,它们是平行的共构,是自然力量的两个方面,彼此虽无交集,但是都属于同一个自然的秩序。自我保存目的在本体论上是第一义的,没有超越身体力量之增加与保存的目的,理性与情感都服从于此一最高前提。理性的共同体生活就是身体力量被强化的诸分殊个人之连结,这种连结采取共同同意的形式,个体力量与代表集体的力量在其中处于兼容的关系,共同体的成立并非基于恐惧,而是基于符合自我保存目的的理性。我们可以看到,经由共同观念的形成、主动情感的推动、并在此实践之视域的基础下产生实际的行动,此一行动的场域由个人扩大到集体生活,理性的城邦生活是身体共同性的最高表现。力量即权利,自我保存力量的幅度有多大,其对自然的权利就有多大。理性按照此原则得出共同体生活为个人自我保存最佳的策略,按照理性组织起来的共同体是对个人自然权利的最高保障,**集体力量的基础来自于每一个在力量上得到最大程度发扬的个体**,民主政体则是此一原则的最高体现。暴政与专制是城邦共同体生活的对立面,它必然反对理性的生活与价值,因为理性的作用是促进力量的发扬,而暴政与专制则是对力量的压抑和摧毁。从斯宾诺莎的认识论体系可以进一步推出相关的政治学的命题,其中包含着反对极权暴政、支持多元民主的实践维度,而理解其共同观念的意义,无疑是我们掌握此一实践维度的关键所在。

参考文献

中文

斯宾诺莎(1959),《伦理学》,贺麟译,北京商务印书馆。

斯宾诺莎(1959),《神,人,及其幸福简论》,洪汉鼎,孙祖培译,北京商务印书馆。

斯宾诺莎(1980),《笛卡儿哲学原理附形而上学思想》,王荫庭,洪汉鼎译,北京商务印书馆。

斯宾诺莎(1996),《斯宾诺莎书信集》,洪汉鼎译,北京商务印书馆。

洪汉鼎(1997),《斯宾诺莎哲学研究》,北京人民出版社。

斯宾诺莎(1997),《神学政治论》,温锡增译,北京商务印书馆。

斯宾诺莎(2003),《政治论》,冯炳昆译,北京商务出版社。

德勒兹(2004),《斯宾诺莎的实践哲学》,冯炳昆译,北京商务印书馆。

英文

Deleuze, Gilles. (1997), *Expressionism in Philosophy Spinoza*, translated by Martin Joughin, Zone Books, N. Y., Third Priting.

Duff, Robert A. (1903), *Spinoza's Political and Ethical Philosophy*, J. Maclehose and Sons.

Hardt, Michael. (1993), *Gilles Deleuze: An Apprenticeship in Philosophy*, University of Minesota Press, Minneapolis, London.

Negri, A. (2000), *The Savage Anomaly*, trans. by Micheal Hardt, University of Minnesota Press, Minneapolis, Oxford.

Spinoza, B. (1989), *Improvement of The Understanding*, included in Ethics by R. H. M Elwes.

——, (1958), *Political Treatise*, selected from *Benedict de Spinoza: The Political Work*, trans. by A. G.. Wernham Oxford.

——, (1988), *The Collected Works of Spinoza*, trans. and edited by E. Curley, Princeton University Press.

——, (1928), *The Correspondence of Spnoza*, trans. by A. Wolf, London.

——, (1989), *Theological-Political Treatise*, trans. by Samuel Shirley, E. J. Brill, Leiden, The Netherland.

(作者系北京大学哲学系博士研究生)

Deontology, Consequentialism and Moral Thinking

徐向东

Thinking of the debate between deontology and consequentialism is a wonderful way of grasping some important issues in contemporary moral philosophy, as well as in political philosophy if our political decision should be constrained by at least certain moral principles. The debate has its importance also because it occupies a central place in our ordinary moral thinking. As a consequence, an adequate analysis of the debate will reveal the structure of our moral thinking and throw some light on some important problems of normative ethics or even metaethics. Indeed there are moral dilemmas in our ordinary moral thinking which are, as it were, very hard to solve or dissolve. Each of us may have the ideal of happiness as one of the main purposes of our lives, or even take it as what makes our lives become meaningful. However different our understanding of the notion of happiness may be, probably in virtue of our rational nature, to live a happy life not only requires our self-conscious acceptance of certain moral constraints or prohibitions, but also demands that we promote others' happiness under certain conditions if possible. As Joseph Butler rightly points out, self-love and benevolence are two fundamental principles that govern our moral life. However, in some cases, even when our aim is to promote others' happiness, we appear easily to be thrown into the predicament of the face-to-face moral conflict which reflects in a subtle way the complicated relation between deontology and consequentialism.

A deep reflection on our moral predicament seems to show, at least in my opinion, the urgent need of integrating in some way or other the consequentialist and deontological perspectives. Indeed, the fact that neither of these two perspectives is dispensable may have its root in our human nature. Man is rational being with subjective inclinations. For that reason it seems hard to unite the subjective standpoint and the objective standpoint into a single point of view. God has not created morally so perfect a world that evils have been not eliminated at all from the world. But some moral dilemmas occur precisely because of the preexistence of evils. Since human beings do not have the omnipotence and omniscience as God has, they could not eradicate evils in a morally perfect way. One cannot be expected to become a moral saint even if one wants to be. Therefore I believe that the deontological and the consequentialist perspectives necessarily coexist in human moral thinking. In the paper, the thesis I try to defend is that the charge of consequentialism that it seriously violates or even destroys personal integrity, is seriously exaggerated and misplaced. Indeed, it seems to me that the consequentialist can integrate some principle of justice into his moral thinking. Thus, I don't think that a sharp distinction between consequentialism and deontology, when considered as two *moral perspectives*, can be rigidly drawn. Or put this in another way, it cannot be said that either consequentialism or deontology exhausts all our moral truth. However, if we have to compare the relative value of both, I'd like to say that the teleological moral thinking has certainly, or should have, an epistemological priority.

This paper has such a structure. First, as the basis of our discussion, I'll outline the basic ideas of both consequentialism and deontology, and then examine some traditional standards for distinguishing between them. Second, I'll illustrate that the complexities of moral thinking and moral conflict significantly make it difficult to draw a sharp distinction between them. In the end, by analyzing the possibility of giving a consequentialist interpretation of Kant's ethics, I'll reinforce my thesis that the concept of agent-neutral and agent-centered values cannot be adequately used to characterize the distinction between consequentialism and deontology.

I

Many philosophers followJohn Rawls in supposing that two categories, teleological and deontological, exhaust the possibilities regarding theories of right action. Rawls writes:

> The two main concepts of ethics are those of the right and the good. ... The structure of an ethical theory is, then, largely determined by how it defines and connects these basic notions. Now it seems that the simplest way of relating them is taken by teleological theories: the good is defined independently from the right, and the right is defined as that which maximizes the good. More precisely, those institutions and acts are right which of the available alternatives produce the most good, or at least as much good as any of the other institutions and acts open as real possibilities. ①

In contrast, deontological theories are those that either do not specify the good independently from the right, or do not interpret the right as maximizing the good. The distinction thus consists in which, the right or the good, is established as the prior aim of an ethical theory. The distinc-

---

① John Rawls (1971), *A Theory of Justice* (Cambridge, MA: Harvard University Press), p. 24.

tion has, according to some received view, its theoretical ground in the fact that some actions are morally absolutely prohibited even though their performance would lead to good effect overall, or the refusal to do those things would resulted in greater harm. If one takes the notion of the right over that of the good, it would mean that to act rightly, agents must first of all refrain from doing those things that can be said, or are already known, morally wrong. The right, according to the deontological view, is not to be defined in terms of or prior to the good. The requirements to refrain from doing the things that can be known before the fact to be morally wrong are called deontological constraints or restrictions. Since deontological theories prescribe our actions without regard to the possible consequences of those actions, no matter whether they may be good or not, they are usually regarded as non-consequentialist.

On the other hand, consequentialism is usually characterized as the view that "the right act in any given situation is the one that will produce the best overall outcome, as judged from an impersonal standpoint which gives equal weight to the interests of everyone". ①For the present we shall not discuss the complex forms of consequentialism. It is nonetheless evident from the rough characterization that two essential elements are involved in this kind of consequentialism (that is, act-consequentialism). First, it assigns values to states of affairs, i. e., the possible effects of a given action, and then specifies some principle for ranking overall states of affairs from best to worst from an impersonal standpoint. The rankings generated by the designated principle are thereby said to be *agent-neutral*, that is, they do not depend upon what particular situation each of agents

---

① Samuel Scheffler (ed.) (1988), *Consequentialism and its Critics* (Oxford: Oxford University Press), p. 1.

involved is actually in, for they do not, it is said, embody judgments about which overall states of affairs are best for particular individuals, but rather judgments about which states of affairs are best, all things considered, from an impartial standpoint. This is obviously an oversimplified characterization of consequentialism, one that easily incurs criticism and charge. In fact, the consequentialists can allow rankings of outcomes to vary from person to person by assigning different weights to different individuals. ① The idea of differentiated rankings is significantly related to the second characteristic of consequentialism: the right action in any given situation is the one that will produce the best available outcome overall. This point is really quite flexible, depending on the consequentialist's interpretation of the best available outcome overall, for example, combining the consideration of distributive justice. For example, if the consequentialist could recognize that respect for certain rights will be productive of maximizing value, he would be able to integrate respect for rights into his consequentialist decision. My intuition is that, once the consequentialist had been able to integrate some elements about the right into his theory, he would be able to have a larger space of developing his theory so as to dismiss some deontologist's criticisms. Before explicating my thesis, however, I need to make some further contrast between consequentialism and deontology so as to show why there is, at least superficially, an apparent tension between them.

The first thing we must examine is the nature of deontological constraints. These constraints often appear 'negatively' as prohibitions or imperatives. Though the deontologist can allow that we have some 'positive' obligations, he thinks that it is the notion of the impermissible that

---

① For example, see these papers by T. M. Scanlon, A. Sen, both in Scheffler (1988). See also Donald Regan's excellent account of the attempt to accommodate the principle of distributive justice within the utilitarian framework in his *Utilitarianism and Co-operation* (Oxford: Clarendon Press).

forms the basis of the definition of moral obligation: what is obligatory is what is impermissible to omit. While the deontologist takes the notion of the right to be an exclusionary, on the other hand, the consequentialist employs an inclusionary one—for him, permissible actions are those which are right because they produced or will produce the best available outcome. In contrast, for the deontologist, an act may be permissible without being the best or even a good option; lying, according to the deontologist, is absolutely impermissible even though it is a lie to a murderer who is going to kill an innocent.

Another distinction between consequentialism and deontology is usually made by reference to their respective attitude toward the relation between agents and values. Deontological constraints are often characterized as agent-centered or agent-relative since the standard deontological view denies the central consequentialist claim that there is any such principle for ranking overall states of affairs from best to worst that it is always permissible to produce the best available state of affairs so characterized. While it is often said, according to the consequentialist view, that certain particular concerns with certain agents must be ignored to maximize the available outcome, deontological constraints are often taken to characterize the immediate, face-to-face, 'I-Thou' relationship precisely because they are the special obligations created by promises and arguments. Deontological reasons, Nagel says, "if they exist, cannot be explained simply in terms of neutral values, because the particular relation of the agent to the outcome is essential. Deontological constraints may be overridden by neutral reasons of sufficient strength, but they are not themselves to be understood as the expression of neutral value of any kind."① But it seems

---

① See Thomas Nagel (1986), *The View from Nowhere* (New York: Oxford University Press), pp. 176—7.

to me that it is quite inadequate to characterize deontological reasons as value-relative, and similarly, consequentialist reasons as value-neutral. I'll give the ground for my suspicion later. But, here, it may be appropriate to say something about the related distinction.

As we have seen, while the deontologist tends to characterize moral obligation in a negative way, the consequentialist usually characterizes it positively. More precisely, while the former put his emphasis on *respect* for values, the latter insists that a moral agent should *promote* whatever values which would facilitate the realization of the best available outcome overall, that is, the consequentialist maintains that the agent should honor the values only insofar as honoring them is necessary for promoting them. For the consequentialist, there is a hierarchy of values, and agents are required to produce whatever actions have the property of maximizing a designated value. It does follow that some actions have their values only as instrument or means to the designated value. On the other hand, the deontologist does not seem to allow that the relation between agents and values is treated as instrumental. More exactly, agents are required or at least allowed to let their actions exemplify a designated value, even if this may make for a lesser realization of the value overall. The controversy between consequentialism and deontology is really, among other things, reflected in the problem whether or not, in some circumstances, certain agents or their actions can be used as instrument. Indeed, no ends can be fulfilled except by an appeal to adequate means. Since at least some ends must be fulfilled by human agents, it follows that some people are necessarily involved as means in the realization of certain human values. Thus, one of central debates between consequentialism and deontology is whether or not, in the circumstances, use of certain persons as means can be reasonably justified. Indeed we have some common sense intuitions for the consequentialist moral thinking, but some against it as well. To clarify the problem is in fact crucial to appreciating the soundness of the classical distinction between consequentialism and deontology. For the purpose, we need to inspect briefly some important attacks the deontologist takes on consequentialism.

The most caustic attack on consequentialism is focused on its alleged agent-neutral feature. It is said that the agent-neutrality not only leave no room for personal autonomy, but also often destroys personal integrity, since it means looking at moral agents from an impartial or impersonal standpoint. John Rawls criticized the utilitarian principle of justice (the principle to the effect that a just society is to be so arranged that its institutions maximize the net balance of satisfaction) on the following grounds. In the first place, this principle completely ignores the concern with particular individuals since it is in fact a principle of prudential rationality which is applied to an aggregate conception of the welfare of the group. In the second, since the utilitarian theory of justice enables one to judge the good without referring to what is right, it cannot be called a theory of justice in proper, for justice is said to involve the distribution of goods and "the problem of distribution falls under the concept of right as one intuitively understood it."① Since a theory of justice must be based on the principle of the priority of the right over the good, Rawls concludes that consequentialism cannot be seriously taken because of its essential ignorance of particular individuals and their distinctive interests.

Rawls's criticism, while it does rightly reveal some fundamental problems with the classical utilitarianism, however, does not bring the fatal attack on consequentialism, just because the consequentialist can fully

---

① John Rawls, *A Theory of Justice*, p. 25.

reasonably accommodate the principle of distributive justice within his framework, for example, he can in the evaluation of the best available outcome overall consider the compensation for the interests of those who are worse off. As I had suggested and shall show, a reasonable consequentialist theory of morality must be able to integrate some form of principle of justice into its basic framework. But now we need to look into some details of the most usual criticism of consequentialism, the criticism that the consequentialist requirement that maximize human utility without reference to the identity of persons involved leaves no room for an agent-centered prerogative. ① As one of the most severe critics of consequentialism, Bernard Williams takes it as the central idea of consequentialism that the only kind of thing that has intrinsic value is states of affairs, and that anything else that has value has it because it conduces to some intrinsically valuable state of affairs. If the consequentialist does commit himself to this idea, then, as Williams claims, the value of any action is always derivative, that is, derivative from the contribution it, as a means, makes to the desired outcome, but not intrinsic. But if the value of actions only lies in their causal properties of producing valuable states of affairs, the value would only be purely instrumental. Furthermore, if the maximization of the available outcome overall necessarily requires disregarding for the attitudes and needs of at least some agents involved, these agents would only be used as mere instrument. However, Williams tells us that the relationship between actions and states of affairs may not be merely causal. But rather action can be constitutive of good states of affairs. Moreover, ac-

---

① Bernard Williams (1973), "A Critique of Utilitarianism", in J. J. C. Smart and B. Williams (1973), *Utilitarianism: For and Against* (Cambridge: Cambridge University Press). See also Williams (1981), "Utilitarianism and Moral Self-indulgence", in his *Moral Luck* (Cambridge: Cambridge University Press), pp. 40—53.

tions can be right independently from any consequentialist reason; that is to say, they can be intrinsically valuable. Consequentialism, according to Williams, presses a demand for people to disregard their own deepest projects and commitments in order to serve the cause of the utility, impersonally considered, of the whole world of human beings. To require that an agent simply step aside his own project and decision, and succumb himself to the maximization requirement of utility is, Williams says,

> To alienate him in a real sense from his actions and the source of his action in his own convictions. ... to makes him into a channel between the input of everyone's projects, including his own, and an output of optimific decision; but this is to neglect the extent to which his actions and his decisions have to be seen as the actions and decisions which flow the projects and attitudes with which his most closely identified. It is thus, in the most literal sense, an attack on his integrity. ①

The consequentialist impartiality requirement thus, according to Williams, gives rise to an apparent paradox: on the one hand, it makes consequentialism appear as a more 'serious' moral approach than any non-consequentialist moral theory; on the other, the abstraction it requires from the identity of an agent leaves just a locus of causal intervention in the world. As a consequence, personal autonomy or even personal integrity disappears, or is forced to disappear, from the pressure of the impartiality principle. The consequentialist impartiality, Williams claims, "is part of what is wrong with it."②

Since consequentialism is said "make integrity as a value more or less unintelligible", Williams seems to leave us two alternatives: either we

① Bernard Williams, "A Critique of Utilitarianism", pp. 116—117.

② Bernard Williams, "A Critique of Utilitarianism", p. 96.

must reject consequentialism, or we must forget about integrity in favor of such things as a concern for the general good. However, in my opinion, I don't think that they must be two mutually exclusive options. One of fundamental problems with Williams' attack on consequentialism is that, while he charges consequentialism with its alienating one from one's moral feeling as well as from one's action, he completely leaves the problem open: what is the very nature of personal integrity, and especially, what is the exact relation of the integrity to morality? This problem is in fact closely similar to the debate between liberalism and communitarianism. If we have not solved the problem of how the self is constituted, we cannot effectively decide the nature of the debate. Similarly, if we have not made explicit how the personal integrity takes shape, and what relation it bears to values, it may be too rash and arbitrary a step to claim that the impartiality requirement simply destroys personal integrity. In particular, both consequentialists and deontologists claim that their respective doctrine can get support from our common sense moral intuitions. It seems that neither of them can declare that his own theory is the only game in town. I do believe that both of them are needed in our moral thinking, especially in the case of moral dilemmas. Before entering into my argument for the claim, it would be hopeful to take look at the difference between these two modes of moral thinking and the possibility of their complementariness.

One main appeal of consequentialism is its methodological simplicity, whose two principal features can be mentioned. First, the consequentialist endorses only one way of responding to values. For him, the honoring of values and the promoting of values are the same matter, and the good and the right can be unified in the sense that to do the wrong thing is to choose to act in a way that brings more harm or less good into the world than one had to. On the other hand, since the deontologist rejects the view that the rightness or wrongness of an action has a necessary connection with, or needs to be explicated in terms of, its consequences, he needs to establish an independent criteria of right action, which is usually to be determined by deontological constraints. That is, right (or wrong) actions are those which conform (or violate) any of those constraints. But we usually have a strong desire to ask the question: just what is it about a right or wrong act that makes it right or wrong? If the deontologist responses that it is in virtue of our commonsense moral intuition, the answer seems to leave the further problem of the normativity those deontological constraints are attributed unsolved. Of course we can have a Kantian answer to the question. However, as we'll see, the Kantian line of thought seems fully compatible with a normative consequentialism if consequentialism is to be characterized as agent-neutral. In any case the normative force of deontological constraints, if they do have the force, cannot be thought of as a given fact, further explanation of it would be needed. The consequentialist answer to the problem seems to have a much stronger appeal.

The second main feature of consequentialism is that it fits nicely with our ordinary conception of rationality. A consequential good action is usually also a rationally justified action *from the standpoint of commonsense rationality*.① However, there is an evident tension between deontology and the standard view of what rationality requires precisely because of the absolutist character of deontological constraints: we are obliged to refrain from violating those constraints even when we know that our refusal to do so would lead to worse outcomes. If deontological constraints are absolute

① The emphasis is intentional, for the notion of rationality can be construed as different from that of prudential rationality. For a detailed discussion of this point, see Michael Slote (1989), *Beyond Optimizing: A Study of Rational Choice* (Cambridge, MA: Harvard University Press), especially Chapter 7.

we would never be justified in, for example, lying to a murderer to prevent death from befalling five innocent people. Indeed, the alleged agent-centered feature of deontology requires the deontologist to be able to employ some sort of device to narrow the scope of deontological constraints, and to distinguish the permissible causing of bad consequences from the impermissible performance of wrongful action. The way of thought, it is easily seen, contains some consequentialist element precisely because it is based on a consequential consideration. Now I'll further show why the distinction between agent-relative and -neutral reason cannot be significantly drawn.

II

Now the problem is whether or not we can find, in some important sense, some agent-neutral reasons which are not consequentialist, or some agent-centered reasons which can be consequentialist in the sense as usually characterized. Since the most severe attack on consequentialism is often concentrated on the context of moral dilemmas where the integrity of some agents is said to be 'destroyed'. So let's begin with some examples of this sort.

First consider a less radical case Williams himself puts. I'll ignore the details since it is supposed to be familiar. George, a Ph. D. graduate in chemistry, thought that he could not accept this job even if it would greatly improve the current hard condition of his family, since he was opposed to chemical and biological warfare with which this job had something to do. This example seems to me refute in no way consequentialism, because, as I've said, consequentialists can different, quite flexible understanding of a designated value which an action aims to fulfill. The deontologist can of course say that George made the decision because he had kept the deontological constraint in mind that it is impermissible to kill, or indirectly help to kill, people. However, given George's hard condition in his family, it seems more reasonable to understand George's decision as based on a consequentialist consideration and his commitment to certain values, for he explicitly held that it was morally right for him not to accept this offer on the ground that his refusal would be valuable or have much better effect overall than his acceptance. George did not present himself as an egoist in the making of his decision, the consequentialist, however, needs not to commit himself to even rational egoism. Indeed, common-sense deontological theories of morality can be properly viewed as standing between egoism and consequentialism, namely, between these two views that, on the one hand, one ought always to pursue one's own good, and on the other, one should promote the general good as much as possible. George's moral choice is not, it is easily seen, agent-centered; on the contrary, it is agent-neutral since his ranking of values typically reflects his agent-neutral commitment to values. It is true that a consequentialist decision may result in disregard of the interests and requirements of some agents. But it is really an exaggeration to claim that the integrity of those agents is thus destroyed if the 'forced disregard' can be rationally justified on the basis of some moral principle. The very predicament we are thrown into here is that one cannot expect or be expected to do morally perfect things while living in a morally imperfect world, even though he does them out of completely benevolent motives. So let's examine the more pressing moral dilemmas: either causing death or saving lives.

The scenario is still taken from Williams'. Some Indians must be killed because of their protest against government to remind other possible protestors of the advantages of not protesting. Jim, because of his being recognized as an honored visitor, was offered a 'privilege' of executing one of the Indians, and if he chose to accept the invitation, there would be just only one Indian to be killed *through his hand* and yet the rest of Indians would be released. However, if he refused to do this, then all these Indians would be brought to death, *though not by Jim himself*. In either way Jim was, it seems, placed into a moral dilemma. On the one hand, if Jim chose to accept the invitation, then he thereby had done a morally right action as viewed from the consequentialist perspective. However, Jim's choice would, Williams asserts, destroy his own integrity. For example, if Jim held the deep-rooted idea, which is said to be 'closely connected with the value of integrity', that "each of us is specially responsible for what he does, rather than for what other people do", ① Jim would psychologically produce the feeling of being committed to crime: "it is me who killed this Indian." The feeling, according to Williams, would make Jim hard to keep his heart in peace, and consequently, his integrity was destroyed. However, it should be noted that there is another aspect which has been ignored intentionally by Williams, and which is equally concerned with the so-called personal integrity. That is, if Jim refused the invitation for the purpose of keeping his hand clean, the captain would say on Jim's refusal, "you leave me with no alternative", and as a result, all these Indians would be killed. Would Jim also be able to keep his feeling as usual upon his refusal if he were a genuinely morally decent fellow? I believe that Jim could not be indifferent to his refusal as well as to his acceptance insofar as his moral feeling is concerned, unless he was a thoroughly genuine egoist and had not even slightest concern for others. It is true that Jim's feeling would probably tend to be alleviated to some extent upon his acceptance, if some elder Indian, having appreciated Jim's moral

① Bernard Williams, "A Critique of Utilitarianism", p. 99.

predicament, stepped forward Jim and said to him, "please shot me, I'll forgive you in advance and thank you for your saving my brothers." However, according to Williams, it does not thereby liberate Jim from the harm to his personal integrity. It is evident that saving more lives is also part of one's moral feeling, while killing one man is said to do harm to one's personal integrity. Personal integrity is certainly a rather complex matter, and I see no reason why, as Williams claims, the integrity is merely linked to one's commitment to one's ground project of life without reflecting any demand of morality.

Indeed, personal point of view is important precisely because the individual will lose his distinctiveness without it. We can notice that the alleged conflict between consequentialist morality and the personal point of view is not particularly pointed to a certain morality. Williams in reality also takes Kantian view of morality to be equally guilty of making unreasonable demands on agents in that he holds that Kantian morality is based on an equally impartial point of view. Therefore, the worry raised by the personal point of view is worry about the justifiability of moral demands rather than moral worry about certain actions. In other words, the worry is not the worry within morality about which morality is correct but the worry about morality with regard to the rationality of moral demands. Jim's personal integrity will be, if at all, deprived no matter what decision will be made in that circumstance whether he followed the deontological prohibition that killing is absolutely impermissible or he adopted the consequentialist decision of maximizing the net value. Williams' charge is of any impartial morality, both deontology and consequentialism included. However, if morality must be impartial, then presumably we should make the conception of our personal integrity adapted to the impartiality requirement of morality rather than give up fundamentally the constraining force of morality in our personal lives. We must conceive of ourselves as one person among many, whose ground projects of life are of the same importance as ours, and we owe obligations to them as they do to us. The impartiality of moral demands requires that each of us put aside our purely personal projects and commitments when necessary. It is thus not the case that any consequentialist consideration must be morally questionable, or any such consideration necessarily leads to destroy one's personal integrity.

In fact, the consequentialist can have his own way of weighing values, and he needs to commit himself to neither the egoist's nor the deontologist's notion of values. The maximization requirement of the available effect overall is of course a central conception common to all forms of consequentialism. But consequentialists are really able to bring the maximization principle of utility into line with some criterion of rightness. In effect, I take the requirement as a standard for the reasonableness of an adequate consequentialist theory of morality. For example, consequentialism can take such a form of assigning different weights to the values different actions or projects may have. The differentiated rankings of weighed values can enter into the consideration of the maximization principle, which is in fact a usually-used idea in our ordinary moral thinking. For example, it is intuitively reasonable for one to kill a murderer A because otherwise A would necessarily kill another person B, who was supposed to be such a medical scientist that his death would result in the huge damage to human beings, because he was supposed to be in the final stage of his research on a very fruitful cancer-resistant medicine. We can further suppose that no one could continue his research upon his death, and we can also add that the man A whom you would have to kill for the purpose of saving the scientist might be a close friend of yours. It is of course not categorical that you must kill the murderer A, and all I say here is only that it is intuitively reasonable and morally favored for you to kill A. In the case, the decision to kill A is evidently consequentialist, but the reason for doing so is, it seems to me, *agent-centered* in the sense: A truly agent-centered concern is one which is not justified by the agent (even if it is in principle justifiable) from *a person-neutral standpoint*. However, the reason is also agent-neutral in the sense that anyone who is placed in the similar circumstance would regard killing A as morally plausible, if an objectively weighed ranking of values can be given. The consequentialist principle of impartiality is value-neutral only in the following sense. The impartiality means that an adequate moral reason, for example, in our above example, the reason for having to kill the murderer A, is applicable in any similar circumstance. Just only in the sense can a consequentialist moral reason be said to be agent-neutral.

Therefore, once the consequentialist could have had an adequate conception of moral rightness in mind, he would be completely reasonable or coherent in contending that utility is to be most effectively maximized if agents adopt a differentiated concern for their own projects and welfare of those close to them. Consequentialism thus faces no real difficulty in sanctioning the formation of genuinely agent-centered concerns. In the sense there are evidently consequentialist reasons which are genuinely agent-centered. As a consequence, the consequentialist can hold that his requirement of trying promoting the overall good can be realized without necessarily paying the price of giving up the projects and commitments one can care about. This brings us to the form of rule-consequentialism to the effect that an act is right if and only if it conforms to a set of rules general acceptance of which would maximize utility, including, among other things, the consideration of intrinsic value.① However, there may be

---

① For a discussion of the complexities, see David Lyons (1967), *Forms and Limits of Utilitarianism* (Oxford: Clarendon Press).

some occasions where the obtaining of the best available outcome overall in consequentialist terms involve inflicting a harm or giving up partly one's projects or commitments. The very divergence between consequentialism and deontology is most thoroughly embodied in the problem whether or not the sacrifice of the innocent can be rationally or even morally justified. Here it is worth examining some views proposed by Thomas Nagel on the problem. In the respect Nagel seems to adopt some kind of eclecticism, although this is not to deny that he is opted for deontology. Nagel writes:

> While not every conflict between absolutism and utilitarianism creates an insoluble dilemma, and while it seems to me certainly right to adhere to absolutist restrictions *unless the utilitarian considerations favoring violation are overpoweringly weighty and extremely certain*— nevertheless, when that special condition is met, it may become impossible to adhere to an absolutist position. ①

Here, Nagel evidently wants the deontological constraints to play the role of limiting on, but not substituting for, consequentialist moral thinking. On the other hand, he also grants that a deontologist can combine a consequentialist element into his moral thinking, that is, "to try to maximize good and minimize evil, so long as this does not require him to transgress an absolute prohibition like that against murder."② In any way, Nagel's favor for deontology is quite evident: When a moral conflict or moral dilemma occurs, deontological constraints must take complete precedence over any consequentialist consideration. Those constraints can, for Nagel, never be violated even if violation of such a constraint would produce bet-

---

① Thomas Nagel (1971), "War and Massacre", reprinted in S. Scheffler (ed.), *Consequentialism and Its Critics*, pp. 51—73, quoted in p. 54.

② Ibid., p. 56.

ter outcome overall than conformance to it. Two leading reasons are put to support the alleged precedence of deontological constraint over consequentialist consideration. The first one is exactly similar to Williams': violation of deontological constraints would require sacrificing one's moral purity or integrity. Thus, if one's moral integrity consists of, at least partly, deontological constraints, it may explain why those constraints can be categorical. To see that there is still an important difference between Nagel and Williams, it is worth noticing the Nagel's remark that "the notion that one might sacrifice one's moral integrity justifiably, in the service of a sufficient worthy end, is an incoherent notion. "① It is coherent because, if one had been morally justified in making such a sacrifice, he would not be sacrificing his moral integrity by adopting that course. That is, his choice or decision is based on moral demands. This idea is no doubt rather reasonable. Let's extend the good idea by asking the question: While obedience to deontological constraints is thought of as morally reasonable, why are consequentialism-based considerations, if they do combine those concerning the right, not morally acceptable? That is, in Samuel Scheffler's words, "how can the minimization of morally objectionable conduct be morally unacceptable?"② We need to ask the problem exactly because the consequentialist conception of morality cannot be a priori eliminated from the field of morality. To answer the problem we need to review Nagel's second reason.

Nagel's formulation of the second reason reminds us of Rawls as well as Williams. According to Nagel, even if an action can produce good effect for the general welfare, the special concern to the particular persons to-

---

① Thomas Nagel (1971), "War and Massacre", reprinted in S. Scheffler (ed.), *Consequentialism and Its Critics*, p. 62.

② Samuel Scheffler (1985), "Agent-Centered Restrictions, Rationality, and the Virtues", reprinted in *Consequentialism and Its Critics*, quoted on p. 244.

ward whom the act is directed cannot be reduced to its total effect. This idea, in its essence, looks like Kantian: It would be morally impermissible or categorically prohibited to treat one as mere means, no matter how great value it may produce. "Whatever one does to another person intentionally must be aimed at him as a subject, with the intention that he receives it as a subject."① The deontological principle thus tells us that, in performing an action, one is not permitted directly to do evil to one's victim, even if one does this out of benevolent motives. If the Kantian deontologist principle were to be true, it would follow that we can do nothing but abide by some deontological constraint in at least certain moral dilemmas. In that case we have another moral self-indulgence—all of us would be moral solipsists, and much worse, purely rational egoists. However I am not convinced that moral self-love alone is enough to bring moral progress in the *actual* world. We can be morally consoled a little in the moral predicament of either causing death or saving lives if we chose causing death and if the victims were in advance committed to their consent to being treated as means. Deontological constraints have their categorical force because they involve cases where one may be treated in a way which one could not possibly accepted, for example, being coerced, or being deceived. In that sense they can have a priority in governing our behavior because they play the role of prohibiting further evils from happening partly because of the uncertainties or unpredictability of the consequences of some actions. However the role is really negative in our solution of moral dilemmas. Morality not only needs to be abided by, but it also needs to be promoted for any moral progress to be likely. Consequentialist conception of morality has an important role to play in the latter aspect.

---

① Thomas Nagel (1971), "War and Massacre", p. 65.

As we have seen, the pre-existence of evils is an important factor that makes the consequentialist moral thinking become extremely urgent and significant. In a morally perfect world—that is, a world in which nobody would not follow moral rules—no consequentialist moral thinking is needed. For, in that world, every one simply does his best for the general good, and the interests and requirements of each person are fully compatible with those of others. As a result, there are such things as the destroying of one's moral integrity precisely because of the ground which Nagel had explicated. The actual world is, however, never morally perfect. While one cannot be expected to eradicate all existing evils in the world unless one can, like God, re-create and re-design the world, and one can be expected to produce good as much as possible. Indeed, it will have to be very careful and discreet in adopting and performing any major consequentialist decision, for example, taking an existing example, dropping atomic bombs on Hiroshima and Nagasaki. We can list some (possibly incomplete) conditions which such decision must meet. First, we have no better moral options than the consequentialist one in solving some human moral predicaments. In the case, urgent consequentialist reasons can be fully reasonably held to be far stronger than the strictly deontological reasons. Consider the imagined case: Hitler had arrested all Jews in the world and put them into Nazi's death concentration camps. All those Jews would be killed in-group someday, among whom there were the most excellent scholars and scientists, and whose loss would result in the possibly greatest decline of the whole human civilization reached so far. The only way of preventing Hitler's insane behavior from happening, we can be convinced on the basis of the most careful analysis, was to drop an atomic bomb on Berlin, although it would result in death of ten thousands innocent people. It seems to me that doing this would be plausibly justified. In the second, the adoption of consequentialist strategy would be with a greater probability guaranteed to produce the designated effect. In the end, there is a more difficult and more general problem. It is recalled that the basic principle of consequentialism is to maximize the general good. However, the understandings of the good may be quite different and divergent, although the consequentialist may not be a rational egoist. Thus, I propose that any major consequentialist decision, if fundamentally justified, must place sufficient weights on the consideration about rightness or justice. If the principle of justice can be regarded as the highest one of deontology, consequentialism must self-consciously accept its constraint. But, in any way, the technical difficulties in performing a consequentialist decision should not regarded as the primary ground for eliminating consequentialist thinking from our moral perspectives. It is evident from the analysis that, in any important ethical decision, the consequentialist perspective and the deontological perspective cannot be significantly separated from each other. The close connection between them is a necessary requirement from the complexities of our moral life. Given the dispensability of both perspectives, our problem remains still whether or not a consequentialist decision can be rationally, or if possibly, morally, justified if it will have to meet the conditions above mentioned. Since Kant's ethics is usually considered to be the standard paradigm of deontological moral theories, we shall begin to inquire about the possibility of whether or not Kant's ethics is compatible with a normative consequentialism. ① However, before entering the discussion, we must take into account another objection, put forward by Rawls, which questions whether a consequentialist morality that integrates the concept of justice and rightness into its

---

① Although I have an independent idea in the interpretation when I think about Kant's justification of morality, in the formulation of this point in the paper I am indebted to David Cummiskey (1996), *Kantian Consequentialism* (New York: Oxford University Press).

conceptual framework can be still properly called teleological.

As we have seen, if consequentialism is to be distribution-sensitive, it will have to take seriously those principles about the rightness. It is in the point that Rawls delivers his objection the basic idea of which is captured in the following paragraph:

> If the distribution of goods is also counted as a good, perhaps a higher order one, and the theory directs us to produce the most good (including the good of distribution among others), we no longer have a teleological view in the classical sense. The problem of distribution falls under the concept of right as one intuitively understands it, and so the theory lacks an independent definition of the good. ①

Given Rawls's characterization of the theories of teleological kind, the good can be specified independently from the right and the right is to be defined as the maximization of the good. Therefore, the teleological moral theorist may specify as morally good those which involve respect for persons, for example, rights and autonomy, and then he can maximize these things as constitutive of the maximization of utility. Now, according to Rawls, enough strangely, such kind of moral theories will no longer be teleological probably because, on his view, no moral theory will be teleological if it intrinsically satisfies certain requirements of distribution and ascribes the right a priority over the good. I said that the quotation from Rawls was confusing because a moral theory is defined as teleological just by its structure, which is evident from the quotation also from Rawls occurred in the beginning of the paper, but not by appealing to any conception of the nature, content, or structure of the ends. That is to say, a theory is said to be teleological if it defines right action by the good pro-

---

① John Rawls, *A Theory of Justice*, p. 25.

duced by the action, or in the same matter, by rules under which the action falls. If a utilitarian, for example, J. S. Mill, recognizes the autonomy is constitutive of personal well-being, and thus takes autonomy into consideration in his maximization of welfare, then he does not thereby give up utilitarianism only because of his commitment to the importance of autonomy. On the contrary, some theories may meet some requirement of distribution without thereby committing itself to any theory of right. When the consequentialist can weigh the value of rights and autonomy over that of non-basic goods, and therefore attribute much weight to the former in the maximization of utility, his theory is still be teleological precisely because he regards the right action as the one which maximizes the good. Accordingly, it seems to me that the priority of the right over the good alone does not determine whether a moral theory is teleological or deontological if rights are themselves thought of as a good, though a 'higher good'. Now we are in the position to show that Kant's ethics is in reality a teleological one.

III

In fact, as we have seen, Bernard Williams, in his radical attack on consequentialism, has noticed some interesting similarities between consequentialism and Kantianism because the latter is also one of the targets of his attack. ① According to Williams, both of them require the universality and prescriptiveness of moral judgments, and accordingly they commit themselves to the principle of impartiality. Therefore, while Kantianism

---

① Bernard Williams (1976), "Persons, Character, and Morality", reprinted in Williams (1981), *Moral Luck* (Cambridge: Cambridge University Press), pp. 1—19. See also Bernard Williams (1985), *Ethics and the Limits of Philosophy* (Cambridge, MA: Harvard University Press).

abstracts in moral thought from the identity of persons, consequentialism strikingly abstracts from their separateness. Simply speaking, both Kantianism and consequentialism are committed to the point of view which "is specially characterized by its impartiality and its indifference to any particular relations to particular persons."① Their commitment to the impartiality, on Williams' view, finally makes them completely ignorance of particular personal character and situation. I do not think that Williams' final conclusion is right since the impartiality, as Rawls rightly points out, does not necessarily imply impersonality.② However, Williams' interesting comparison does seem to suggest the possibility that there is really an agent-neutral element in Kant's ethics.

Deontologists usually think that Kant's formula of humanity provides a justification for agent-centered constraints. According to their interpretation of the formula, which says that "act in such a way that you treat humanity, whether in your own person or in the person of another, always at the same time as an end and never simply as a means",③the sacrifice the consequentialist decision requires of the innocent persons involves treating them as a means only. But the complexity of our present problem is reflected in the question: If everyone's rational nature is worth respecting, then, so to speak, is it morally impermissible or even justifiable to sacrifice the rational nature of one person and thus to save the rational nature of ten persons? The answer to the question depends on the recognition that the basic principle of right action can have a consequentialist structure. The consequentialist interpretation we shall make in the follow-

---

① Ibid., p. 2.

② Cf. John Rawls, *A Theory of Justice*, p. 190.

③ Kant, *Grounding for the Metaphysics of Morals* (therefore in the text, Gr.), tr., by J. W. Ellington (Indianapolis: Hackett Publishing Company, 1981).

ing may be controversial, but in any way let's make it as reasonable as possible.

First of all we need to show that Kant's ethics has a two-level structure which has its root just in his principle of humanity and the related formula of ends-in-themselves. The argument for this point may have a clearer representation in *The Metaphysics of Morals* than in the *Groundwork*. This argument also involves Kant's distinction between perfect and imperfect duties and his account of their relation. Because of the limitation of the space, I shall only outline some main points related to our central theme. First, Kant regards the power to set end, or any end whatsoever, as the characteristics of humanity as distinguished from animality. ① The very nature of rational beings is thus embodied in the fact that a rational being necessarily wills the fullest realization of all possible, morally permissible purposes. Such a being cannot fail to will the preservation and development of the power to realize all these possible purposes. It is in the sense that Kant says that humanity, namely, rational nature of human beings, should be taken as an end in itself, as a precondition of all autonomous willing and of fully rational action. Rational nature is an end in itself in two principal senses: (1) It is an *objective* end, the end to which any rational being adopting and pursuing any other end must be committed; (2) It is a self-sufficient end in that it provides the precondition of the value of all other ends, but the end itself is not conditioned by anything else. Since rational nature is the source of all values, it is the fundamental end of moral action.

Our respect for rational nature is expressed as moral obligation just

---

① Kant, *The Metaphysics of Morals* (thereafter in the text, MM), tr., Mary Gregor (Cambridge: Cambridge University Press, 1991), p. 51.

because our human beings are imperfect rational beings, and we often can act not in accordance with the principles of perfect rationality. Consequently, morality, as categorical imperatives, requires that a conscientious moral agent acts from duty, not from self-interest or inclination. However, while Kant establishes the principle of acting from duty as the principle of right action, he does not deny that one can have legitimate right to pursue one's own happiness. Acting from duty implies acting out of respecting one's own and others' rational nature, which includes, among other things, preserves or even promotes those conditions necessary to the existence of rational nature. Happiness or pursuit of happiness is certainly among those conditions. Indeed, Kant grants that one's pursuit of one's own happiness is a natural end. It is possible that "humanity might indeed subsist if nobody contributes anything to the happiness of others, provided he did not intentionally impair their happiness" (Gr., 430), this is merely a negative way to harmonize with the kingdom of ends. While the negative duties constitute the main content of moral obligation, it is true that Kant also insists that one should, if possible, promote others' happiness, "for the ends of any subject who is an end in himself must as far as possible be my ends also, if that conception of an end in itself is to have its full effect in me" (Gr., 430, see also 398, 423, 441). Kant's notion of kingdom of ends-in-themselves and his (non-categorical) requirement that one harmonize with the kingdom of ends seems to render it plausible to give some form of consequentialist interpretation of Kant's ethics. The following paragraph may be typical of suggesting the possibility:

> With regard to contingent (meritorious) duty to oneself, it is not enough that the action does not conflict with humanity in our own person as an end in itself; the action must also harmonize with the end. Now there are in humanity capacities for

> greater perfection which belong to the end that nature has in view as regards humanity in our own person. To neglect these capacities might perhaps be consistent with the maintenance of humanity as an end in itself, but would not be consistent with the advancement of this end. (Gr., 430)

Although the requirement of harmonization is not represented by Kant as a categorical imperative, it should be evident that the requirement is, according to Kant, necessary to promoting the advancement of the kingdom of ends-in-themselves. Moreover, this requirement looks like something which is significantly similar to the consequentialist principle of maximization. The two-level theory of value emerging out of Kant's principle of humanity seems like this. First, respect for rational nature must be considered as first of all prior to the value of happiness; second, the general good should be maximized as far as possible under the precondition of respecting human rational nature. These two requirements can be harmonious with each other since both of them are the necessary conditions of the fullest fulfillment of humanity, even if respect for rational nature is prior to promotion of human happiness. Kant's thought in the point can be interpreted to mean that the respect for rational nature of persons is the basic prerequisite for human happiness and its promotion. Thus, Kant writes: "This principle of humanity and of every rational nature generally as an end in itself is the supreme limiting condition of every man's freedom of action" (Gr., 130—131). Any legitimate happiness, in fact, according to Kant, any human happiness, must be fulfilled under the requirement of conforming to the moral law. In the *Critique of Practical Reason*, we read: "The moral law alone must be seen as the [determining] ground for making the highest good and its realization or promotion the object of the pure will." However, when the promotion of the general good enters the requirement of the moral law as an essential element, as the formula of humanity demands, Kant does not seem to realize the possibility of moral conflict. He lacks explicit concern with the conflicting grounds of duty just because of his commitment to some natural teleology and his assumption of a necessary harmonious kingdom of ends. ①In any way, however, Kant's ethics does provide some resource with the possibility of solving the conflict of moral duties.

As we have seen, consequentialism does not necessarily, as Williams claims, maximize the available outcome overall by 'destroying' personal autonomy or personal integrity. But the difficulty that faces us is that there are cases where there may be inconsistency or even conflict between respect for certain particular persons and the maximization requirement. In these cases practical rationality would tend to support consequentialist considerations. But what is practically rational is not always morally acceptable. Since deontologist's attack on comsequentialism usually derives its ground, as they claim, from the Kantian principle of respect for persons, we need to make clear what it is meant by respect for persons. Respect for persons, as has been shown, in Kant, means respect for rational nature of every person. Deontologists usually rephrase this as meaning honoring some particular agent-centered constraints on actions. This interpretation, however, has no logical relation to Kant's own derivation of the formula of humanity. In practice, Kant's notion of respect for persons can be seen as agent-neutral, since he explicitly holds that such respect involves respect for the moral law within oneself or others. By emphasizing that respect for persons is realized through honoring the moral law, Kant tries to distinguish moral motivation from incentives of self-love. Since respect cannot be thought of as the object of inclination, Kant thus writes:

---

① For a discussion of this point, see David Cummiskey (1996), pp. 141—143.

"The object of respect is therefore nothing but law—indeed that very law which we impose on ourselves and yet recognizes as necessary. ... All respect for a person is properly only for the law (of honesty, etc.) of which the person provides an example" (Gr., 402n). It should be evident from this that, since the object of respect is established as the moral law, respect for persons cannot be coherently construed as an agent-centered value. In effect, in *The Metaphysics of Morals* Kant points out more explicitly that "it [the respect] is not to be understood as the mere *feeling* that comes from comparing our own *worth* with another's. It is rather to be understood as the *maxim* of limiting our self-esteem by the dignity of humanity in another person, and so as respect in a practical sense" (MM, 449). In other words, since every rational being has his own dignity which is stipulated by his rational nature, one's self-esteem, one's realization of the values to which he consents, can never transgress *the dignity of humanity* in another. But since the dignity of humanity is a universal matter, it follows that it cannot be limited only to some particular persons, that is, respect for humanity must be treated as agent-neutral. Further, since the dignity of persons as an intrinsic worth cannot be amounted to any other price, it is thus not exchangeable for anything that has merely such a price (Gr., 434—435). Respect for persons thus presupposes that all persons have the equal moral status, that is, the same dignity.

Now it should be evident that Kant's doctrine of respect for persons is neutral—it does not support the deontological constraint that it is never permissible to cause death to a person in order to save five persons, but it does not also favor the consequentialist consideration that it is practically rational to do this. Indeed, since dignity cannot be added and summed, saving five persons with dignity cannot outweigh and compensate for causing death to one person. But it seems to me that a limited justification of consequentialism can be acquired by associating it with Kant's formula of kingdom of ends. As we have seen, if our interpretation of Kant could be right, Kant's formula of humanity requires that a conscientious moral agent not only perform negative duties (namely, treating persons as ends but not interfering with their pursuit of their legitimate ends), but he also perform as far as possible positive duties (that is, not only treating persons as ends but also endeavoring to promote their legitimate ends) so as to further the harmonization of the kingdom of ends. But conflicting duties do occur in some occasions; in the circumstance the Kantian deontologists insist on the intuitive priority of negative duties over positive duties, as a result, they usually cannot do anything but sit by and watch the continuation of the moral predicaments since the sacrifice of the innocent must, for them, be prohibited. But in some cases of moral dilemma, if consequentialist decision were not adopted more innocent people would be killed. In the cases I think that there are really some reasons for consequentialist considerations. First, according to our analysis of the principle of humanity, it can be said that we have a prior duty to save lives and promote liberty since this is a prerequisite for the normal functioning of one's rational nature. Kant tells us: "To be benevolent, that is, to promote according to one's means the happiness of others in need, without hoping for something in return, is everyone's duty" (MM, 453). Second, although Kant's formula of ends-in-themselves demand one not use another only as a means to serve a *subjective* end, Kant does not seem to tell us that persons cannot be used as a means to an *objective* end. Evidently, in the cases of conflicting duties we are discussing, the ends of actions are objective—they are aimed first to preserve the lives and liberties that would be lost by a prolonged conflict, and second, to promote the happiness of others. Since all rational agents have the same value, the same dignity, it is, in any way, practically reasonable to dissolve such moral dilemmas by maximally preserving and promoting the lives and liberties of as many rational beings as possible. The final problem in the possible justification of consequentialism thus involves showing whether or not the duty of beneficence allows sacrifices. Although Kant gives a positive answer to the problem, he does not explicitly and fully illuminate the extent to which sacrifices are made.

In one place Kant writes: "How far it should extend depends, in large part, on what each person's true needs are in view of his sensibilities, and it must be left to each to decide this for himself" (MM, 393). We can understand the Kant's remark as meaning that, although benevolence is a duty, it is not a perfect duty, and thus the maxim of benevolence cannot be sanctioned as a universal law. Indeed, benevolence cannot be categorical otherwise it cannot be properly called a virtue. Nonetheless, Kant may conceivably endorse such principle that, if we are able to prevent something worse from happening, we should do so, to the extent that we do not comparably sacrifice our own happiness or the sacrifice of our happiness would sufficiently promote the necessary condition of other rational beings. The interpretation of Kant may have some support from Kant's account of coercion. On the one hand, Kant recognizes that coercive activity is not inconsistent with respect for moral autonomy of persons (autonomy on the basis of moral reasons) if the coercion is pointed to those who fail to act as they morally ought, for example, those whose abuse of freedom had resulted in a serious hindrance to freedom of most people (see, MM 231—232). While benevolence, as a duty of virtue, cannot be externally legislated (MM, 220), Kant seems to think that beneficence sometimes must be established as a demand of justice and thus, needs to be legislated (MM, 325—326). On the other, however, it would be impermissible to coerce persons in ways to which they are not rationally required to consent. Thus, we cannot say that it is their duty for the innocents to take on the sacrifice if they are not willing rationally to endorse this way they are treated. But, according to Kant's assumption of the kingdom of ends, in such a world of rational beings, the maxims a rational individual wills would be in harmony with the maxims which every other rational will would will, and consequently, all would coexist in a state of lawful freedom. It follows that, in such a kingdom of ends, a fully rational being might be willing to take on the self-sacrifice if he had recognized that the sacrifice would be necessary to promote the harmonization of the kingdom of ends. Indeed, any such sacrifice and self-sacrifice are both sublime and cruel since it means that one gives up or is forced (though justifiably) to give up one's rational nature or one's right to live one's own life. I am not claiming that any such moral dilemma can always be dissolved in this way. Morality alone could not eradicate evils that had existed in the actual world. Therefore, it is not expected that dissolution of many moral predicaments can be always justified *morally*. But in any way, *it is from the consequentialist perspective* that we can show that the sacrifice of the innocent cannot be defended as a principle of public policy.

IV

So far I have being attempted to show that the distinction between consequentialism and deontology as construed as moral perspectives cannot be significantly drawn on the following ground. If the distinction is based on the contrast between agent-neutral and-centered reasons precisely because some consequentialist reasons can be agent-centered, and what is usually regarded as a standard deontological reason may be agent-neutral.

The requirement of moral responsibility and justice makes it impossible to draw a sharp line between consequentialist and deontological perspective in any adequate moral thinking. On the one hand, as I have shown, a reasonable consequentialist theory of morality must seriously consider integrating an adequate principle or notion of justice into its basic framework. On the other, a justice-based ethics of responsibility seems to require that one take the responsibility not only for what one alone does but also for the way the world goes if it is in his power. ① Thus, such an ethics must have a consequentialist perspective as its essential element in contrast with deontologist's emphasis on the priority of negative duty. It is true that the distinction has its intuitive basis in our existing commonsense conception of morality. However, the constraining force of deontological constraints is in any case not a given fact. If I asks you why killing or promise-breaking is morally prohibited, and if you response that it is because it is a moral prohibition or it is because doing that is morally wrong, I may not be satisfied with your answer. If you can list some bad consequences of violating those moral prohibitions, for example, tell me that if some people do not keep their promises we would fall into some degree of disorder, I may be a little convinced that one ought not to break one's promise without any reasonable reason. However, to persuade fundamentally someone that moral prohibitions should be abided by, it may be better to go back to their origin. Of course it may mainly be a philosopher or anthropologist's work. If it is right that morality was established historically mainly through some process of reflective equilibrium, consequential thinking certainly has an epistemic priority. Although the contractualist

---

① Cf. Charles Larmore, *The Patterns of Moral Complexity* (Cambridge: Cambridge University Press), pp. 147ff.

account of the nature of morality cannot be its whole story, it at least says something true of the nature of morality. Certain deontological prohibitions were established certainly through agreement or some primitive contract among human community. One can internalize a moral rule through moral education and training, and oblige himself to following the rule as a requirement of entering the moral community. Morality is essentially connected with our cultural practices and historical traditions, it is, in Hume's sense, an 'artificial device' that is in agreement with and internal our human nature. From the origin of morality, consequential thinking is certainly prior to the deontological thinking.

No matter what the very nature of morality may be seen as, morality certainly must have some degree of universality and prescriptiveness. Kant's requirement of universalizability does grasp the very characteristic of morality: moral reasons, as distinguished from other kinds of reasons for action, must be universalizable to some degree. Insofar as moral reasons must be applicable to any similar situation, they are agent-neutral. However, this is not to deny that in some occasions some reasons are favored over some other moral reasons. When the favor may reflect the particular concern with the moral reasons of some particular individual, it should be mistakenly interpreted to imply that moral reasons are agent-relative. Indeed we have a particular concern with some requirement from the individual because the moral reasons on which the requirement is based may have more weight than other moral reasons. However, as much as any individual who is in the similar situation would get the same particular concern, the moral reasons in question are agent-neutral. In a word, while *moral reasons* are always universal and thus agent-neutral, *moral concern* may be, and sometimes must be, agent-centered. But as we have seen, consequentialism, when combining an adequate principle of justice, can have an agent-centered concern with some moral agents, and its having the characteristic is in no way compatible with its commitment to impartiality. On the contrary, if moral reasons were not impartial at all, moral motives would not be possibly distinguished from the self-love or egoist motives. Consequentialism is a more serious moral theory not only because of its commitment to impartiality, but also because, in virtue of the commitment, it plays a more positive role than deontology in our moral practice. As Thomas Nagel rightly observes, moral progress is made along two related directions: the universalization of personal perspective and the internalization of moral objectivity. ①

（作者系北京大学哲学系暨外国哲学研究所教授）

① Thomas Nagel, *The View from Nowhere*, chapter 9.

专　稿

相对主义、标准与审美判断*

〔加拿大〕詹姆斯·杨
（陈玮 译）

一、导论

过去几年间，已有很多作者试图为某些种类的语句捍卫一种相对主义的语义学，由此产生了很多精深的文献。在这些文献中，审美判断常常被视为相对主义研究方法的一个不错的候选项。这种审美相对主义的模糊图景之所以形成，多少是因为很多进行这种尝试的作者对审美判断并没有形成清楚的认识。一种相对主义语义学对于处理（比如说）未来的偶然事件可能是令人满意的，但这种语义学不会对审美判断行之有效。对于这种关于审美判断的相对主义，本文既不准备捍卫，也不予以抨击，而只是试图澄清眼下的种种审美相对主义，并特别地探究如下问题：关于审美判断的真值的相对主义是否可能？我将得出以下结论：尽管某些貌似有理的见解可能会导致一种关于审美性质的相对主义，但关于审美判断的真值的相对主义仍然是虚幻的。

二、审美绝对主义

我们先来澄清审美相对主义的

* 本文系作者 2008 年在北京师范大学的演讲，特授权本刊予以发表。

取舍,即审美绝对主义。让我们把A看作关于艺术作品W的一个审美判断。有人可能会问,A是绝对为真还是仅仅相对为真?审美绝对主义者会说,一个判断的真值,比如A,仅仅取决于关于W的事实。休谟曾经写道,判断的标准,或者用他自己的话说,“知性的一切决定”,都是“真实的事态”(休谟:2005,第88页)。换句话说,一个判断为真,当且仅当它与真实的(客观的)事态相一致。然而,与休谟不同,审美绝对主义者相信,审美判断在这方面与关于某个房间里有多少人这样的语句并没有什么区别。A是因为关于W的某些事实而为真(也许它参与形成美的形式),而这就是我们能够对审美判断所说的一切。更确切地说,我们可以把这个见解表述如下:

> 审美绝对主义:A是真的,当且仅当存在着命题p,以至于A表示p,而使得p为真的那个东西是一个客观事态。

大卫·阿姆斯特朗用“使真者”(truthmakers)这个术语来指称使得一个语句或判断为真的那种东西(阿姆斯特朗:1997,第128页)。借用阿姆斯特朗的术语,我们就可以说,审美绝对主义的关键特征是使真者的客观性。在这里和本文的其他地方,判断被认为表示了命题,因为这种说法在这种文献中很常见。除此之外并无其他原因。仅用判断及其使真者这样的说法,人们就足以描述审美绝对主义了。

审美绝对主义者也许会承认,审美判断与特定的应用语境有关。(他们可能承认这点,但这并不必要。绝对主义者可以持有一种柏拉图式的艺术本体论,宣称艺术作品是永恒的类型,并认为一切审美判断都是关于永恒的类型,且在任何意义上都不依赖于特定的语境。多德(2007)就采用了一种音乐作品的本体论来支持这一主张。)如果审美判断的真值取决于应用语境,那么,举例来说,A的真值就会随着时代和世界的变化而一同改变。假设W代表米开朗基罗的雕塑作品“大卫”,而A代表“‘大卫’这件作品是美的”这一判断,那么,可能存在着另一个世界,在那里米开朗基罗把他的这件雕塑作品漆成了浅绿色。于是在这个世界里,A很可能就是假的，因为它不符合关于这件作品的实际情况。在现实世界中，同样存在着一个可能的未来，那时这件雕塑作品已经遭到严重的腐蚀或者已被损毁。于是在这样一个时代，A也很可能是假的——同样是因为它不符合当时的客观事态。我们可以把一种敏感于语境的绝对主义表述为如下观点：

> 语境论的审美绝对主义：A在应用语境C中是真的，当且仅当存在着命题p，以至于A在C中表示p，并且p在C中是真的。

在这里，应用语境仅仅是审美判断在其中所产生的那个语境。需要注意的是，尽管审美判断的真值取决于特定的时间、地点以及可能存在的世界，但其标准始终在于客观的事态，即在一个特定语境中的事态。这个见解仍旧是一种关于审美性质和审美判断的真值的坚定的绝对主义观点。客观事态仍然被视为审美判断的使真者。真值没有被索引到（在戴维·刘易斯使用这个术语的意义上）一个语境中的特定的说话者（刘易斯，1998，第21页）。

麦克法兰构想了一种审美绝对主义，这种观点认为审美判断的真值一方面取决于判断所产生的那个世界是什么样的，另一方面则取决于一种（麦克法兰称之为）“唯一真实的审美标准”（One True Aesthetic Standard）（参见麦克法兰，2005，第308页）。他将这一观点简要描述为：

> 审美标准的绝对主义：A在应用语境C中是真的，当且仅当存在着命题p，以至于：(a) A在C中表示p；(b) p在C和唯一真实的审美标准的世界中是真的。

我认为这种观点和审美绝对主义没什么不同。

很难弄清楚“唯一真实的审美标准”在这里到底是什么。除了世界或者事态是什么样的之外，绝对主义者不需要任何标准。从绝对主义的观点来看，个人偏好和共享的审美标准都与一件作品是否具有审美性质完全无关，也与关于审美判断的真值的问题完全无关。也许麦克法兰用一种让我们回想起休谟的方式认为，唯一真实的审美标准可以来自资深批评家的判断。既然我们所考虑的这个观点是一种绝对主义，批评家就必须相当够格才能成为理想标准，并且绝对可靠。我们可以假定麦克法兰想要说的就是这个意思。如果是这样，那么，A 在应用语境 C 中是真的，当且仅当存在着命题 p，以至于 A 表示 p，p 在 C 中是真的，而且理想的批评家判定 A 在 C 中为真。此处对理想的批评家的判断的提及显然是毫无意义的。说一个绝对可靠的批评家判断 A，其实就是以另一种方式来说 A。对绝对主义者来说，唯一真实的审美标准就是由在 C 中为真的东西来提供的，或者换句话说，由休谟所谓的“事态”来提供的。因此，我看不出审美标准的绝对主义与语境论的审美绝对主义之间有什么不同。

三、审美主观主义

现在我们来考虑一下对审美绝对主义的相对主义取舍。如今，人们已经提出两种基本的见解，以此作为对审美绝对主义的取舍。第一种见解有多个变种和诸多名称，但最好将它描述为主观主义。根据这种观点，艺术作品的审美价值与观众或者批评家们(我将在后文中如此称呼这一群体)的主观感受相关。主观主义是一种关于审美性质的相对主义的形式：艺术作品仅仅具有相对于批评家的审美性质。第二种相对主义认为，相对于不同的审美标准，某一给定的审美判断会具有不同的真值。玛丽亚·巴格拉米亚将这种观点称为一种强的审美相对主义（Baghramian，2004，第 128 页）。只有这种类型的相对主义才是真正意义上的相对主义语义学。一种关于审美判断的真正的相对主义是否可能还有待考察。

我们首先来考虑主观主义。主观主义是一种关于审美标准的特定观点的产物：审美标准被认为是某种类似于休谟所说的“情感”的东西。也就是说，审美标准就是一种愉悦的感受，或者相反，是人们在凝视一件艺术作品时所产生的厌恶感。然而，主观主义在一个重要的方面与休谟分道扬镳。与后者不同，主观主义者相信，是我们做出了审美判断。根据主观主义，审美判断就是这样一种判断，这种判断关系到做出这样一个判断的批评家的情感，正如它关系到一件艺术作品的判断一样。当正在做出一个判断的批评家怀有恰当的情感时，这个审美判断就是真的。主观主义的观点可以被表述如下：

> 审美主观主义：A 在由批评家 S 所断言时在应用语境 C 中是真的，当且仅当存在着命题 p，以至于：(a) A 在 C 中表示 p；(b) p 在由 C 以及 S 在 C 中的情感所共同组成的世界中是真的。

这种形式的主观主义引入了对批评家及其情感的指涉，因此就引入了刘易斯所说的“索引”(index)。关键的是，根据主观主义，审美判断涉及批评家的主观感受。审美判断的使真者因此不再限定于(特定语境中的)客观事态。

审美主观主义具有如下后果：不同的批评家所发表的审美判断实际上表示不同的命题。当 S_1 断言 A 时，它表示的是：(A_1)作品 W 使 S_1 产生了愉悦感。另一方面，S_2 则可能断言 A 不是真的，这就类似于说：(A_2)作品 W 使 S_2 产生了不愉悦的情感。

需要注意的是，A_1 和 A_2 并不矛盾。相反，二者都有可能(绝对)是真的。如果审美主观主义是正确的，那么，只要是真诚地做出的审美判断就都不可能是错误的，因为它们仅仅是表示说话者的偏好。按照审美主观主义，既然两个说话者不可能做出同一个审美判断，那么就没有任何审美判断会因为由这一个说话者说出来而是真的，也不会因为由另一个说话者说出来而是假的。这是因为，所有审美判断都会提到说话者自己的标准(即所谓“情感”)。如果审美主观主义是正确的，那么我们就将陷入关于美(或者关于其他任何美学性质)的相对主义。例如，根据一部分人的情感好恶，“大卫”这件作品就是美的；而根据另一部分人的情感好恶，它又是不美的。换句话说，审美主观主义认为，像“是美的”这类审美谓述并不是单一的谓述。说某样东西是美的(或是说它具有了其他审美性质)就是在宣告一种在批评家和作品之间才能达到的二元关系。也就是说，一件艺术作品只有在与批评家有关的意义上才具有美学性质。然而，这不同于关于审美判断的真值的相对主义。

四、审美视角主义

现在，我们转向一种关于审美判断的真值的相对主义。麦克法兰表述了一种见解，这种见解被认为向我们提供了这种相对主义。麦克法兰相信，通过让审美判断相对于评价的语境，我们就会得到关于审美判断的真值的相对主义。评价的语境就是这样一种语境，在这种语境中，某个人评价某些审美判断是否是真的。这种语境可以与应用的语境相一致，但并非必须如此。麦克法兰的这一观点可以被表述如下：

> 审美视角主义：A 在应用语境 C_u 和评价语境 C_a 中是真的，当且仅当存在着一个命题，以至于：(a) A 在 C_u 中表示 p；(b) p 在由 C_u 和评价者在 C_a 中的审美标准所构成的世界中是真的。

我对"审美视角主义"这一术语的应用是受到洛佩兹·德·萨的启发，他认为这一观点意味着一个语句"从某个视角看可以是真的，但换了另一个视角就是假的"(López de Sa 2007，第 272 页)。

麦克法兰在这里对审美判断的探讨受到了他对未来可能性(future contingents)的语义学的处理的启发。关于未来可能性的相对主义是这一观点：语句的真值会随着评价语境的不同而发生变化。在这里，不同的评价语境就是指不同的时代。考虑如下语句："明天将会发生一场海战。"在语境 C_1 中(在预言海战的前一天)，这个语句的真值可以被合理地认为是不确定的。在语境 C_2 中(预言海战的当天)，这个语句的真值必须要么为真，要么为假(MacFarlane 2003)。麦克法兰在此提出了一个合理的理由来支持让未来可能性的真实性相对于评价语境的做法。可以表明的是，一个在 C_1 中不存在的事态却可以在 C_2 中存在。(在这里我认同麦克法兰的见解。这个见解是可以被挑战的。

参见 Dummett，2004；以及 Westfall，2006。我只是承认，麦克法兰的见解是一种关于未来可能性的真值的相对主义。）注意，麦克法兰采纳了一种关于未来可能性的真值的真正的相对主义。一个给定的语句的真值被认为在一个评价语境中是不确定的，但在另一个评价语境中却可以具有一个确定的真值。这一挑战就是要表明，同样的探讨也可以被扩展到关于审美判断的相对主义。

有人可能认为，在对审美视角主义的表述中引入审美标准，其实是在变相地引入评价语境。或许如此。但是，认识到如下这一点是重要的：当我们考虑审美判断时，一切语义学方面的工作都是由对审美标准的指称来完成的，而不是由对时间的指称（就像在未来偶然事件的情形中那样）来完成的。为了说明事实确实如此，我们可以想象，两位批评家正在不同语境（不同的地点、时代或世界）中来评价一个作品 W 的审美判断 A。按照假设，W 在两种语境中，且对于两位运用同样的审美标准的批评家来说都是一样的。假设 W 是一首双句押韵诗，并且这两位批评家的审美标准一致认为任何一首以双句押韵的格式写作的诗歌都是优美的，那么我们就很难看到这个事实——一位批评家生活在当代洛杉矶，而另一位生活在古时的佛罗伦萨——与 A 的真值究竟有什么关系。只要身处不同时代（和地点）的批评家持有同样的审美标准，他们就会赋予审美判断同样的真值。另一方面，假设批评家们处于同一时代和地点，但各自持有不同的审美标准。在这种情况下，他们可能会得出不同的结论，而且我们可以说，根据一类标准，A 是真的；而根据另一类标准，A 就是假的。一般而言，W，以及为批评家所接受的审美标准，看来就是影响他们对 A 做出评价的唯一因素。

即使我们把目光集中在审美标准的相对性上，麦克法兰关于审美相对主义的论述仍然有待澄清。审美视角主义与审美主观主义的区别并非一目了然。让我们考虑下述情况：处于评价语境 C_a 中的评价者 S_2 将要对评价者 S_1 关于处在应用语境 C_u 中的作品 W 所做的审美判断 A 做出评估。对于 S_2 来说，一种理所当然的方式就是检视 W。

(我假定在 S_2 进行检视时,W 在被 S_1 评估以来并未发生任何变化。若不做出这个假定,在 S_1 和 S_2 对 A 所给出的评价之间的任何差别就完全可以按照语境论的审美绝对主义来加以说明。)S_2 会按照他的审美标准对 W 做出一个全新的判断。假设 S_2 的审美标准仅仅是他的情感,那么,与其说 S_2 是在评价 S_1 的判断,不如说他是在做出一个关于 W 的全新的独立的判断。假如审美标准就是休谟式的情感,那么 S_2 所判断的就是 W 是否在他心中引起了愉快的或是不愉快的情感。他所做的任何判断都会符合 S_1 所做出的任何审美判断。总之,我们就得到了审美主观主义。

然而,或许存在着一种理解审美标准的途径,可以使关于真值的相对性成为可能。或许在评价语境 C_a 中,评价者确实应用了某种审美标准,而不是仅仅诉诸他自己的情感。也就是说,可能存在着一个标准,它反对那些不止一人所做出的审美判断,而且这个标准并非一个客观事态。这也是理解关于审美判断真值的相对主义(或者审美视角主义)是如何可能的一个关键。在陈述审美视角主义时,麦克法兰谈到了"**评价者**的审美标准"(麦克法兰,2005,第 309 页;强调为本文作者所加),但是这些标准必须是评价者之间可以共享的标准。如果不是这样,这些标准就只是情感,而且,就像我所论证的那样,审美视角主义就会崩溃为审美主观主义。

在关于审美判断的相对主义这个问题上,很多研究文献把关于艺术作品的审美判断与美食口味以及对电影明星的性吸引力的判断相提并论。当我们处理对美食的口味和判断(以及电影明星的性吸引)时,很难看到除了休谟式的情感外,还有什么标准存在。关于艺术作品的审美判断可能受制于不同类型的标准。审美绝对主义者当然相信,存在着这种判断的一个客观标准。同样可能的是:存在着这样一些标准,它们既不是客观事态也不是主观情感。对这些标准的探究超出了本文讨论的范围,但是,某些可共享的标准是可能存在的,而且这些标准并非审美绝对主义者的标准。

通过修改休谟的提议,我们可以得到一个可能的共享标准:有人也许会说,资深批评家的判断可以成为标准。休谟观点的现代版本于是成为一个理想的批评理论，并拥有其当代的追随者。例如，这一理论就得到了阿兰·戈德曼的支持。（戈德曼，1995）审美判断是理想的批评家们所做出的判断。在一个评价语境中，一个人可以质疑：某个审美判断是否与理想的批评家们所做出的判断相一致。如果一致，这个判断就是真的。这个观点本身是完全一致的，但是，如果在审美视角主义的表述(b)中所提到的那些审美标准就是理想的批评家所做出的判断，那么审美视角主义就不是关于审美判断的真值的相对主义。只需稍作反思，我们就可以看到，事实确乎如此。

我们来考虑一下是什么使一个理想的批评家成其为理想的。休谟认为理想的批评家就是具有精致趣味的批评者。也许我们可以更准确地说，理想的批评家具有一种探知诸种审美性质的完善能力。作为理想的批评家，他们对艺术作品的审美性质所做出的判断不可能出错。同样，可以想见，理想的批评家们在哪些审美性质具有价值这个问题上不可能发生分歧。因此，假如这一批评理论提出了对审美标准的正确表述，那么，当我们说“一个理想的批评家做出判断 A”时，我们其实是在说“判断 A”。一个审美判断就是一个关于某件作品所具有的审美性质的判断。再多说什么理想的批评家相信该作品具有这些性质，其实并没有补充任何内容。假使这种“理想的批评家”理论确实提出了一种正确的审美标准，所增加的全部内容也无非是给审美视角主义加上了“一个处于评价语境 C_a 的评价者的审美标准”而已。我们可以换个角度来说明这一点。根据“理想的批评家”理论，对审美判断的真值的测试与理想批评家的判断相一致。但是审美判断的真值取决于客观事态。因此，“理想的批评家”理论其实就是一种审美绝对主义。

在此，我们需要稍作停留，以便提出如下问题：一种能使相对主义成为可能的审美标准会是什么？对于“标准”这个名词，《牛津英语辞典》提供了多种解释。与我们所讨论的问题最切近的一个解释是这样说的：“规矩、原则、判断或评价的方法；尺度、量度。”此处，标准并不是由理想批评家的判断来决定的，而是一些抽象的规范，它们决定了各种具体条款。《牛津英语辞典》对“标准”的相关用法做了举例说明，其中一个是这样说的：“英国读者必须得到告诫，不要将他的英式标准应用到对美国体系的检视中。”在这个例子中，我不太确定引起争议的东西到底是什么；我假定英国读者一直被要求勿以其标准来评价特定的美国社会制度。我们可以假设，只要社会制度履行了某项职责，它们就被判定为好的。对该职责的履行由一个标准加以衡量。判断社会制度的标准之一可能在于，好的社会制度使得个人独立于任何政府行为而行动的机会最大化。而另一个标准则可能认为，好的社会制度就是保证人民能以一种平等主义的方式得到对待。这些原则都可以被用作标准来判断一种社会制度——例如美国社会健康保障系统。根据美国的标准（限制政府行为是好的），这一系统可以算作好的。但是根据其他大多数西方国家的标准（平等分配健康保障资源是好的），这个系统就不算好了。一个审美标准可能含有很多与评价社会制度的标准相同的特征。特别是，这些审美标准可能成为命题。因此，这些标准就有可能被很多批评家共同采纳并加以应用。

这些议论表明麦克法兰对审美相对主义的探讨如何出了问题。关于审美判断真值的相对主义所以产生，并不是因为引入了对一个评价者在某个评价语境中的审美标准的考虑，而这个语境可以与形成审美判断的语境区别开来。相反，使得这种相对主义得以可能的关键因素就是能够用来判断不止一个人的审美标准的那些审美标准。这些标准不可能是客观事态或者一个理想批评家的判断（或是由此而来的审美绝对主义），而是一种主体间的（intersubjective）尺度，它可以用来衡量一项功能的履行状况。称这些尺度为“主体间的”，其实就是认为不止一个批评家可以采纳它们。审美判断的真值取决于一个世界在特定时间中是怎样的（尤其是某件作品W在这个世界中是怎样的），以及由一个说话者所采纳的主体间的审美标准。我们可以更正式地把这个观点称为审美视角主义：

审美视角主义：A在由批

评家S所断言的时候在应用语境C中是真的，当且仅当存在着一个命题，以至于：(a) A在C中表示p；(b) p在C的世界中，按照S在C中所采纳的主体间的审美标准是真的。

这一见解是审美视角主义的一个变体。根本的区别在于，审美视角主义清楚地表明，审美判断的使真者包含了主体间性的审美标准，这些标准可以随着语境和批评家的不同而变化。与语境论的绝对主义不同，审美视角主义并不认为审美判断的使真者是全然客观的。

审美视角主义也不是一种形式的主观主义。A的真值并不取决于某些个人情感。断言A并不是要表示一个命题，以说明在某个人看来令人愉快的东西究竟是什么。实际上，一个人可能裁定A是真的(根据某项标准)，却并不觉得它是令人愉快的。(我们经常这么做。例如，某人根据一项他所接受的标准而承认《纽伦堡的名歌手》是伟大的艺术作品，但是坦言他并不喜欢聆听该作品。)如上文所述，如果审美主观主义是正确的，那么我们在做出审美判断上就不可能出错。另一方面，如果审美视角主义是真的，那么我们在做出审美判断上就可以出错，而这种错误是审美主观主义所不允许的。举个例子：我能够按照某项标准(比方说，具有审美价值的作品探究人类经验)来判断A是真的，但该判断实际上是假的(该作品并不探究人类经验)。

审美视角主义不是主观主义，但也不是关于审美判断的真值的相对主义。它实质上就是这样一种观点——审美判断的使真者是由两个要素构成的，一个要素是特定作品在特定语境下存在的方式，另一个要素是在该语境下判断者所采纳的主体间标准。如果我们承认意义是由成真条件(truth-conditions)所赋予的，那么审美判断的含义就部分地取决于判断者所选取的标准。比如，我做出了一个判断，“W是一件优美的艺术作品”，这个判断为真(因为我对“美”拥有特定的判断标准)；你也做出了一个判断，“W不是一件优美的艺术作品”，该判断也是真的(因为你采用的标准与我的不同)。我们之间并不冲突。你所说的是根据你的标准，这件作品苍白无力。而我所说的是，在我的标准看来，这同一件作品是美好的。假如你没有改变标准，却断言“W是一件优美的艺术作品”，那么你所说的就是错的。而这就意味着，由我做出的同一个判断，却因为由你说出而成了完全不同的东西。

审美视角主义似乎并不是如下观点：一个单一的审美判断能够具有两个真值。一个审美判断能够具有一个以上的真值这一观点总是成为一项艰巨的挑战，因为存在着一个反对任何这样的相对主义的令人信服的一般论证。这种相对主义认为，两个判断可以在含义上是同样的，但却具有不同的真值。这个见解似乎不符合如下观点：一个语句的含义是由其成真条件来决定的。如果一个判断的含义由其成真条件来决定的(且成真条件决定真值)，那么就很难看出两个判断如何能够在含义上相同、但却在真值上相异(这个论证的一个版本，可参见牛顿-史密斯，1981，第34页以下)。虽然只有通过假定含义是由成真条件来决定的，这个论证才能发挥作用，但这个假定是一个被广泛地接受，而且看起来是合理的观点。

当我引入了审美视角主义时，乍看起来，它就像是巴格拉米亚的那种强有力的相对主义的一个版本。但是，最好将这种观点视作关于审美特性的相对主义的一个版本。它意味着艺术作品并非独立于审美标准而具有审美性质。比如说，某件作品是优美的，因为特定的标准确立了评价“美”的准绳。按照这一观点来实施语义上升就会导致如下幻觉：我们是在处理那种强有力的相对主义。也就是说，如果我们持有关于真值的相对主义观点，这只是因为如下从(P)到(T)的语义上升：

(P)W相对于审美标准I而具有审美性质P。

(T)“W相对于审美标准I而具有审美性质P”是真的。

如果这是理解审美视角主义的恰当方式，那么就像主观主义一样，这种审美视角主义也是一种关于审美性质(以及审美价值)的相对主义。

五、结论

毫无疑问，审美相对主义的某些变种是有说服力，甚至是看似合理的。无论主观主义还是审美视角主义都会导向关于审美性质的相对主义。差别在于，主观主义使得审美特性依赖于主观感受（休谟所谓“情感”），而审美视角主义使之依赖于主体间的标准。目前我们还不清楚如何成为一个关于审美判断的真值的相对主义者。也就是说，一个单一的审美判断如何能够既是真的又是假的，要么在同样的语境中，要么在不同的语境中，这一点仍然是不清楚的。

参考文献

Armstrong, D. M. (1997), *A World of States of Affairs*. Cambridge: Cambridge University Press.

Baghramian, Maria (2004), *Relativism*. London: Routledge.

Dodd, Julian (2007), *Works of Music: An Essay in Ontology*. Oxford: Oxford University Press.

Dummett, Michael (2004), *Truth and the Past*, New York: Columbia University Press.

Goldman, Alan (1995), *Aesthetic Value*. Boulder, CO: Westview.

Hume, David (2005), "Of the Standard of Taste". In James O. Young (ed.) *Aesthetics: Critical Concepts in Philosophy*. London and New York: Routledge, vol. I, 86—100.

Kölbel, Max (2004), "Indexical Relativism versus Genuine Relativism", *International Journal of Philosophical Studies* 12: 297—313.

Lewis, David (1998), "Index, content, and content", in his *Papers in Philosophical Logic*, Cambridge: Cambridge University Press, 21—44.

López de Sa, Dan (2007), "The Many Relativisms and the Question of Disagreement", *International Journal of Philosophical Studies* 15: 339—48.

MacFarlane, John (2003), "Future Contingents and Relative Truth", *Philosophical Quarterly* 53: 321—36.

MacFarlane, John (2005), "Making Sense of Relative Truth", *Proceedings of the Aristotelian Society* 105: 305—323.

Newton-Smith, William (1981), *The Rationality of Science*. Boston: Routledge and Kegan Paul.

Westfall, Jonathan. (2006), "The future and the truth-value links: a common sense view", *Analysis*, 66, 1—9.

（作者系加拿大维多利亚大学哲学系教授）

科斯定理的伦理蕴含与困境

葛　四　友

摘要：尽管科斯定理对新制度经济学与法经济学产生了极大的影响，但其伦理向度几乎无人问津。然而，科斯定理在某种意义上蕴含了很强的反应得理论，并且其结论具有很强的规范约束力。不仅如此，科斯定理还混淆了罗尔斯所区分出的总结性规则与构成性规则。在这种区分之下，我们可以得到效率概念的不同理解。一方面，如果效率是一种纯粹形式的概念的话，那么科斯定理的成立就变得无足轻重了；另一方面，如果效率是一个实质性概念的话，那么科斯定理的成立就取决于满足一定的道德前提。也就是说，无论效率做何种解释，科斯定理都面临着困境。

一、科斯定理的基本意义

罗纳德·科斯主要凭其两篇论文《企业的性质》与《社会成本问题》而于 1991 年获诺贝尔经济学奖，其主要贡献则被另一位经济学诺奖得主斯蒂格勒概括为科斯定理。科斯的影响非常之大，一是催生了新制度经济学流派，二是促进了法经济学的兴盛。在西方，有关科斯定理的讨论从上世纪 60 年代就不绝于耳。在国内，则随着诺奖的光环，科斯也成了炙手可热的研究对象。科斯定理一般概括为两条，《新帕尔格雷夫经济学词典》中，罗伯特·D. 库特对“科斯（第一）定理”的解释为：“从强调交易成本解释的角度说，科斯定理可以描述如下：只要交易成本等于零，法定权利（即产权）的初始配置并不影响效率。”相应地，科斯第二定理表述如下：如果交易成本大于零，产权的不同配置就会带来不同的经济效益。市场交易如果存在成本，那么合法权利的初始界定会对经济制度运行的效率产生影响。

出于两个原因，科斯第一定理被研究得很少。第一，交易成本为零的情况很少；第二，如果交易成本真的为零，那么我们如何安排产权就是无所谓的，产权只要清晰即可。因此，大家的注意力都集中到了研究科斯第二定理指向的问题，即如何用产权配置来减少交易成本，从而提高经济效率，自然这就会涉及到经济学与法学两方面的研究。但是，遗憾的是，这些讨论基本都是从经济学与法学角度的讨论，其中的效率概念更是作为理所当然的事实概念而加以使用，由此甚少有人从伦理学角度来考察科斯定理。① 换言之，科斯定理的伦理向度几乎无人问津。然而，科斯定理既有不少的伦理预设，也有着很强的伦理蕴含，它不仅迫使我们重新审思公平与效率表面之间的冲突关系，而且迫使我们重新审视效率概念本身的性质，进而促使我们重新看待伦理研究与经济研究之间的互动关系。因此，与以往对科斯定理的

① 科斯定理的这种研究状况在中国学术期刊全文数据库中的搜索可以得到很好的说明。以“科斯定理”于全文中搜索的情况是：中国期刊全文数据库(5133)，中国博士学位论文全文数据库(1077)，中国优秀硕士学位论文全文数据库(2308)。于摘要中搜索的情况是：中国期刊全文数据库(314)，中国博士学位论文全文数据库(28)，中国优秀硕士学位论文全文数据库(73)(在这些结果中，在摘要中再搜“公平”的结果是：中国期刊全文数据库(7)，中国博士学位论文全文数据库(6)，中国优秀硕士学位论文全文数据库(16))。以科斯第一定理全文搜索的情况是：中国期刊全文数据库(307)，中国博士学位论文全文数据库(108)，中国优秀硕士学位论文全文数据库(211)(这里再在这个结果中以摘要来搜“公平”的情况是：中国期刊全文数据库(13)，中国博士学位论文全文数据库(13)，中国优秀硕士学位论文全文数据库)。在文史哲中以科斯定理全文搜索的情况是：中国期刊全文数据库(68)，中国博士学位论文全文数据库(7)，中国优秀硕士学位论文全文数据库(11)。在文史哲中以摘要搜索科斯定理的结果是：中国期刊全文数据库(5)，中国博士学位论文全文数据库(1)，中国优秀硕士学位论文全文数据库(0)。在缩小范围后有可能是交叉研究的论文中，没有看到专门有文章就科斯第一定理来追问其中的伦理属性的，绝大多数都是考虑如何应用科斯定理。

研究不同，不像经济学与法学中研究时着重考虑交易成本，本文将从伦理学的角度考察交易成本为零之下的科斯第一定理所面临的困境。

二、科斯定理的道德蕴含

科斯是从身边一个又一个相互纠缠的问题开始探讨的，比如邻居的牛吃稻谷这样简单的例子。农夫与养牛者在毗邻的土地上经营，牛总是难免会走失的，从而就会破坏谷物。传统上，我们总是考虑如何防止养牛者对于农夫的损失。但是科斯的观点则不同，他认为，如果我们只从农夫的角度考虑问题，只考虑农夫的损失，这是不明智的。因为我们禁止养牛，也一样会给养牛者带来损失。在科斯看来，两者同为损失，且是同等重要的。科斯的讨论是分两步进行的，首先是养牛者对农夫进行赔偿。这个时候是养牛者要去找农夫磋商，以获得农夫的允许。其次是养牛者不用对农夫进行赔偿，这个时候是农夫会去找养牛者，然后进行讨价还价。但是在两种情况下，只要交易没有成本，并且大家都是利益最大化的（经济理性的代名词），那么养多少牛，是否种植谷物，是不受初始权利的影响的（科斯，1994，第 4 页）。由此，科斯的结论是，只要没有交易成本，那么初始产权配置对于效率是没有影响的，影响的只是收入的分配。由此推广之，就得到了科斯第一定理。

根据科斯第一定理，在没有交易成本的情况下，就可以存在各种各样有效率的制度 E1，E2，E3……En 等。当然，一定也存在某种制度 F，它在产权上是清晰界定的，且它在伦理意义上是公平的。这里为了讨论的方便，我把对制度的道德评价用公平代表了，对制度的经济评价则用效率代表了，因为公平、正义等之间的差别对于此讨论是无关紧要的。效率与公平是评价制度的两个不同维度，在没有市场交易成本的情况下，只要产权清晰界定，科斯定理就会断言会得到有效率的结果。而公平制度 F 也可以是清晰的，因此它也必然是一种有效率的制度。因此，只要我们接受一种温和的立场，即同等情况下，我们会选择更有效率的制度或更公平的制度。在这种温和立场下，[①]如果社会要决定选择何种制度时，我们肯定会选择制度 F。因为基于效率来讲，我们选择任何一个 Ej 都是无差别的，因为它们都是同样有效率的。由此，根据科斯定理，我们可以得出一个具有重大意义的结论，即在无交易成本的世界里，公平与效率之间是可以不存在任何矛盾的，也就是说公平与效率是可以完全统一的。

如果此点成立，那么可以得出，在现实中，假如公平与效率之间存在着某种必然的冲突，那么它必定是由于交易成本所引起的。注意，在科斯定理成立的前提下，交易成本的存在只是公平与效率存在必然矛盾的必要条件，而不是充分条件。因为对任何一种制度 Ei 而言，交易费用无疑都会影响到效率，对公平制度 F 的影响是否必定大于其它的制度，则是不确定的。换言之，只有当某种交易费用的存在，它使得有效率的制度可能变成了 Ei，而不是同时既公平又有效率的制度 F，这个时候，两种制度之间才存在着必然的矛盾，也就是我们通常所说的公平与效率之间的矛盾。但是即使是这样，未必 F 制度里面的所有制度都与 Ei 相矛盾，也就是说，可能存在这样的一种情形，F1，F2，F3……，Fj 是与 Ei1，Ei2，Ei3……，Eij 是相同的，只有 Fj＋1 开始才是与 Eij＋1 是相矛盾的。那么自然，我们无疑会选择 F1 到 Fj 的子制度，至于 Fj＋1 与 Eij＋1 及以后制度的选择，则是有待我们的策略选择了。如果我们是效率优先，兼顾公平，并且这里的优先是罗尔斯意义上的词典式优先的话，那么无疑，选择将完全是 Eij＋1 等效率性制度。如果是公平优先，那么自然就是制度 F 了。当然，如果我们的优先不是那么绝对，而是兼顾为主，那么我们就会存在着某种政治权衡，在公平与效率相冲突的时候进行折中，由此得到的制度也许就是 Em 了。

三、科斯定理的道德预设

但是公平与效率之间的冲突关系是否确实只是交易成本所引起的呢？

---

① 事实上，在一种更强的偏好，无论是在效率优先还是公平优先的情况下，我们还是会选择制度 F。

现在我们从科斯的例子开始考察这一点。我不会关注例子中的推导过程，原因有二，一是笔者认为这种推导过程本身没有任何问题，二是这种推导已经在制度经济学与法学经济学里有了非常多。我们先来看科斯研究时的预设。

前面我们已经提到，科斯在探讨各种例子时，不同于前人(如庇古)的一个重要方面在于，他看到了问题的相互性。也就是说，如果我们不禁止养牛者养牛，那么会给农夫带来损失。但是如果我们禁止养牛者养牛，尽管农夫没有损失了，但是这会给养牛者带来损失。一般而言，这种相互性实际上是"不制止甲会使乙受损，避免对乙的损失将会使甲遭受损害。"①这种视角一变，科斯眼里真正的问题也就变成了，"是允许甲对乙造成损害，还是允许乙损害甲?"但是一般而言，我们认为个人是有权利和应得的，而这种视角转变恰恰就是否认了这种权利和应得。由此，它很容易受到伦理学者的下述反驳：如果我有权不受到你的损害，尽管禁止你养牛会对你会产生伤害，但这是应该做的事情。甚至有的极端者认为：不管禁止养牛者伤害农夫的谷物会对养牛者产生多大的损失，这都是应该干的事情，这是农夫的土地所有权的应有之义。

笔者认为，科斯的这一转变，不管科斯本人是否意识到，他跟罗尔斯走的是类似路线，因为他也是在追究我们的基本制度或说基本结构。因此，我们用罗尔斯的框架来思考也许更有利于我们看到这一视角转变的真正含义。当科斯说真正的问题变成了是允许甲伤害乙还是允许乙伤害甲的时候，他不是在既有产权框架之内来思考问题，他现在的问题变成了我们应该如何来设立产权结构本身。对于理解科斯定理而言，无论怎么样强调这一点都不过分，这应该也是新制度经济学派的基本要义所在。尽管科斯根本就没说，但是我们可以肯定的是，他如同罗尔斯那样否认了人们的那种前制度应得。② 因为他对这种视角转变的一个结论是："关键在于如何避免较严重的损害"，③而不是如何更好地保护好人们的前制度应得。如果设立产权

---

① 科斯等：《财产权利与制度变迁》，上海三联书店，1994年版，第4页。

② 罗尔斯：《正义论》，何怀宏等译，中国社会科学出版社，1988年版，第99、301页。

③ 科斯等：《财产权利与制度变迁》，上海三联书店，1994年版，第4页。

制度之前有一个应得在那里,那么自然,科斯的视角转换的伦理意义就不存在了,或者说,他的经济效率必然是以违背道德而产生的,从而也就出现了道德与经济效率之间的必然冲突。这也正是科斯定理必然具有某种伦理蕴含,因为它具有了罗尔斯在公平正义中所表达出来的那种预设,即我们没有这样一种前制度性的应得,我们有的只是在一种正义制度之下的各种合法期望,这种期望在我们的日常语言之中就变成了各式各样的应得。① 由于笔者②赞同罗尔斯的这一看法,因此,在笔者看来,科斯的这一视角转变是极有意义的,它表明我们在设立产权这一基本制度时,我们对经济效率的考虑是完全可以纳入进来的,并且并不必然与公平相冲突。

这样一来,在反前制度应得的预设之下,科斯定理在基本制度建构方面并不是如同表面所看到的那样令人反感。农夫是否有权利不受到养牛者的损害就不像表面上那么一目了然了,我们要把经济效率纳入考虑之后才能做出判断。因为一般而言,除了极端分子外,没有人认为后果完全是无足轻重的,而一旦道德评价敏感于后果,那么经济效率(如果有的话)就必定会进入我们的道德考虑。一旦经济效率也是一种道德上的初定(*prima facie*)考虑的话,即使真的承认效率与公平是割裂的,那么它们也可以在确立产权结构上产生影响,尽管这些影响可以为其它的考虑所压倒。

同时,科斯这里的探讨还展现了对于产权的另一种看法,即产权并不一定是完整不可分的,它可以以各种形式出现。他在思考养牛者不需要赔偿时,并没有否认农夫的土地所有权。这实际上与克里斯特曼③不谋而合,这就是所有权未必是完整统一的一块。它完全可以是分开的,使用权与所有权、收益权与处置权等。这里农夫对土地的所有权在这种情形下就不是完整的,而是有条件的。一旦产权是有条件的,那么这为我们思考如何设立产权是一个非常有意义的假设。事实上,在今天中国公寓建设中,我们居民对

① 罗尔斯:《作为公平的正义》,姚大志译,上海三联书店,2002 年版,第 116 页。

② 葛四友:《正义与运气》,中国社会科学出版社,2007 年版。

③ 克里斯特曼:《财产的神话》,张绍宗译,广西师范大学出版社,2004 年版。

于其房屋所有权的设立就是如此，我们有使用权，并且这种使用权是受限制的，你只能居住。之所以如此，其道德辩护的一个根本原也许因于，这能满足实际需要，或者是为经济考虑所支持，这能够对大家都有好处。完全不具有产权肯定会产生极大的损失，但是完全绝对且完整的产权对于我们可能也有很大的损害。这个时候，产权形式多样化也许就是避免这种两难困境的一种途径。

下面的假设也许会让我们看得更为清楚。A：我们有绝对、完全的产权，比如说土地权，B：我们没有产权，处于一种自然状态之下。相对于B来说，我们自然认为A要更好。但是假如我们都对土地有一种绝对的、神圣不可侵犯的权利，任何人都有权利任意处置其土地。比如说，每个人死后，都可以将自己葬于自己的土地上，任何人不得动它。如果我们尊重这种权利，那么假如当这样做的人数达到一定数目之后，后来人如何还有土地可用，这就是一个大问题了。当然，也许有的人会说，这样做的人不多。但是这样的反驳是没有用的，因为这里不是要反对私有产权，而是反对它的无条件性。刚才的反驳者实际上也蕴含了这样的考虑，假如这种任意使用产生了严重的伤害，那么它是可以废除的。

四、科斯定理与两种规则

上面我们分析了科斯视角转变背后的伦理预设及其具有的积极意义，但这种预设是否支持科斯定理还是个疑问。这里的关键在于科斯定理中的效率究竟指的是什么。它是否如我们直觉中的成为一种指导制度改革的初定理由呢？尽管科斯没有明言，但他至少认为这一定理为我们的制度改革提供了一种初定理由。实际上当科斯在考虑这一问题，包括法官考虑产权问题时，他把效率作为了结论性理由，而不仅仅是初定理由。因此，我们非常有必要看看这一效率是否能够承担这种重任。

对博弈论稍有了解的人都知道，它的起始点就是众所周知的囚徒困境。换言之，两个分别来看是合理的个人选择，合在一起却产生了不好的结果。

这表明:两个选择分开来看是好的,但是如果两者之间具有某种内在关联的话,那么合起来的结果未必是两个好结果的相加。科斯的结论必须由一个又一个的例子相加而成,问题是例子之间如果具有某种内在联系,那么就有可能出现如囚徒困境那样的情形。笔者承认,在没有交易成本的情况下,并且也没有对于财产的初始资格或应得的前提下,在一单个的例子中,例如养牛者与农夫的情形下,产权的配置对于经济效率来讲是没有影响的(暂不考虑分配的问题)。但是由于市场经济的内在关系,我们就有一个自然的疑问,当这种例子推广到一般而论的情形,是否会出现类似囚徒困境的问题呢?

科斯在讨论养牛者与农夫的例子时,他已经注意到了这是一个极小的局部分析。他已经提到了各自产量的变化会影响到市场价格的相对变化,但是为了简便,他只考虑了一个农夫的情况。这一点是科斯所举例子中的一般特征,他后来所进行的种种讨论均是这种微小的局部分析。但是显然,科斯定理(不管是否是其原意)显然不是一个局部结论,它显然是对于一般产权结构而言的。在科斯的例子中,产权成了研究的变量,而人们的偏好、东西的市场价格是固定的,是一种常量。在这种假设之下,在交易成本为零时,我们的产量是不变的,唯一改变的只是分配上的变化。由此,我们很容易从这里得出一种直觉:经济效率是没有改变的。

然而,在局部分析中,我们看到的只是一个个具体而微的产权的调整,比如养牛者和农夫的情况。那里人们的偏好与善观念没有改变,各种东西的相对价格也基本上不受此调整的影响。但是当我们把整个产权结构作为研究对象时,就不再是如此了。因为产权结构的改变,也会相应地改变许多其它的东西。如罗尔斯①与德沃金②等人所强调的,产权结构会在相当大的程度上决定我们的生活前景,划定我们的生活机遇的可能范围。总言之,它会影响到我们在该社会里的合法期望。它在相当大的程度上能够决定我们

① 罗尔斯:《正义论》,何怀宏等译,中国社会科学出版社,1988 年版。

② 德沃金:《至上的美德》,冯克利译,江苏人民出版社,2003 年版。

社会里面的贫富差距有多大，我们允许有什么样的职位差别。由此，它必然会影响到我们的偏好与善观念。因为我们的偏好与善观念无疑会以这种产权制度下的期望，也就是预估我们能够在这种制度下得到些什么东西作为前提。产权一旦确定，就像罗尔斯所说的，对我们的影响是极其深远的，从生到死，我们都是在这种结构之下度过的。一个贫穷农村里的小孩子，他不大可能知道钢琴是怎么回事，即使他具有再好的天赋。他能够形成的善观念，或者说对事物的品味，对食物的口味，都深受其家庭环境的影响。这在某种意义上，其家庭的收入、财富等无疑是相当重大的影响因素。

阿马蒂亚·森[①]也描述了我们在各种条件下的调适心理变化：在奴隶制度之下，受虐奴隶可能因为无力反抗而接受现实，形成与他们的处境相适应的偏好，这样的情景下他们的偏好也能够得到满足。伤心的失业者和无望的赤贫者、胆小的妻子等都没有勇气形成一种较高要求的偏好。这里用极端情形说明了一个情况，这就是财产权的初始配置对于人们消费函数本身的影响，而不仅仅是在既定消费函数下影响人们的消费。

但是除了这种根本性的影响之外，我们还有一种影响。这就是随着我们资产的变化，我们对于自己已有的一种偏好的评价也会不一样，至少在市场交换过程中表现得不一样。随着初始产权的不同，也就是说人们手上所拥有的财富的不同，同样的东西所获得的价值也是不一样的。这会对消费函数产生影响。换言之，尽管我喜欢某样东西，比如说书。如果我有钱，我可能除了基本的一些需要之外，我愿意出很多的钱。但是一旦初始产权改变，也就是我的财富相对较少，那么自然我能够出的价格就低。再比如说，有不少人喜欢梵高的《向日葵》，幸运的是，这些人都是亿万富翁，由此互相竞价，这幅画一下子达到了几千万。但是，如果喜欢其画的人恰恰是一些刚能满足温饱之士，尽管在他们眼里，这幅画的价值一点也没变，但是这幅画的市场价格就会差很远了。

---

① A. K. Sen, *Inequality Reexamined* (New York: Harvard University Press, 1992).

同样明显地，产权结构能够改变我们的偏好，由此改变我们所重视的东西，从而也就会相应地改变我们对自己天赋的开发与利用。换言之，它也引起我们能力的变化。而这是均衡条件中的资源条件，甚至有可能会影响到我们的科学技术的发展方向与重点。尽管我们无法确定这会如何变化，但是，初始产权配置变化得越大，那么这种影响估计就会越明显。

但是在单个例子中，这些变化是我们看不到的。我们知道，经济理论的一般均衡的讨论有几个背景条件是给定的，这就包括人们的偏好(消费函数)、科学技术(生产函数)和产权结构等。① 显然，如果科斯定理说的是，不管产权结构是什么样，我们的总产量都是一样的，这显然是有问题的。它最多是相当于这样一种断言，如果不存在交易成本，每个人能够自由选择，并且不诉诸于武力，同时是理性的，那么在各种产权结构之下，我们都能够达到均衡。由此，他说达到产值最大化也是对的，因为均衡点在该环境下就是最大产量点。它的最终意义只能是能够达到一种均衡，从而出现产量最大值。但是不同产权之下的这种均衡值能够相互比较吗?

要回答这个问题，笔者认为我们有必要来看待罗尔斯对两种规则的区分。② 有一种总结性规则，可以是对我们日常生活中的各种经验知识的概括，比如说我们如何投篮才能投得准，当你掌握了这种规则之后，你就能够投得更准等，这种规则的意义在于能够实现既定的目的。但还有一种构成性规则，它定义了你的活动的意义，比如说篮球规则中的三步上篮，你不能来个四步上篮，否则那就不是我们平时的篮球运动了。这里我们评价两种规则的标准肯定是不一样的。

科斯的例子的很大迷惑性就在于此，我们在养牛者与农夫之间改变赔偿责任时，它对产权的调整很像是第一种规则的变动，即它更像改变投篮的一种经验规则。然而，在思考整个经济的效率时，产权规则调整实际上是在

---

① 萨缪尔逊:《经济分析基础》，甘华鸣等译，北京经济学院出版社，1990年版，第二章。

② John Rawls (1955), "Two Concepts of Rules", *The Philosophical Review*, Vol. 64.

调整我们的游戏规则,类似于改变篮球游戏规则了。根本原因在于,这种产权结构改变了我们的偏好与善观念,改变了我们的对于事物价值的评估。一句话,我们的效用内容随产权的改变而发生变化了。当产权调整的小,那么这可能就相当于我们把三步上篮改成了四步上篮,然后来比较两种规则下篮球打得如何。如果初始产权配置改变得相当厉害,那么在某种意义上相当于我们把游戏规则改变得也更加厉害,不是三步上篮与四步上篮规则的变化,而相当于用手拍球变成了用脚踢球,简言之,篮球变成了足球。这是对整个游戏的改变,那么里面每个动作的意义,即使在不同的游戏规则之下都很好,但是彼此之间无法做比较了。

笔者认为,科斯定理中的效率实际上就是这样一种东西。尽管每种产权制度都是有效率的,但是不同产权制度之下的效率比较是失真的。市场经济里面最根本的还是消费者经济,说白了就是效用起最终的决定作用。但是产权结构的变化恰恰会改变我们的偏好,由此一来,各种效率之下所包含的东西改变了。由此显现出来的效率只不过是形式上的东西,效率所谈到的效用已经发生变化了。因此,产权越是发生根本的变化,那么效用的变化也就可能越是惊人,那么我们的比较就越失真。

这样一来,科斯定理实际上面临着这样的一种两难局面。要么科斯定理是成立的,那么效率指的就只是一种纯粹形式的东西,相当于在每种规则体系下,经济的运转都能达到某种均衡。不过,在纯粹事实意义上,不同制度之下的这种效率是不可比较的。但是这样一来,这种所谓的效率就缺乏我们开始所说的那种道德力量,无法成为选择的初定理由,更不用说是结论性理由,因为它们的比较本身就需要一种道德预设作为前提。自然,我们开头根据科斯定理所得到的公平与效率的统一就是没有意义的了。

要么效率所指的不过就是这种纯粹形式的东西,那么不同的产权结构之下的效率是能够比较的,但却没有什么道德力量。要么我们超越游戏规则本身,而是寻找游戏规则之外的东西来比较两种游戏规则。这时候,我们必须借助于其它的标准,很可能是道德准则。但是一旦有道德准则掺入进来,那么科斯定理显然就不再在其原有意义上成立了,因为它本意是不用道德标准来确定我们的制度选择。正如足球与篮球的比较一样,如果我们从各自的游戏规则内部来说,它们踢得好与打得好是无法比较的。但是我们可以参考其它的标准,游戏规则之外的标准来进行比较,比如说它们能够满足人们的各种需要。如果我们能够确立一种满足需要的程度之分,或质量之分,那么两种游戏在这种标准之下就是可比较的了。

如果上面的分析是正确的,那么效率概念就有两种发展方向,一种是纯形式的,对于我们如何选择几乎没有什么必然的力量。另一种则是这种效率实际上已经蕴含了价值,由此对于我们的选择具有影响,但是这样一来科斯定理又是不成立的。

五、科斯定理的伦理成分

当然,科斯定理即使是面临这种两难局面,并不表示科斯的讨论是没有意义的。因为若真是如此,那么由此发展的制度经济学与法学经济学的探讨就变成了无意义的了。笔者看来,科斯定理尽管作为定理是不成立的,也就是不能无条件地成立,但是很可能存在着某种条件,一旦满足它,那么其结论就依然是可以接受的。现在的问题是,如果有这种条件,它从哪来呢?一种自然的想法是,我们需要加入某种外在的道德标准,比如我们通常所说的公平标准。

这种想法也在某种程度上反映了目前经济与伦理研究的一般特征。我们要么是割裂它们的联系,独立研究,造成经济与伦理的断裂。要么是持有这样一种简单的观点,即经济学研究能够为伦理实践提供事实依据,而伦理实践则为我们如何进行经济活动提供道德指南。人们通常认为,经济理论研究的就是事实,而伦理研究的就是价值、规范,两者并没有任何必然的内在联系。

然而,科斯定理的困境向我们显示的情况并没有如此简单。任何社会,只要允许我们自由选择,允许我们形成自己的偏好与信念,选择自己所中意的东西,那么在不同的产权制度之下,都会导致我们善观念的变化,甚至引起我们做什么样的人的变化。无论我们选择哪一种制度,它都无法与另一种制度在纯粹事实(如果有的话)意义上作效率的比较。这也就相当于说,纯粹事实的经济效率是没有意义的。换言之,不存在一种可以彼此比较的纯粹事实性的经济效率。

也许有人会说:不管人们的偏好与善观念是在什么条件下形成的,这都是无所谓的,因为其内容是无关紧要的,科斯定理因此是成立的。即使我们接受这种看法,这也是一种价值判断,并且事实上是一种很少有人会接受的价值判断。同样,如果我们断言,只要偏好有任何变化,由此而出现的各种产权之下的效率都是不可比较的,那么这也是一种价值判断。可以想见,它也是一种不会有多少人支持的观点,因为它相当于认为任何制度变革都不能拿效率来说事。如果这两种极端观点是不可接受的,那么一种自然的想法就是,如果我们的偏好与善观念的形成环境满足某种条件的话,那么我们就可以忽略在偏好与善观念上的变化,即由此出现的经济效率是可以比较的。

显然,无论确定这种环境的标准是什么,它必然是对这一事实的回应,即我们无法对不同产权制度下的效率作纯粹事实性的比较,因为任何一种制度选择都必然会改变人们的偏好与善观念。换言之,我们不仅仅只是在适用伦理标准时来参考这种事实,我们首先就得在设定或说选择我们的伦理标准时就要参考这种事实,它构成了决定我们伦理价值的背景条件之一。① 另一方面,我们的经济研究对象也并不是纯粹的事实,因为所谓的事实认定中已经蕴含了以我们所接受的伦理价值为前提,非常典型的就是这里所说的效率概念。一旦我们接受这一点,那么效率就不再单纯是一个事实概念,它在某种意义也变成了价值概念。由此,我们肯定得重新思考公平与效率之间的关系,无论它们之间是统一还是冲突,都与传统观点之下有所

---

① 实际上,这里在根本上讲是运气因素对我们生活影响的一个例子而已,但这种运气不仅仅是我们适用道德标准时所要考虑的,它也是我们建构正义原则时所必须考虑的,是我们思考最基本的正义原则的背景。具体的讨论可参见葛四友:《正义与运气》。

不同,这正是需要我们付出更多的精力来研究的。

在某种意义上说,科斯定理失败的根源并不在于产权制度会改变我们的偏好与善观念,而在于我们的经济效率的比较在本质上并非是一种纯粹的事实比较,这种比较内在地蕴含了某种价值预设。因此,经济研究与伦理研究并非是简单的、彼此独立的事实研究与价值研究,而是彼此具有内在联系、相互影响的研究。也许,这里的困境还有更深层次的意义,那就是如普特南①向我们表示的,我们应该反思事实与价值是否真如休谟所认为的那样是截然两分的。

(作者系华东师范大学思勉人文高等研究院副教授)

① 普特南:《事实与价值二分法的崩溃》,应奇译,北京:人民出版社,2006 年版。

书　评

威廉姆斯《泰初有为》与政治现实主义

陈德中

Bernard Williams, *In the Beginning Was the Deed: Realism and Moralism in Political Argument* (Selected, edited, and with an introduction by Geoffery Hawthorn, Princeton University Press, 2005).

20十世纪后半叶,以赛亚·伯林的"价值多元主义"观点的提出为现代政治理论带来了新的视角。鉴于自由主义在当代西方政治实践与政治理论中的特殊地位,如何从多元主义的角度来重新思考自由主义就成为了当代政治哲学重要主题之一。价值是多元的,多元价值之间存在着相互冲突,这是伯林的一个重要结论。约翰·格雷将伯林的这一立场称作是"竞争的自由主义",这一提法一方面强化了伯林思想中多元价值之间的竞争特性,另一方面也进一步加剧了伯林思想中多元主义与自由主义的紧张关系,从而使得从多元主义到自由主义的可辩护性难题明朗化。

作为以赛亚·伯林的挚友,威廉姆斯的政治哲学思考参与了这样一个视角的构建、丰富与辩护。与伯林一样,威廉姆斯强调价值之间的冲突,强调在政治生活中我们选择一种价值就必然意味着损失其它价值。因此,威廉姆斯特别强调政治生活的"竞争特征",主张政治现实主义,反对功利主义通过效用计算和康德主义者从个人自主性出发来解释自由主义的"道德主义"立场。他曾与德沃金共同主持了多个讨论班，并在多个场合对以德沃金和罗尔斯为代表的当代美国政治哲学提出了批评。

《泰初有为》是威廉姆斯的政治哲学论文集，该书在威廉姆斯去世后由普林斯顿大学出版社出版。全书共收入了威廉姆斯关于政治哲学的十三篇文章。除了“平等的观念”(1962)一文外，其余十二篇均为威廉姆斯于上个世纪80年代中期到美国任教后陆续完成的作品。本书由剑桥大学国际政治学教授霍索恩与威廉姆斯的遗孀帕特里夏共同整理，内收帕特里夏前言和霍索恩的导言各一。威廉姆斯在该书中讨论的主题有四：1. 什么是政治；2. 政治与伦理是什么关系；3. 我们理论观察的出发点是什么；4. 何为“有历史的哲学”。其中“政治现实主义”和“有历史的哲学”可以说是威廉姆斯的特别贡献。这两个问题虽然在伯林那里有迹可循，但是只有在威廉姆斯这里才成为了两个被特别展开的主题。

威廉姆斯提出，政治应包含如下含义：1. 政治哲学必须独立地使用政治的概念，诸如权力及相应的规范要求即正当性。2. 政治观念的焦点集中在政治分歧。3. 可能的政治分歧包括关于政治价值——如自由、平等或正义——的解释的分歧。4. 政治差异是政治对手之间的一种关系(第77—78页)。权力、冲突、分歧和对手可以被看作是威廉姆斯关于何为“政治的”这一概念的四个关键词汇。其中，分歧是我们必须面对的现实，冲突状态和对手关系是与歧异者这个概念相伴随的现实状态，而权力及权力使用的正当性问题是政治要处理的核心问题。

具有上述特征的政治观被威廉姆斯称作“政治现实主义”。在威廉姆斯这里，现实主义地观察政治的首要出发点，或者说政治的首要问题是“霍布斯问题”。这就是保证秩序，保护公民，建立人与人之间的安全、信任和相互之间能够进行合作的条件。从“霍布斯问题”出发，威廉姆斯提出了“正当性是分级的”这样一种主张。一个政权最为基本的正当性就是这个政权在运用权力时起码解决了霍布斯问题。而如果一个政权对于权力的运用反而加剧了霍布斯意义上的基本安全的丧失，那么这个政权也就失去了基本的政治正当性。

与政治现实主义相对,是威廉姆斯所批评的政治道德主义。政治道德主义强调道德对于政治的优先性。在功利主义模式中,政治理论本身系统地表达一系列原则、概念、理想和价值,而政治本身则借助动员说服、权力的运用等将其付诸政治行动。而在康德主义解释模式中,理论拟定与权力共存的道德条件,借助这些条件,权力得以公正地运用。《正义论》时期罗尔斯的政治思想可以说是这种主张的代表。

威廉姆斯反对政治道德主义。他认为,对人类道德进行理论化梳理的努力并不可能为人类道德实践找到可靠的指导。相反,对于道德进行理论化的努力反而歪曲了人类实际的道德动机和道德心理,从而掩盖了人类生活的复杂性。每个人都有一个属于自己的根本的生活计划,我们不可能脱离属于每个人自己的根本生活计划,从一个外在的,诸如人类幸福,实践理性这样的"阿基米得点"出发来推导出用以指导人类实践的伦理体系。同样,由于人类的政治生活本质上是竞争的,我们不可能用一套关于人类应该如何生活的完整解释来指导我们的政治生活。

威廉姆斯曾多处提到和讨论了现实主义的马基雅维里主题:政府责任不同于个人责任,从而政府美德不同于个人美德(第157页)。与这一主题相关联,威廉姆斯向我们提出了"柏拉图意义上的好人如何面对马基雅维里意义上的现实世界"的问题:"从柏拉图那里继承下来的好人的概念产生了好人根本上如何才能有所作为的问题,而马基雅维里的现实世界的概念则提出了任何人面对这个世界如何才能有所作为的问题。('现实主义'的一个流行含义就是从如下事实中得到了其力量的:即使第一个问题没有答案,但第二个问题是有某些答案的。)"(威廉姆斯:《道德运气》,徐向东译,上海译文出版社,2007,第96页。)

如何做一个好人与如何现实地生活,这是分属伦理生活与政治生活两个领域的不同问题。威廉姆斯曾论及柏拉图《高尔吉亚篇》和《理想国》中的卡里克拉和色拉叙马霍斯。这两个人物是典型的非道德主义者(amoralist),色拉叙马霍斯在与苏格拉底的辩论中,甚至还提出了著名的“权力即正义”的难题来为难苏格拉底。柏拉图记述的这两个人物向我们提出了道德主义者如何与非道德主义者相处的问题。在威廉姆斯看来，对于伦理生活的辩护是有用的，但是辩护的作用是有限的。辩护本身总是有一个起点，这个起点本身是不可辩护的。在同一伦理生活世界中，我们可以依赖辩护的力量。但是在不同观念者或观念群体之间，我们总是会存在着分歧。传统政治寻求道德辩护与政治辩护的合一，但是这样的努力势必将无法认同将某些道德辩护的疑义者排除在政治生活之外。然而政治生活的实践表明，这样的排除仅仅是增加了政治生活的紧张关系，却并没有能够真正面对与合理处置与我们存在分歧的对手。现实主义的一个重要含义，就是主张政治生活本身要面对和处理这种无法消解的分歧，我们和分歧者的关系最终要下行到行为的层面来处理，而不能指望仅仅停留在理性的层面就可以完成。理性反思是有其作用的，但是反思的力量是有限的。

威廉姆斯还特别指出，传统权威的消减和世俗化是现代性的标志。在现代性之后，民族国家作为伦理讨论载体的重要性和可行性正在减弱。考虑到现代社会的这一特征，我们需要最小化的伦理承诺，民族国家最好不要在伦理问题上有所作为。在现代社会，对于个人伦理的要求与对公共道德的要求之间出现分叉，适用于个人伦理生活的原则不同于适用于公共生活或政治生活的道德。威廉姆斯认为，这是现代世界中伦理思想的真正问题(第49页)。很显然，这也代表了多元主义者对于伦理与政治关系问题的基本看法。

《泰初有为》一书的第三类重要话题就是深入讨论了我们理论观察的基本出发点的问题。这是一个隐藏在伦理思考和政治思考背后的深层问题。威廉姆斯提出：“泰初有为”而非“泰初有道”。威廉姆斯称“泰初有为”为浮士德公理或歌德公理，他认为这一公理可以被广泛地应用于政治解释(第14页)。这一提法强调了在对政治生活的考察中“实践的首要地位”。行动者的实践不同于我们对于行动者实践的描述。“并不是说我们为自己表述了一遍我们的实践，我们就可以在这种表述中寻找到我们信念的基础。实践和一套信念之间的关系不可能是类似于前提和结论之间的关系，也不可能是任何两套陈述之间的关系”(第 24 页)。与此相对应，任何基础主义，包括建构论式的基础主义，都绝不可能得到它所想要的东西。“我们的思想能否使得政治有其意义，事实上是极不确定地依赖于其他人的行为”(第 25 页)。我们面对的是行动中的个人，而不是被某种观念原则所解释后的个人。在政治生活中，这些人表现出什么样的行为只能被我们观察和接受，而不能被我们事先用一套理论原则所规定和限制。很显然，威廉姆斯主张我们从伦理生活和道德生活的行动者(agent)本身的行为活动出发去观察和思考伦理问题与政治问题，反对把人类生活化约为某种可被解释的理论原则。

威廉姆斯最后一个重要的主张就是认为哲学和政治哲学都需要历史。哲学与历史之间有着一些非常特殊的关系。历史的要旨就在于使熟悉的事物变得不熟悉，使不熟悉的事物变得熟悉。而传统上哲学对于概念的考察与分析是均匀的和无厚薄的。因此，我们要克服这种缺陷，要从忽视历史的哲学思考进入到有历史的哲学思考。既然我们所运用的概念是有历史厚薄的，那么我们传统上期望通过理性辩护来达到关于信念的无条件的普遍有效性就是不可能的。理性辩护本身是有其力量的，但是辩护本身是有局限的。相对于理性辩护，历史具有一种优先性。

威廉姆斯对于历史要旨的揭示，还关联着他对相对主义和价值多元主义的看法。我们生活在一定的历史之中，事物的熟悉与陌生是相对于我们而言的。因此，我们可以逻辑地推知，有相对于我们的不为我们所熟悉的其它的信念系统，而其它信念系统与我们的关系最好要用“距离的相对主义”来看待和处理，而不要用“庸俗的相对主义”来处理。所谓“庸俗的相对主义”，就是在我们已经真实地面对着与我们不同的信念系统时，却仍然把它处理为就像想象的面对。

根据有历史的哲学的主张，自由主义只有在现代性的这一特殊历史条件下去评估才有意义(第 9 页)。威廉姆斯提出，“正当性＋现代性＝自由主义”，提醒我们自由主义只不过是在“现代性”这一特殊的历史条件约束下对于正当性的一种特殊证明。我们并不否认自由主义国家可能还有着传统的国家所不具有的一些美德，但是自由主义并不构成我们区分一个国家是否正当的唯一理据。历史上有多种正当性，存在着并非自由主义者所认为的那种正当性。康德式的理性主义立场无法回答，为什么一定要假定历史止于康德？为什么康德时刻是特殊的？而康德路线的自由主义对于非自由主义正当性的指责属于“时代错置”的一种批评。

与“有历史的哲学”主张相关联，我们需要“此时此地”地理解政治价值。也就是引进历史约束，通过对特定历史与社会的详尽阐述，实现对于某一政治价值概念的本地的理解。比如，从自由(freedom)到自由权(liberty)，这就是一个建构的过程。也就是说，从抽象的原始价值到具体的政治价值，需要经过一定的建构。当我们抽象地谈论人的自由的时候，我们有着有关自由的各种理解，这些单纯的观念代表着一种“原始自由”的“原始的政治”概念。原始自由不是一种政治价值。要得到作为一种政治价值的自由，我们就需要引进限定条件，考虑因限定条件的出现而必然带来的后果。在当代，这个限定条件就是以某种特殊形式的强制面目出现的现代政治，因强制而要求政治权威，就必然带来现代政治的合法性问题。而因诉诸权威而形成的从抽象的自由观到具体的自由权，就自然带来损失和怨恨问题。而这样一个限定和确立价值体系，并最终完成一个符合现代生活的政治价值即自由权的过程，就是威廉姆斯所说的政治价值的建构过程。

威廉姆斯的政治哲学是从多元主义立场对当代自由主义理论和实践所进行的一种反思。我们可以把威廉姆斯的政治哲学界定为“基于多元主义的现实主义的自由主义”。两个限定词汇表达了威廉姆斯的基本理论倾向，经过限定后的威廉姆斯政治哲学可以说是对当代自由主义解释路径的一种新的选择。

威廉姆斯的政治现实主义主张和有历史的哲学的主张为我们留下了诸多的理论想象空间，同时也为我们留下了诸多遗憾与空白。围绕威廉姆斯关于什么是政治的看法，笔者提出两个可能的改进。

首先，笔者把威廉姆斯对于政治的看法总结为分析政治现象的“权力竞争”模式。这一模式很好地容纳了价值多元主义的“多元”与“竞争”特征，同时，这一模式也是政治理论中的现实主义所遵循的基本分析模式。而要在这一分析模式框架内很好地将价值多元主义与政治现实主义融合在一起，在我看来就必须增加一个限定：“政治生活中的多元竞争必然表现为权力竞争”。有了这样一个限定，我们就可以从一般的价值多元主义讨论收敛到以现实主义竞争模式为特征的对于政治生活的讨论。传统上把“现实主义”看作是多元主义的一个主要美德，而经过改进后，我们就可以把现实主义看作是考察政治的一个独立的立场。

其次，基于“正当性是分级的”这一判断，我们完全有理由追问从“基本合理的正当性”到“充分合理的正当性”是否可能以及如何可能等问题。在“霍布斯问题”解决之后，也即在“基本的正当性”得到满足之后，我们可以进一步追问充分的正当性问题。而威廉姆斯没有对后一问题加以讨论。我们想仍然沿着“权力竞争”的分析模式进行思考，就需要对如何实现能够满足充分正当的可能性的政治制度给出一个不同于传统自由主义的解释。有两个可能的解释，一个是将“权力竞争”视做人类的博弈行为，通过多轮重复博弈，我们稳定地实现对于自由主义制度的路径依赖。另外一个就是基于权力分立和权力制衡，来实现对于自由主义制度的结构性建设。而这两个解释，都将依赖于自由主义具有更多美德，因而具有更为合理的正当性的假设。而威廉姆斯自己也认可这一假设。假如这两种解释可以成立，那么我们就可以部分地解决现实主义竞争的政治与人类合作现实之间的表面冲突问题。

尽管可以有上述的改进尝试，但是由于威廉姆斯的政治哲学没有能够像他的伦理学讨论那样得到全面系统的展开，所以仍有很多会让我们感到疑惑的地方。比较典型的有：

多元主义与自由主义的关系。伯林和威廉姆斯只是令人信服地论证了“对于自由主义的辩护是与多元主义兼容的”，但是从价值多元主义到政治自由主义的过渡难题却并没有被正面触及。在加入了威廉姆斯的政治现实主义的考察之后，多元主义、现实主义与自由主义之间的关系就变得更加复杂。考虑到多元主义与现实主义有可能与多种政治模式兼容，从二者出发何以就能够坚持自由主义的基本价值，对这一问题的回答就变得极为偶然和充满变数。

伦理理论与政治哲学的关系。纳斯鲍姆的质疑很有代表性：“威廉姆斯后来坚持说，他对于伦理理论化倾向的攻击并不影响建构可以作为有益指导的政治理论的愿望。但是这样的话将会把那些以某一道德理论为其政治理论核心的同样属于西方伟大政治理论家的人如亚里士多德、西塞罗、卢梭、康德和约翰·罗尔斯置于何处呢？威廉姆斯单挑出罗尔斯作为被批评的那一类道德理论的例子；而其后期陈述似乎又表明他还是能够接受假定具有政治特性后的罗尔斯理论的作用。不管怎样，将一种政治正义理论期望视作一种可接受的愿望，而将个人道德理论视作一种不可接受的愿望，这种区别对待的缘由还是不清楚的。”（Martha Nussbaum, “Tragedy and Justice”, in the *Boston Review*, October /November 2003.）

（作者系中国社会科学院哲学研究所《世界哲学》编辑部编辑）

安靖如:《人权与中国思想》

邓 小 虎

Stephen C. Angle, *Human Rights and Chinese Thought: A Cross-Cultural Inquiry* (Cambridge: Cambridge University Press, 2002).

安靖如(Stephen Angle)一书的出发点,是1993年维也纳人权大会中国代表刘华秋的发言。作者认为刘华秋的发言包含了两个宣称:第一,对于人权不同的国家有不同的概念和理解;第二,我们不应该要求某一个国家服从异于其本国的人权概念。譬如中国和美国是不同的国家,它们很可能有不同的人权概念——不仅仅是两者对人权有不同理解,甚至中国的"人权"这个概念并不等同于美国的human rights;在这种情况下,刘华秋会认为不应该要求中国服从美国的人权概念。作者指出,该书的一个主要目标就是评核刘华秋的这两点宣称(第1页)。

根据刘华秋,不同的国家因为有不同的社会、政治、经济环境,以及不同的历史、文化和价值,因而对于人权有不同的概念。那么中国是否具备特异的人权概念呢?安氏一书的主要内容,就是尝试追溯近代中国的人权论述(Chinese rights discourse),从而衡量中国是否具备特异的人权概念。作者追溯的起点并不是中国和西方在19世纪的接触。作者认为,中国人权论述的思想背景,其实可以上溯到明末清初儒者对于欲望的反省。作者指出,宋明儒者一方面不曾对欲望作出正面的论述——他们并没有详细说明欲望所可能发挥的正面作用,另一方面他们"无欲"的口号容易被误解,甚或被当权者扭曲为压抑人民欲望的工具(第76页)。因此,虽然宋明儒学严格而言并非反对一切欲望,可是他们留下的,仍然是对于欲望的负面论述。明末清初的儒者,在对宋明儒学进行反省的同时,开始肯定欲望的正面作用。作者讨论了四位儒者,其中黄宗羲和顾炎武的主要关怀是"经世"问题,但这两位儒者都肯定,"经世"的一个主要面向就是满足人民的需求和欲望。陈确肯定"私"的重要性,认为只有通过对"私"的正确认识,才能建立恰当的道德秩序。戴震也认为欲望是正当不过的事,因为欲望都只是为了生命和生存;唯有当我们肯定欲望,我们才能肯定生命,并进而肯定仁义的重要——因为仁义要维护的,正是生命本身。通过对这些儒者的分析,作者点出了中国人权论述的两个要素:第一,肯定和维护人们的欲望和利益;第二,人们的欲望和利益并不一定互相冲突,反而能互相调和,并且正是在整体和谐中才能得到真正满足。

接下来,作者探讨中国在和西方碰撞后,怎样在既有的关怀下——关怀人们的利益,以及和谐——逐步发展中国的人权概念。作者认为,概念(concepts)并非现成的、具备清晰意义内容的语言单元;概念实际上是由某一社群的成员所共同构建的——概念的内容取决于这些成员的语言使用活动,特别是他们对某概念所抱有的种种信念和引申义涵(commitments)。因此,概念的输入和引介就并非一个现成语言单元的单向传播,而是本地社群在接触外地社群时,逐步了解外地社群对于该概念所有的种种信念和引申义涵,并在本社群内建构这个新概念的内容。为了探讨19世纪中国建构人权概念的过程,作者研究了四个活动领域——对于国际法的翻译活动;自强运动;日本对人权的建构及其对中国的影响;以及1890年代的改革运动。作者指出,一开始,rights的中文翻译往往不是"权"或"权利"。譬如在魏源所编的《海国图志》中,rights常被翻译为"理"或"道理"。到了1864年的《万国公法》,"权利"才开始被用于翻译rights;但即使在《万国公法》中,"权利"并不都指rights,"权利"的传统用法——指权力和利益——也常常出现。整体而言,19世纪中国的人权论述,是一个根据传统资源,对西方概念进行吸收和改造的过程——传统上,“权力”和“利益”往往带有负面色彩,伴随西方 rights 概念的引进,“权力”和“利益”得到正面肯定;“权利”的义涵逐渐演变为满足、实现人们欲望和利益的权力和能力。另外,作者特别强调,19 世纪的“权利”主要还是指人们的集体权利。虽然到了 20 世纪,中国逐渐肯定个人权利,但个人权利往往并不独立于群体,更不和群体利益相冲突。

关于 20 世纪早期,作者选择了梁启超和刘师培为代表。作者探究了德国哲学家耶林(Rudolf von Jhering)对梁启超的影响。耶林强调权利不是别人的施与,而是人们争取、奋斗的结果;并且权利的主要目的是为了实现每个人的人格(personality)。这些看法都对梁启超有很大影响,但作者进一步指出,梁启超其实有自己的关怀,就是重新诠释儒家思想。即使当梁启超直接引介耶林的思想时,他的基本关怀仍然在于思考中国本身的问题。作者认为,梁启超固然肯定了权利的重要性,但梁启超强调的是权利的伦理学面向,而不是其法律或政治面向——梁启超认为,权利表示了人们能行使能力,并享受利益,从而能成就完整的人格。并且一如大部分的中国学者,梁启超也认为,完整的人格固然包括了个人福祉,但也系于个人的道德发展,以及个人对群体的贡献。刘师培同样是通过新观念和新形势,重新思考儒家伦理学。刘师培认为西方的权利概念类同于“自应”——即追求自己的利益;他进而指出,“自应”和“权利”是好事,并且应该是道德秩序的起点。刘师培指出,儒家并非要求人们因公废私;恰恰相反,公利正是人们各自私利的恰当配合。权利代表了人们的正当能力和正当利益,当这些能力得到发展、利益得到满足,就同时能实现公利。作者强调,梁启超和刘师培都认为公众利益和个人利益其实是一致的,“权利”指向的就是公利和私利互相调和下的个人正当利益和能力。

迈向 20 世纪中叶,大概在新文化运动期间,中国的人权论述不再和儒家传统直接挂钩。可是,中国人权概念的一些共同内容——第一,权利以伦理学而不是以法律为基础;第二,权利具有正面的内容,但人们的权利也互相限制;第三,个人权利和群体权利是调和的;第四,权利和义务互为表里——则得到延续(第179页)。作者以陈独秀和高一涵作为这个时期的代表,并指出两者都相信权利是群体和个人所必须有的能力和利益,从而能达至其最高目标——实现"人格"。陈独秀和高一涵都不认为权利有独立的价值,他们认为权利主要是实现人格的重要手段。并且个人的人格并不独立于群体的人格;相反,个人人格在很大程度上取决于其所处群体的人格。因此,个人的自我实现和群体的实现是紧密关联的,个人权利也因此和个人对群体的义务紧密关联。

通过追溯中国的人权论述,作者认为我们有理由相信中国的人权概念的确有其特异之处(distinctiveness)。但特异不等于独特(unique)。作者同时认为中国的人权概念和西方的人权概念有许多相通之处。作者认为,可以有条件地认可刘华秋的第一点宣称,即中国的人权概念是中国的各种关怀和活动的发展结果,并因此有自己不同于西方概念的特异之处;但必须否认中国的人权概念完全不同于西方。作者指出,虽然中国的人权概念有其特异之处,但这不排除其和西方的人权概念能够交流、互动,并彼此得益。作者举出了中国人权概念的三个特异之处,并尝试将之与当代西方理论相比较。这三个特异之处分别是:对利益的着重;对于和谐的强调;强调经济权利(譬如生存权)。作者指出,对于利益的着重不等于将权利视为一种利益,并因而可与其它利益交换。中国对于利益的着重,指的是以权利保障利益。在这一点上,中国学者和某些西方学者如拉兹(Joseph Raz)有类同的看法。一方面,拉兹的理论可以帮助中国进一步厘清权利概念——某人具备权利,是因为他/她的利益构成一个充分的理据,使其他人有义务尊重其利益。另一方面,中国的人权观念,可以帮助回答权利的重要性:唯有通过权利,才能有效保障个人利益,使其能成为真正的人——成就其人格。其次,作者指出,中国对于和谐(harmony)的着重,不等同要求同一(unity);相反,和谐的基本预设就是彼此有差异,只是大家的差异可以得到调和。在这种理解下,中国学者的看法也和拉兹相当接近,因为拉兹也强调权利的基础不是冲突,而是共同利益和共同目标(common interests or goals)。拉兹的理论可以提醒中国,强调和谐不是要消除差异和争议以强行达致同一,因为争议不同于冲突;争议往往能厘清大家的共识,并有助于共同利益的实现。另一方面,强调和谐可以促使我们深入思考,大家的共同利益到底是什么,怎样才能达致共识,从而有效实现各自的人格?其三,中国对于经济权利,特别是生存权的强调,其实和绝大部分西方人权理论并无冲突。实际上,西方人权理论承认经济权利和政治权利同样重要。只是美国政府基于政治考虑,屡屡宣称经济权利没有重要性。作者指出,经济权利保障人们的经济和物质需求,使他们能实际享受政治权利所保障的自由;可是另一方面,经济权利的落实,也往往需要政治权利的保障。我们应该承认经济权利的重要性,却也不能因此认为政治权利只有次要位置。

通过这三方面的比较和交流,作者尝试说明,即使两个文化有各自特异的人权概念,也仍然可以有有意义的互动,并互相学习得益。基于这个理由,作者否认刘华秋的第二点宣称——即中国无须理会别国的人权概念。当然,刘华秋的宣称本来只是:中国不应该服从别国的人权概念,这本身并不排除和别国的人权概念互相交流、得益。不过,作者大概认为,刘华秋第二点宣称的实际内涵是拒绝别国干涉中国本身的人权概念。对于这种立场,作者持反对态度。作者指出,如果某个文化采取封闭态度,拒绝其它文化的干涉,那么出于一致性,该文化也不能对其它文化做出任何要求。可是,实际上,中国并非对其它国家一无要求——至少中国要求别国不要干涉中国的人权概念和标准;这样的要求表示了,中国视其它国家为可以对话和交流的对象。那么,中国就没有理由拒绝大家就人权概念进行交流互动。作者强调,中国的人权论述固然有其特异之处,可是在其论述的发展过程中,其实屡屡和西方理论互动,并且深受西方观念影响。作者认为,这种和西方理论的交流互动,应该继续进行,并且应该推动不同层面、不同领域的交流互动,这样才能更有效地达致互相理解和互相学习。作者指出,对于权利的公开对话是可欲的,该书的写作,正是这种交流互动的一种努力。他在书中达致的论点,也仅仅代表对话的开始而不是结束。他期望,中国的学者能对该书作出回应,从而深化大家的交流互动。

该书的重要贡献之一,是整理和分析了中国的人权论述。通过考察自明末清初儒者到当代人权学者的思想言论,作者有力地证明了中国对于人权概念有特异的理解和关怀。当然,书中的人权论述并没有涵盖太多人物。但一如作者所强调,他希望对相关人物做作出深入分析,从而显示这些人物对人权概念所抱有的种种信念和引申义涵(第140页)。既然该书的主要目的并非撰写关于权利的思想史,而是衡量中国的人权概念是否有特异之处,则作者的选择性论述不应该受到非议。我们可以同意,作者对于中国人权论述的整理和分述,的确突显了中国人权概念的特色——重视欲望、利益的实现,强调个人和群体的和谐。作者亦多次提到中国人权论者对于实现人格的重视,和对于权利的道德面向的强调。这几点都隐隐指向了一种权利的完善论理解(perfectionistic understanding of rights)——即权利是为了使人们实现美好的人生,特别是在某一种群体生活中的美好人生。虽然作者本身没有做出这样的论断,但该书的分析却可以引领我们进一步思考中国的人权理论——譬如权利最重要的功能或许不是消极地保护个人不受侵犯,而是积极地促进个人能力的发展和对美好人生的追求?权利的具体内容是否反映了对于美好人生的理解?权利是否能够促进人与人之间的关怀和友爱,而不是制造疏离?

另一方面,作者批评了刘华秋的第二点宣称,指出中国没有理由拒绝和其它国家对话交流,共同探究人权概念。作者认为,交流互动可以促进相互理解,使彼此得益,甚至达致共识。应该承认,和其它文化交流互动,不但能促进彼此的了解,更能深化对于自身文化、概念的理解。可是,对于对话交流的动机和达致共识的基础,作者并没有仔细交待。作者指出,如果两个文化或国家不能孤立自存、互不理睬,却又不能或不愿意彼此压迫的话,那它们就要寻求彼此容纳(accommodation)的方式(第61页)。从这样的表述来看,彼此容纳,乃至对话交流,似乎只是缘于实际的需求、现实的考虑——既然我们无法避开对方,也不想冲突战斗,那么就只有对话了。可是,我们的对话交流,是否可能,或应该基于更原则性的理由?譬如,另一个文化和其相应价值体系的出现,可能是对于我们一己价值的挑战;我们参与对话,是希望找出价值上的答案——到底谁的价值观更正确呢?是否真的有客观普遍的价值呢？如果有一套客观普遍的价值观，我们怎样通过对话发现这套价值观，或者怎样共同建构这样一套价值观呢？如果没有一套客观普遍的价值观，我们又应该怎样彼此对待呢？这种对待方式的理据又是什么呢？另一个相应的问题是共识的基础。作者曾提到，交流互动会推动共识，因为我们很可能会发觉、理解对方所持有的良好理由(good reasons)。作者同时指出，因为他并没有假设一个单一的道德真理，因此互动不一定会达致共识。问题是，如果共识不系于普遍的价值，那么其基础何在呢？又是根据什么，我们会发现、理解彼此的良好理由？良好理由的存在，不是表示我们有基本的价值共识吗？那么，我们是否应该进一步思考，这种价值共识的基础是什么？是否共通的人性，或相类似的理解、感受世界的方式？如果我们追求的只是共识，而不关心可能有的价值基础，我们大可以容许操纵乃至欺骗。因为只要能有助于彼此容纳、达成共识，用什么手段又有何重要呢？况且，根据假定，我们根本没有共同的价值标准，来判断怎样的手段应该或不应该。这样看起来，在对话交流中，对于价值基础的探究是不可避免的，虽然其间的困难也必然不少。

严格而言，这些问题并不表示该书有所缺陷。毋宁说，这是一本好书所能引起的深层思考。作者强调，该书只是对话的起点；这篇评论正可视为这种对话的部分延续。

（作者系香港大学中文学院助理教授）

贝淡宁:《超越自由民主制:东亚语境下的政治思考》

白 彤 东

Daniel Bell, *Beyond Liberal Democracy: Political Thinking for an East Asian Context* (Princeton: Princeton University Press, 2006).

自从 18 世纪东亚被迫面对西方以来,在从其开始的现代化运动和民主化运动的混乱之中,中国以及东亚其它国家和地区的传统价值经历了几番起落。关切这些价值与当代关联的学者可以归入四种阵营。第一阵营的学者认为,这些价值是现代化运动和自由民主制的一个障碍。罗纳德·德沃金(Ronald Dworkin)与其他学者所持的观点是,它们应该被连根拔除,而东亚人应该完全拥抱西方价值(第 1—5 页);或者,像现实主义思想家如萨缪尔·亨廷顿和蔡美华(Amy Chua)——他们理解这些价值在东亚的根深蒂固——认为的,这些价值将导致东西方之间发生冲突。第二阵营的学者认为,这些价值可以用于导引出所有现代的和自由民主的价值。尽管这种立场十分自信,此阵营的学者实际上与第一阵营的学者分享同样的信念,即"西方是最好的",而他们与第一阵营的区分仅仅在于下述(通常是十分勉强的)主张:西方价值有东方源头。第三阵营,即"原教旨主义者"(fundamentalist)断定传统价值的优越性并捍卫它们以反对危险的西方思想。第四阵营的学者——丹尼尔·贝尔就位列其中——认为,在西方价值和东亚价值之间存在差别,并且某些东亚思想实际上更为优越,至少在东亚语境中如此。对于贝尔来说，如果自由民主制(liberal democracy)的三个标志，即人权、民主和资本主义——据此这本书分成三个部分——“将在东亚生根、带来有益的效果，那么它们必须适应当代东亚的政治和经济现实，以及东亚非自由的政治传统——比如儒家和法家——的价值”(第 9 页)。这本书封面上的画戏谑式地展示了这种态度：自由女神像的左手里握着《论语》。

在我看来，这本书第二部分(论民主)的前两章最有趣，但也最有争议。在第五章中，贝尔批评了古希腊的积极公民(active citizenship)——西方参与式民主的根源。其问题之一是它与战争的称颂和生活中的大男人态度(macho attitude)的紧密联系。积极公民的当代辩护者——大卫·米勒(David Miller)和迈克尔·桑德尔(Michael Sandel)(第149—150 页)以及一般意义上的“西方社群主义者”(第 335 页)——可能论证说，这种军国主义的元素可以从文明的共和主义中分离出去(第 149 页)。但是，对于共和主义者来说，好生活的关键是对与私人领域相对的公共领域的奉献。根据贝尔的观点，这种奉献“有倾覆我们所有其它的——尤其关联于家庭的——社群承诺(communal commitment)的危险”(第 149 页)。相反，儒家或“亚洲(东亚)的社群主义者”(第 335 页)认可公民对“家族和其它‘地方性’义务的奉献，同时将他们的民主参与保持在最低的和不苛求的形式上，而‘政治决议留给受过教育的、心怀天下的精英去做’”(第 151 页)。另外两点贝尔本应该也予以强调，对于(大多数)儒家学者来说，首先，每个人都有成为精英的潜质，国家负有使其实现的责任；第二，不仅在“公”(public)与“私”(private)之间没有间隙，而且在家族成员之间的孝是走向奉公精神和志向的第一步，也是其可靠的基础。

在第六章中，贝尔列举了在当代社会中认真对待这种精英(为人民)统治的观念的另外三条理由：公共事务的极度复杂性超越了普通百姓的能力和资源(与古希腊的小城邦中的事务相反，在那里，由于商业和奴隶制，公民可以从私人事务中脱身而出。尽管如此，根据柏拉图和阿里斯多芬的观点，甚至那时公共事务的复杂性也已经超越了大多数人的能力);根据选举产生的政治家们受制于其特定选民的当下利益,他们在今天所做的决定,不太可能充分考虑其长期后果;以及对违背了大多数人的利益的处于不利地位的个人和少数群体的保护(的困难)。但是贝尔承认需要民主,而他提出的折中方案是:"两院制的立法机构,其下院由民主选举产生,其'儒家式'的上院由通过竞争性的考试选拔而出的代表组成"(第165—166页)。与中国古代的科举考试相比,这些考试要有现代性的内容。上院的成员应该人数众多,因此可以避免由"出类拔萃之辈"(best and brightest)形成的小圈子所导致问题,比如肯尼迪政府中的情形(第168页注)。对年龄和经验的要求将有助于排除书呆子。儒家的强大传统——特别是对精英的青睐——使这个建议在东亚语境下有实现的可能(第173页注)。

在第七章中,贝尔论证说次民主(less-than-democratic)的国家——贝尔用此范畴来挑战在自由民主制和极权主义与威权主义之间非黑即白的划分——可能比民主国家能更好地保护少数群体的权利。这是因为"在西方社会中用于解决族群冲突的典型机制……在缺乏根深蒂固的族群间互敬和宽容的文化下,可能不会起作用。"(第184页)因此,次民主国家的政治家不受制于大多数人利益,就可能比民主制国家中的政治家能更好地保护少数群体免受大多数人利益的侵犯。贝尔将对民主制与少数群体的权利之间的冲突的理解,追溯至约翰·密尔(John Stuart Mill)(第190页)。他批评的一个主要目标是威尔·金里卡(Will Kymlicka)(第192—200页)。根据贝尔的观点,在民主可能伤害少数群体权利的时候和地方,在那些国家内部的亲民主力量应该等待,而那些外在于这些国家的力量应该离开,而在更适合的时机返回(第203页)。

在第八章,涉及在多元文化语境中实行民主教育的问题时,贝尔建议要在多元文化主义和对权威的敬重之间找到一条中间道路,这可以通过运用包括东亚经典在内的圣贤之书来教人以谦逊来实现。这在东亚不会像在美国那般受争议,因为,由于其植根深处的反精英主义思想,美国文化赋予谦逊这种美德以较弱的优先性(第225—226页)。

在第三部分中,贝尔讨论了东亚的资本主义形式。一方面,他表明孟子这个奠基性的儒家思想家反对高额税收和限制贸易(第232页);另一方面,与自由主义者相反,他认为拥有和转让(土地)财产的权利应该为政府限制,从而保证人民基本的物质财富(第243页)。在此处和第一部分,贝尔论证道,与像罗尔斯这样的当代西方自由主义者相反,对于儒家来说,包括获取食物这样最基本的权利在内的经济权利是首要的(第116,237,242—243页等等)。但是这种对儒家思想的解读可能并不完全精确,因为,比如,儒家将民众之间的信任看得比食物充足更重要(《论语》12.7)。这可能也不是对罗尔斯的公平解读,因为他论证说特定的制度安排——包括物质上的——应防止自由蜕化成纯形式的、自由放任主义的自由(《政治自由主义》,纽约:哥伦比亚大学出版社,1996年,lviii-iix,以及《万民法——附公共理性新论》,麻省,剑桥:哈佛大学出版社,2002,第49—50页)。

进一步而言,在传统中国社会,“财产被认为是归家庭、而非个人所有”(第246页),这在东亚语境下可能是有益的。在此处及第一部分,我们看到了东亚对人的社群主义式理解与西方对人的个体主义式理解之间的差别。

在第十章中,贝尔表明,尽管没有工会,儒家与法家思想的汇合(强政府)在东亚如何可能促进诸如经济平等之类的各种各样的正义(第263—264页)。在第十一章中,他批评了自由主义思想家——诸如金里卡和约瑟夫·柯伦斯(Joseph Carens)——给予移民工人平等公民权的建议(第282页)。因为这种过于理想的建议只能在现实中导致更多的不正义,而不平等的权利已经被证明实际上更为正义。

在我看来,第一部分是该书中最不“刺激”的。第二章处理的是儒家——特别是孟子——的正义战争理论,但是该理论与某些西方自由主义理论(迈克尔·沃尔泽)的区别仅仅在于,前者将对某个特定城邦的爱从属于对普遍正义的爱,以及基于对人权的不同优先排序上的对人道主义干涉的正当性的辩护(第

42—47,252页)。这是在过去中国的军事野心并未与其力量匹配的一个原因(第46页),而其在今天也有用,因为由于其本土性,它将比西方理论遇到更少的抵制。在第三章中,贝尔论证了在东亚语境中,人权的正当化、优先性的排序与选择是如何不同的。第四章对有关人权的非政府国际组织进行了有实践取向的讨论。在此部分中,贝尔做了一个有趣的观察,即考虑到上述的精英主义文化,东亚人权改革的希望就在于知识分子精英,而不是"想象中的自由化的中产阶级,他们通常只在人权改革保持能导致其财富积累的政治秩序时,才支持人权改革"(第71页)。

法治可能是自由民主制的另外一个关键要素。西方人倾向于强调权利和法律,而东方人倾向于强调义务和来自于社群内部家庭式的关系的约束。那么,对法治的坚持在某些东亚地区可能就会起到反作用(第89页注,第307页)。不过本书缺乏对此问题的彻底讨论。

从一般意义上说,贝尔所作的"超越"的声明似乎十分谦逊,通常仅仅是对情境化的呼吁,并且他总是避免论证某些东亚价值的普世性(第253—254,306,323,327—328页),但是,对这种谦逊,他有一个实践上很好的理由:西方缺乏对这些价值持友好态度的文化,一种西方风格的儒家学说最多只是"清谈式的儒家"(Confucianism lite)(第254页)。但是,若考虑到某些美国建国之父的理念(vision),以及欧洲国家比如法国的政治现实,能者统治似乎也并不是那么异类的想法。并且,当一种政治制度走到了某一极端,比如纯然"东方"或纯然"西方"(的极端),那么,呼吁它走向另外一个极端从而以使之达到中间状态,这难道不是实际的和中庸的吗?

另外,如果"自由民主制"是由像德沃金这样的人提供的教条版本的话(第1—5页),那么称这本书为"超越自由民主制"可能是公正的。在这本书中,贝尔对"早期"罗尔斯也持非常批评的态度。诚然,罗尔斯没有讨论他(晚期)理论在民主化进程以及东亚情境的功用。在《万民法》中,他甚至没有考虑正派的儒家社会这个例子(而只考虑了一个宽容的穆斯林社会),就更不要说考虑自由主义制下的人民能够从正派的(儒家)社会中学到什么东西的可能性了。但是,贝尔的靶子是下述观念,即西方的自由主义是人权唯一的道德基础(第65页),而他呼吁对自由民主制进行不同的解读。这看起来十分接近于罗尔斯在他的晚期著作(《政治自由主义》和《万民法》)中所建议的:为了使基于正确理由的多元主义成为可能,自由主义必须是一个独立的政治概念,为合理的无所不包的学说(reasonable comprehensive doctrine)的家族所认可。实际上,贝尔自己也承认,他的立场和(罗尔斯式的?)自由多元文化主义的某种形式没有区别(第339—340页)。

今日世界,幼稚的和教条的民主传教士们——例如,那些对伊拉克战争具有良好意愿和真诚的支持者们——常常对种种不正义负有责任,这使贝尔的《超越自由民主制》恰逢其时,或者甚至说它迟到了许多年。

(作者系复旦大学哲学系教授)

概念区分的局限[①]

邓 伟 生

周濂:《现代政治的正当性基础》,北京:三联书店,2008 年。

现代政治的一个特点,是其正当性(legitimation)出现危机。这个问题一直变异。它的首次出现,是在启蒙前后。当时人们意识到政治权威不再是神圣不可侵犯,并开始思考为何要无条件服从某些人的统治。但在多元主义,甚至虚无主义盛行的今日,正当性的问题又有了新的形式。周濂在书中指出,"第二次正当性危机所面临的问题是:在一个各种价值目标相冲突的社会里,如何能够成功地调停各种对立的正义思想,并为一个共同接受的政治秩序提供道德基础?"[②]我们要问的是,拥有不同人生观但却要共同生活在一起的人们,应该接受怎样的社会或国家。这也是对国家评价性的向度,即在解咒后的世界,怎样的统治才有正当性。而正当性的基础,必须令持不同价值观的人都能够接受。

正当性与同意的紧密关系

周濂这本发展自博士论文的作品触类旁通,网罗了多位重要政治哲学家的理论,例如洛克、西蒙斯、罗尔斯及哈贝马斯等。但本书结

① 周保松先生就这篇书评给予了很多宝贵的意见和启发,在此致谢。

② 周濂:《现代政治的正当性基础》,三联书店,2008 年版,第 17 页。

构严谨，紧握一条主线，就是一直强调正当性(legitimacy)和证成性(justification)一对概念的划分。作者反对把这二者混为一谈，并认为这会造成正当性评价发生混乱。[①] 而他在这本书的主要工作正是把握两个概念的差异，并以这对概念作为基本分析的框架。

这两个概念有什么不同？周濂认为政治正当性是回溯性的，关注的是权力的来源和系谱，是从发生的进路去评价权力或者国家。而证成性则是前瞻性的，它关注权力能否达到目的。另外，正当性在自由主义传统下，关注的是国家与个体之间的特殊关系，而证成性则关注国家与作为整体的主体的一般关系。他认为两者在概念上可以区分，但联系却很密切，它们是“相互分离又相互影响的不对等关系。”不过，周濂也承认证成性有逻辑上的优先性。

周濂认为只有政治义务的互动解释才可能在政治正当性与政治义务之间建立起逻辑关联性。他提供了这样的论证：前提一是政治正当性与政治义务之间存在逻辑上的关联，所以如果能够证明政治正当性的理论同时也可以证明政治义务。前提二是现代政治的正当性基础是被统治者的意志表达。前提三是在诸政治义务理论中，只有政治义务的互动解释才具有自愿主义的性质。[②]

周濂把政治义务(political obligation)与政治责任(political duty)区分开来，他认为前者必须依赖于人们的同意，而后者则不必，因后者是一些自然责任(natural duty)。不过值得追问的是：为什么非自愿的政治责任不足以解释正当性，而必须透过人们的同意？如果这解释不了，前提二就没有支持，而前提三指出的政治义务的互动解释才具有自愿主义的性质也就显得不那么重要了。很明显，周濂很看重“同意”作为正当性的条件。

令人疑惑的是，“同意”是不是构成正当性的唯一条件？是不是必要或充分的条件？我认为它不是构成正当性的唯一条件，因为还有是否满足自

---

① 周濂：《现代政治的正当性基础》，三联书店，2008年版，第22页。

② 同上，第63页。

然责任的道德要求、是否满足人们的需要等条件，这皆是构成正当性的重要元素。它也不可能是必要的，因为如果这样的话，没有一个政权是有合法性的，因为它不可能得到所有人的同意。它也不可能是充分的条件，因为我们很有理由质疑一个由一群邪恶的人民同意的政权也有正当性。如果我们不那么看重同意的力量，而较重视其它规范性的条件，周濂的结论是否成立便值得商榷。但周濂的确很着重同意和同意的力量，例如他认为罗尔斯便犯了混淆这两个概念的错误，正是从强调实然的同意(real consent)的洛克主义到康德主义强调假然的同意(hypothetical consent)的康德主义的范式转换。

在以下部分，我将深究的是这对概念的划分是否合理，并追问接受这个划分会带来什么影响。

正当性的基础在哪里？

其中一个支持周濂坚守这两个概念的原因，是他认为在日常语言中普通人也反复使用"正当性"这词汇。[①] 但我对此有所保留。如果真如周濂所说，哲学家无权取消任何一个日常概念，那一些支持"取消主义"(eliminativism)的心灵哲学家便不可以取消心灵这个概念了，因为心灵正是我们日常经常使用的概念。但问题的核心，却是心灵这个概念是否有理论价值。周濂也意识到这个批评，他也提到 Zelditch 提出了以服从、相信和规范等更有效清晰的概念去取代正当性。但周濂认为正当性这概念是更整全的，因它覆盖了"道德评价政治权力关系"的整体。

但正当性在现代社会面对一个很大的困难，就是如果正当性需以回溯的进路去判断时，那么在现代政治的脉络，我们该以什么标准去判断政治正当？周濂曾引用了约翰·麦克里兰(John MacLyan)说过的一句话："詹姆斯二世是不好的国王，但统治资格名正言顺。"詹姆斯二世虽欠证成性(他的

① 周濂：《现代政治的正当性基础》，三联，2008 年版，第 240 页。

管治不好)但具正当性,原因是他合乎了"仅嫡子有权继承皇位"的政治传统和原则。但在现代政治脉络里,我们还可以接受"仅嫡子有权继承皇位"这个传统吗?如果不能的话,那我们可以用什么标准去判断正当与否?不少把正当性收归证成性概念下的哲学家便是认为判断正当的标准正是证成性的标准,它们都无需诉诸传统或习俗。宗教或传统支持的正当性其实是被普遍的道德证成性取代。拥有不同人生观、传统的人便是据此规范性要求共同生活。

值得注意的一点是,周濂同时认为证成性在逻辑上优先于正当性。他认为国家和政府是为了一个目的存在,比如促进自由、公义或提高人民福祉等。要是政府未能实现这些目的,人们必定要求政府交回权力,政府亦因此会失去正当性。缺乏证成性涵蕴了缺乏正当性。如果这样,我们为什么不把证成性等同于正当性?正当性岂非一个多余的概念?不过,周濂认为有证成性,也推不出有正当性。例如,我们可以设想一个在没有人民同意下,以叛变夺得了政权的军政府,即使其后能提高人民福祉,它却没有正当性。那么,人民的同意,便是政权是否具正当性的重要条件。

但"人民的同意"这个为洛克一直强调的条件为何又有道德效力呢?人民又根据什么来同意?这个问题对于德国社会学家韦伯(Max Weber)是没有意义的。韦伯认为只要人民相信统治者具有权威,愿意服从其管治,该政权便有正当性。人们为何相信,为何因相信而同意,韦伯并不在意。因为他是从一个社会学家的经验探究(empirical studies)的角度去了解正当性。但从哲学家的角度看,却不会认为以上问题没有意义。当中的关键,是现代政治中的正当性要求本身应有一个规范(normative)的要求,而政治责任和政治义务本身也是一个道德责任。这恰恰有别于周濂把政治义务和政治责任区分开来。

正当性的普遍规范要求

如果某个国家某个政权的人民的同意是一种如 Sammuel Sheffler 所称

的“个别化倾向”(particularizing tendency),它的优先性也不会在普遍性的公义要求(putatively universal claims of justice)之上吗?[①]罗尔斯和哈贝马斯等便反对这种个别化倾向,认为有普遍的道德价值让我们去决定支持或反对一个政权。哈贝马斯在“论透过人权达到正当性”(On Legitimation through Human Rights)一文便阐述宪政民主(constitutional democracy)如何经程序性证立。[②]程序同样面对一个问题,就是程序为何有效力呢?哈贝马斯指出国家的权力见于法律,法律一方面要求市民接受,但市民也要求它是值得接受(deserve their recognition)的。要得到市民的接受,它要通过一个程序,那就是一个理性的法律产生程序,例如经过讨论(discourse)。哈贝马斯认为这个程序如果能成立的话,一些传统的自由权利(classical liberty rights)便必须得到保证。例如要确保每个对话者的自主和平等,否则便无法证明该法律具正当性。

一旦满足了对话的“伦理条件”,所得的法律便有正当性。其实,这是正当性归属于证成性。另一方面,现代政治认为权力的来源是人民的授予,但为什么人民有这种权力?首先人人都是平等的个体,没有一个人天生有权力去叫他人服从,因此推出一个能叫人服从的政府必然是经过人民的自愿。一个授予权力的方式,是否合乎平等这个道德原则也是证成性的要求。

周濂认为晚近以来国家能力成为道德评价国家的重要标杆,例如能否提高人们生活质量、确定社会安定,因而把正当性埋没了。他因此认为必须区分证成性和正当性,否则会被一些非民主国家乃至暴政国家当作辩护工具。[③] 但我认为这是过虑,哈贝马斯的理论阐释了何谓以道德证成国家,即如何以道德的普遍证成性取代传统的正当性。当中并不需要坚持证成性和

---

① Samuel Scheffler, “Liberalism, Nationalism, and Egalitarianism,” in *Boundaries and Allegiances*, pp. 66—87.

② Jürgen Habermas, “Global Justice through Human Rights”, in *Global Justice and Transnational Politics*, edited by Pablo De Greiff and Ciaran Cronin, MIT Press, pp. 107—213.

③ 周濂:《现代政治的正当性基础》,三联,2008 年版,第 179 页。

正当性的区分。哈贝马斯或会指出，在周濂的例子中，人们是混淆了证成性中的道德评价和国家能力，一个有国家能力的政权并不涵蕴它是道德的。

证成性与正当性区分的后果

周濂如果要严守最高度的证成性也不可以推导出正当性，是否要接受一个政治正当性的多元主义，甚至是相对主义——即没有一种普遍的标准去判断哪种国家有正当性，而要依照一种历史和传统的判决？但 David Beetham 已指出可以有一普遍通行(universally applicable)的合法性标准，例如一个政权有没有违反我们的道德标准、一个政权有没有满足人们的基本需要等——即一个理性而又道德的主体都要求的东西是否能得到满足。① 这种政治正当性并非回溯性的，即并非关注权力的来源和系谱。对此，周濂又会如何回应？

在本书讨论罗尔斯的部分，我们找到答案。他提到罗尔斯其实并不反对把正当性和证成性区分，只是反对把证成性解释为“国家与个体主体之间的特殊关系”，而把它视为“国家与作为整体的主体的一般关系”。前者需要个别主体同意而后者则不必。周濂认为罗尔斯这样做有两个原因，第一，这是因为正当性和正义可以存在差异，即一法律可以经人们的同意而本身是不正义的。这其实支持实质性的正义标准，即不是我们选择某命题是真，所以某命题真，而是因为某命题真，所以我选择它。但由于实在论于今并不为人普遍接受，因此哈贝马斯和罗尔斯都会接受只要是在理性上为所有人接受，它便是真的。我们便是依据我们的正义原则去决定一法律是否正义。周濂指出这时候“程序的正当性就与正义(证成性)融为一体”。但周濂同时认为这种做法只适于回答民主社会内部的稳定性问题，而非民主社会是否正当的统一性问题。意思即是在民主社会里正当性可以消融于证成性中，但在非民主社会里则不一定可以。

① David Beetham, *The Legitimation of Power*, Macmillan, p. 22.